CW00749927

ISBN 978-0-364-87722-7
PIBN 11280702

This book is a reproduction of an important historical work. Forgotten Books uses
state-of-the-art technology to digitally reconstruct the work, preserving the original format
whilst repairing imperfections present in the aged copy. In rare cases, an imperfection in
the original, such as a blemish or missing page, may be replicated in our edition. We do,
however, repair the vast majority of imperfections successfully; any imperfections that
remain are intentionally left to preserve the state of such historical works.

1809

von

Eduard Breier.

Zweiter Band.

1809.

Historischer Roman

von

Eduard Breier.

Zweiter Band.

Wien und Aspern.

Leipzig, 1847.

Verlag von Christian Ernst Kollmann.

Wien,

in Commission bei Wittenbecher, Siegel & Kollmann.

[Wallnerstraße Nr. 263.]

Wien und Aspern.

I.

An einem Vormittage, es war zu Anfang des Aprilmonates, trat Rosa aus der Mariahilfer Pfarr-Kirche, wo sie, wie viele andere gläubige Herzen, der Frühmesse beigewohnt hatte.

Seit ihrer Vereinsamung war dies der einzige Ort, welchen sie, außer dem Kreuzwirthshause, von wo sie ihre Arbeit holte, noch besuchte. Hierher pilgerte sie mit jedem Tage, um für den Theuren zu beten und für sich Kraft und Trost zu erflehen.

Wenn schwerer Kummer den Busen belastet, wenn Angst für entfernte Lieben sich unserer Seele bemeistert, wenn Traurigkeit unsere Stunden verdüstert, dann ist der Glaube der einzige Born, aus dem uns Erleichterung quillt; dann ist es seine Macht, die uns aufrecht hält, daß wir der trostlosen Pein nicht erliegen.

Ich weiß von einem Königssohne ein Mährlein zu erzählen, der in die weite Welt eine Reise unternahm, und dem sein Vater, der König, nur einen Gefährten mitgeben wollte. Als sich der Jüngling hierüber bitterlich beklagte, antwortete ihm der kluge Fürst: „Nun wohl, ich will Deinem kindischen Sinne genügen und will Dir Reichthum und Macht mitgeben, aber Du wirst Dich überzeugen, daß der Eine Gefährte Dir mehr nützen wird, als alles Uebrige." Und der Prinz trat seine Reise an; aber kaum jenseits der Grenze angelangt, überfiel ihn der feindliche Nachbar und beraubte ihn der Macht, dann verlor er seinen Reichthum, und am Ende blieb ihm doch nur wieder der Eine Gefährte. Als der Jüngling über den großen Verlust in Verzweiflung gerieth, da trat sein Gefährte, um den er sich im Glücke wenig bekümmert hatte, zu ihm und sagte: „Denke an Gott!" — Der Prinz dachte an Gott, und in den Gedanken über die Unendlichkeit dessen, vergaß er seinen Kummer. — Und sie kamen darauf in eine weite, weite Wüste, verirrten sich in derselben und Sonnenbrand und Wassermangel drohte ihnen Verderben. Die Nacht sank freilich kühlend herab, aber wenn der heiße Tag wiederkehrte, ehe sie das Ende der Wüste erreichten, so waren sie verloren. Als der trostlose Jüngling in laute Klagen ausbrach, da sagte der treue Gefährte wieder: „Denke an Gott!"—Der

Prinz dachte an Gott, wandte seinen Blick gegen den
Himmel und gewahrte ein Sternbild, dessen Lage er
kannte. Indem er nur immer nach der Richtung des
Sternbildes zuging, fand er sich aus der Wüste. —
Und sie wanderten wieder weiter und kamen in ein
mächtiges Gebirge, welches riesig gegen die Wolken ragte
und dessen hohes Alter der greise Scheitel bezeugte. In
diesen Bergen traf es sich, daß sie über einen freien,
schmalen Steg mußten, der über einen tiefen, gähnen=
den Schlund führte, und als sie in der Mitte des Ste=
ges anlangten, da rief der Prinz: „O weh, ich sinke
— mir schwindelt!" Da sprach der Gefährte rückwärts:
„Denke an Gott!" — und der Prinz kehrte das
Auge gen Himmel und dachte an Gott, und kam, da
ihm durch den Blick nach oben der Schwindel verging,
glücklich aus der Gefahr. — Und sie reisten abermals
weiter und ruhten um die Mittagszeit in dem kühlen
Schatten eines Gebüsches, da kam eine Horde Räuber
und ließ sich ganz nahe an ihnen nieder. „Wir sind
verloren!" rief der Jüngling; der Gefährte aber ant=
wortete: „Denke an Gott!"— Und der Prinz dachte
an Gott, und im Gedanken über das allerhöchste We=
sen verstummte sein Mund, und er verrieth sich nicht
und die Räuber zogen ab. — Als die Reisenden endlich
zu Hause anlangten, und der Jüngling dem freudigen
Vater seine Abenteuer mittheilte, gab ihm dieser ernst

zur Antwort: „Ich habe es ja vornherein gesagt, daß Dir der Eine Gefährte mehr nützen würde, als alles Uebrige; hätteſt Du mir gefolgt, ſo hätteſt Du ganz anſpruchlos Deine Reiſe angetreten, und die bitteren Erfahrungen wären Dir erſpart geweſen. Nun aber behalte den Einen Gefährten durchs ganze Leben, er wird Dich ſchützen, erheben, tröſten, ſtärken und wenn auch nicht glücklich, ſo doch zufrieden machen!" —

Da haben Sie, meine lieben Leſer, das einfache Mährlein, es ſtellt uns dar den Menſchen auf der Erdenpilgerſchaft, und der Eine Gefährte, den ihm der väterliche Himmelskönig mitgibt, iſt — der Glaube. Er ſpricht immer: „Denke an Gott!" und der Menſch iſt gehoben, geſchützt, getröſtet und gerettet!

Auch Roſa, als das Geſchick ſie von ihrem einzigen Freunde getrennt hatte, klammerte ſich inniger als je an den Einen Gefährten, und ſeine Mahnung hielt ſie empor.

Wir trafen ſie in dem Augenblick, als ſie das Gotteshaus verließ, und begleiteten ſie auf dem Wege über die Hauptſtraße.

Ein junger Mann, mit einem glühend ſchwarzen Auge, kam ihr entgegen und ſprach ſie an: „Mein Fräulein, ich habe das Glück, ſie wieder auf demſelben

Wege zu treffen, auf dem ich Ihnen schon einige Male begegnete."

Rosa wurde verlegen und antwortete: „Ein Zufall —"

„Irren Sie Sich nicht, mein Fräulein, ich bin zu aufrichtig, um Sie in dieser Täuschung zu lassen, es ist kein Zufall." —

Die Jungfrau wußte in der Verlegenheit nicht, was sie entgegnen sollte, und der junge Mann fuhr fort: „Bei unserem ersten Begegnen in dieser Straße, zog Ihre Erscheinung meine Aufmerksamkeit auf sich; glauben Sie nicht, mein Fräulein, daß ich Sie durch Schmeicheleien bethören will, aber ich muß Ihnen gestehen, daß Ihr Bild seitdem nicht wieder aus meiner Seele gewichen ist. Daß ich seitdem öfters von Ihnen gesehen wurde, daran trug schon die Sehnsucht Schuld, welche mich Ihnen entgegen trieb und mich Sie aufsuchen hieß. Ich verfolgte Ihre Schritte, ohne daß Sie es ahnten, und kenne bereits das Haus, dessen Mauern so glücklich sind, Sie zu umfangen."

„Mein Herr," ergriff Rosa mit würdigem Ernst die Rede, „Ihre Offenherzigkeit flößt mir die Hoffnung ein, daß Sie meine Worte, die Einzigen, die ich an Sie richte, nicht unberücksichtigt lassen werden. Ihr öfteres Begegnen auf dieser Stelle konnte von mir nicht un-

bemerkt bleiben, aber ich glaube nicht, daß mein Be=
nehmen Sie dazu ermuthigt hat, mich auf eine so
zudringliche Weise anzusprechen. Möge das, was
Sie mir jetzt gestanden haben, Wahrheit, oder aus
Gründen, die mir unbekannt und daher auch gleich=
gültig sind, blos ersonnen sein, meine Antwort darauf
wird immer die Nämliche bleiben: Verschonen Sie mich
mit Ihrem Anblicke, und vor Allen, mit jeder ferne=
ren Anrede."

Ohne die Antwort des jungen Mannes — die
wahrscheinlich erfolgt sein würde — abzuwarten,
setzte die Jungfrau ihren Weg wieder fort, und trach=
tete mit hastigen Schritten aus seinem Gesichtskreise
zu kommen.

Der Andere sah ihr eine Zeit lang nach, ver=
folgte dann ebenfalls seine frühere Richtung, indem
er murmelte: „Der Anfang ist gemacht; die Bahn ist
gebrochen und ich will sie verfolgen. Ich will den
Zufall, der mich die schöne, üppige Blume finden
ließ, nicht unbenützt lassen. Das Mädchen ist ein
Engel! Je öfter ich sie sehe, desto tiefer prägt sich
die himmlische Erscheinung in meinem Herzen ein,
und alle Mühen, zu ihrem Besitze zu gelangen,
schwinden vor den Gedanken ihres Besitzes. Ja, ja,
von diesen milden Augenstrahlen beleuchtet, will ich
meine künftigen Lebenstage genießen, in den Hafen

der Ruhe eingelaufen, soll mir in ihren Armen das Glück meines häuslichen Lebens lächeln. Sie soll mein, für immer mein werden. Ich habe der Frauen schon Viele kennen gelernt, aber sie ist die Erste, die Einzige, deren Bild sich in meiner Seele wiederspiegelt, sie hat mich bezaubert und hält mich jetzt schon mit unnennbaren Banden fest, ich muß sie erringen, sie muß die Meine werden!"

Von diesen Vorsätze durchglüht und in Gedanken der Zukunft vertieft, verlor er sich in den weitläufigen Vorstädten der Kaiserstadt.

Rosa war nachdenkend in ihrer einsamen Wohnung angelangt.

Bei ihrem Eintritte hüpfte die Meise fröhlich im Bauer umher und pfiff aus voller Kehle. Die Jungfrau lächelte wehmüthig und sprach: „Du kennst die Herrin schon, lieber Schwarzkopf, und Du weißt, daß jetzt die Stunde ist, in welcher sie Dir das Futter verabreicht; Du sollst Dich nicht getäuscht haben!"

Sie zog die Thongefäße aus dem Bauer, füllte sie und der Vogel stand im Nu bei dem Geschirren, und pickte mit emsigem Schnabel an den weißen Kürbiskernen. Die Herrin aber setzte sich zum Tisch, begann ihr Tagewerk mit gewohntem Fleiße, und ließ den Gedanken freien Lauf. Das Abenteuer mit dem

jungen Manne beunruhigte sie. Der Umstand, daß
sie ihm schon öfter begegnet und die Kühnheit, mit
welcher er ihr heute entgegengetreten war, gaben ihr
die Gewißheit, daß sie seine Aufmerksamkeit in einen
zu hohen Grade auf sich gezogen hatte, und daß es
ihr nicht mehr so leicht möglich werden dürfte, sich
seinem Blicke zu entziehen; doch tröstete sie sich mit
der Hoffnung, daß er von ihrer ernsten Zurückweisung
verscheucht, seinen Irrthum einsehen und sie ferner
unbeachtet lassen werde. Aber sie irrte. Sie begegnete dem jungen Manne noch öfter und erfuhr sogar,
daß er bei der Nachbarschaft Erkundigungen einzog,
wo er freilich nichts Näheres erfahren konnte, da sie
jede Mittheilung sorgfältig vermied. Die Bestrebun-
gen des jungen Mannes, ihr näher zu kommen,
währten ununterbrochen fort und verursachten der
Jungfrau viel Unruhe. Diese steigerte sich von Tag
zu Tag, und Rosa gerieth zuletzt in eine solche Bedrängniß, daß sie, da alle Abweisungen Nichts fruch-
tete, ihren Kummer dem jungen Thell vertraute und
ihn um Rath fragte, wie sie sich den unliebsamen
Liebesanträgen entziehen sollte?

Peter Thell hörte die Mittheilung kopfschüttelnd an.

„Haben Sie noch nicht erfahren, wer der junge
Mann ist?"

Rosa verneinte. „Was sollte mir dies auch fruchten“ — meinte sie — „jedenfalls ein Zudringlicher, der kein Zartgefühl besitzt.“ —

„Oder ein Leidenschaftlicher, der rasend in Sie verliebt ist!“

Die Jungfrau erröthete, und der Andere fuhr fort: „Ich glaube mich nicht zu täuschen, wenn ich meine Vermuthung als die richtige annehme.“

„Ist dies wirklich der Fall,“ entgegnete Rosa nachdenkend, „dann bleibt mir nur Ein Mittel, mich seinen Blicken zu entziehen.“

„Und welches soll dies sein?“

„Ich verlasse dies Haus und suche anderswo Unterkunft.“

„Was fällt Ihnen bei? Glauben Sie, Herr Andreas Duschel und ich würden nicht im Stande sein, Sie vor der Zudringlichkeit eines Unwürdigen zu schützen?“

„Ich zweifle keinen Augenblick daran, daß Sie es thun würden, aber wenn Sie die Umstände erwägen, die in den jetzigen unruhigen Zeiten eintreten können, so werden Sie selbst gestehen, daß es besser ist, mich verborgen zu halten und die Zeit abzuwarten, wo mich der Zudringliche entweder vergessen haben, oder wo vielleicht Herrmann wiedergekehrt sein wird.“

„Was wollen Sie also thun?"

„Ich will in einer ehrbaren Familie Dienste nehmen."

„Bewahre der Himmel, wenn Sie dies Haus schon verlassen wollen, so werden Sie bei uns Unterkunft finden."

„In keinem Falle," entgegnete Rosa mit einer Bestimmtheit, die das Fruchtlose jedes ferneren Einspruches im Voraus erkennen ließ; „ich kenne Sie zu gut, um zu wissen, daß Sie mir eine solche Zumuthung nicht zum zweiten Male stellen werden. Ich ersuche Sie daher freundlichst, in dieser Angelegenheit Erkundigungen einzuziehen, und wenn Sie Etwas erfahren sollten, mich unverzüglich davon in Kenntniß zu setzen. Ich werde dann Herrn Duschel den Grund angeben, der mich zwingt, sein Haus zu verlassen, und dann so heimlich als möglich von hier ziehen."

„Glauben Sie nicht, daß es gut wäre, wenn ich dem jungen Manne entgegen träte?" —

„Nein, nein, das führt zu Nichts! Wenn meine Worte Nichts fruchteten, so werden es die Ihrigen um so weniger. Es würden Ihnen jedenfalls Unannehmlichkeiten daraus erwachsen, und das will ich nicht. Was ich beschlossen, ist das Zweckmäßigste. Auch muß ich noch hinzufügen, daß ich

dieſes Haus aus anderweitigen Gründen gern ver=
laſſe. Ein jeder Gegenſtand in dieſem Zimmer erweckt
tauſend Erinnerungen, welche, verbunden mit der
Einſamkeit meines Aufenthaltes, mich wehmüthig ſtim=
men, und mich am Ende in eine Schwermuth ver=
ſenken würden, die mich aufs Krankenlager würfe,
und meine Lage noch mißlicher machte. Denken Sie
reiflich über meine Stellung nach und Sie werden
ſich ſelbſt geſtehen müſſen, daß ich nichts Beſſeres
thun kann, als meinen Entſchluß in Ausführung zu
bringen."

Der junge Schreinermeiſter willigte endlich in
das Begehren und verſprach, ſich den Auftrag recht
angelegen ſein zu laſſen, wofür ihm Roſa ſchon im
Voraus herzlich dankte.

Als ſie wieder allein war, beſchloß ſie noch au=
ßerdem, das Haus nicht wieder zu verlaſſen, um
jedes Zuſammentreffen mit dem jungen Manne zu
vermeiden.

Peter Thell verließ das Haus in der Schmalz=
hofgaſſe und ſchritt gegen die Hauptſtraße, um auf
den Spittelberg zu gelangen. Sein Weg führte an
dem Laden der Tröblerin Konrad vorüber und er
ſprach dort ein.

Die Dame war ſehr erfreut, ihn zu ſehen.
Wenn man ein theures Weſen in der Ferne hat, ſo

freut es Einen besonders, mit dessen Freunden und
Bekannten zusammen zu kommen, um von Jenem
sprechen zu können. Dies war bei Servatia mit dem
Schreinermeister Thell der Fall. Sie hatte ihn kaum
erblickt, so stieß sie schon ein Freudengeschrei aus,
und der Majoratsherr in der lederbesetzten Manche-
sterhose sprang wie besessen umher.

„Das lasse ich mir gefallen," rief die Dame,
„dieser Besuch ist Goldes werth. Kommen Sie her,
mein lieber, guter Herr Thell, nehmen Sie Platz,
da, da —"

Der junge Mann mußte sich in den Kühhaar=
botirten Armsessel niederlassen, die Tröblerin wischte
sich die Augen und sprach: „Ach — hier ist Er
immer gesessen! Schani sei ruhig oder ich beutl'
Dich!"

Es war ein wehmüthiger Augenblick.

Peter Thell erkundigte sich um ihr Befinden, und
die Arme brach in laute Klagen aus: „Ach, wie kön=
nen Sie nur fragen; wie kann es einer Braut gehen,
deren Zukünftiger im Kriege ist? Es vergeht keine
Stunde, wo ich nicht an ihn denke, und in der
Nacht, o weh! Da habe ich erst recht meine Noth;
ich sage Ihnen, ich habe Nichts als Franzosen im
Kopf, ich träume Nichts, als Egidi und Franzosen;
bald haben sie ihn gefangen, bald erschossen, dann

sehe ich ihn wieder in den Armen einer Französischen Marketenderin, es ist gräßlich, was ich leide!"

„Haben Sie noch keine Nachricht von ihm erhalten?"

Diese Frage wurde von Herrn Schani beantwortet: „Ja! Ja!" rief er, „der Papa hat schon einen Brief geschrieben!"

„Der Papa?" fragte Thell lächelnd.

Die Tröblerin stieß den Schreiner am Arm und lispelte ihm zu: „Es geschieht nur, um das Kind daran zu gewöhnen."

Der Knabe aber eilte auf die Mutter zu, hielt die offne Hand hin und rief: „Mama, gib mir wieder einen Groschen; Du hast ja gesagt, daß ich, so oft ich Herrn Egidi „Papa" nenne, jederzeit einen Groschen bekomme."

Der Schelm erhielt den Groschen und war im Nu aus dem Laden. Servatia sah ihm mit Bewunderung nach und sprach: „Was sagen Sie zu diesem Kinde? Solche Klugheit in diesem Alter habe ich noch nicht erlebt. Ich weiß gar nicht, wo das Kind dies Alles her hat? Mein Seliger war doch kein solches Kirchenlicht; und der Herr Carl Paneck von Kaiser Grenadier war ja damals auch nicht mehr in Wien, es ist nicht anders möglich, ich muß mich während der neun Monate irgendwo vergafft haben. Doch jetzt warten Sie, jetzt will ich Ihnen den Brief von meinem Egidi vorlesen!"

Sie zog mit andächtiger Sorgfalt ein Papier aus dem Busen, welches man im ersten Augenblicke für alles Andere, nur für keinen Brief halten mogte. Nachdem sie es mit Vorsicht auseinander gefaltet und die einzelnen, beschmutzten Theile an einander gefügt hatte, (der Brief war schon in Trümmern zerlesen), nahm sie ihr Augenglas, stülpte es auf die Nase und begann mit zitternder Stimme: "Mein theures, ange-„betetes Weib! "Sie dürfen, bester Herr Thell an dem Ausdrucke „Weib" keinen Anstoß nehmen, denn wenn man so nahe daran ist, verheirathet zu werden, wie ich und mein Egidi, so kann man sich des Ausdruk-kes „Weib" im Voraus bedienen, also weiter: „Ich „ergreife die Feder, um Dir den ersten Brief zu schrei-„ben und Dich von meinem Wohlbefinden in Kennt-„niß zu setzen. Seitdem ich marschiren, exerciren, „voltigiren und manövriren gelernt habe —" ich bitte Sie, Herr Thell, er kommt aus den „iren" gar nicht heraus, also: „Gelernt habe, seitdem geht es mir „recht gut und es fehlt mir Nichts, als ein Paar „Franzosen, um meinen Muth an den Tag zu le-„gen." — Was sagen Sie dazu, Herr Thell, ist der Egidi ein Franzosenfresser geworden? Wer hätte dies vermuthen sollen? Doch weiter: „Du glaubst

„es gar nicht, theure Servatia! Was ich jetzt
„für ein ganzer Kerl bin!" — O ich glaub' es,
rief die Dame aus, ich glaub' es und habe bereits
die süße Ueberzeugung davon! Sie wischte sich den
Mund und die Augen und fuhr fort: „Hermann Du=
„schel, der, wie Du weißt, mit mir in einer Kom=
„pagnie ist, läßt Dich und den alten Kanonier recht
„oft grüßen. Du kannst den Letztern auch von mir
„grüßen und ihm sagen, daß ich ihm für den Hasen=
„fuß dankbar bin."

„Was? Für den Hasenfuß? Was will er damit
=sagen?" fragte Thell.

„Das ist ein Familiengeheimniß!" entgegnete die
Tröblerin ausweichend, die nicht gerne darauf zu
sprechen kam; doch hören Sie weiter: „Unsere Quar=
„tiere sind im Durchschnitt nicht übel, nur das wir
„fast täglich „Knöbel*) und saures Kraut" bekommen,
„es ist doch im Kriege gar keine Abwechslung, die
„Knöbel wachsen mir schon beim Kopfe heraus!" Der
arme Egidi, und er ißt so gern die Backhändl mit
Salat — Sie las weiter: „An Neuigkeiten weiß ich
„Dir Nichts zu berichten, als daß der Bubenberger
„Hanns vierundzwanzig Stunden kurz geschlossen war,
„weil ihm sein Quartierträger beim letzten Rasttage

---

*) Klöße.

„wegen Verletzung des Eherechts verklagt hat; wenn
„der Hanns sich noch ein Mal so Etwas zu schulden
„kommen läßt, so wird ihm der Hauptmann wahr=
„scheinlich das letzte der zehn Gebote von rück=
„wärts einreiben lassen!" — Das ist recht, rief
Frau Servatia, daß man so auf Ordnung hält, sonst
würden wir armen, zurückgebliebenen Frauen schön
zu kurz kommen; die Landwehr ist da, um Franzosen
zu erobern, nicht aber die Weiber friedlicher Quar=
tierträger. Doch weiter, jetzt kommt erst das Wahre:
„Mir ist, gottlob! Noch nichts Unangenehmes zuge=
„stoßen, mit Ausnahme eines auf dem Heuboden
„meines vorletzten Quartiers zurückgelassenen Sacktu=
„ches, welches aber die Hausdirne*) wohl gefunden
„haben wird, da dorten mein Lager war!"—

Die Leserin hält inne.

„Was sagen Sie zu diesen Worten, Herr
Thell?"

„Ich glaube sie zu verstehen."

„Geht mir auch so. Aber diese Stelle, sehen
Sie doch her, es heißt: „Welches die Hausdirne
wohl gefunden haben wird, da dorten mein Lager
war!" So wäre es recht, aber das „mein ist ober
der Zeile geschrieben, und darunter steht ein „ihr"

---

*) Hausmagd.

welches durchstrichen ist: es hat also früher geheißen:
„welches aber die Hausdirne wohl gefunden haben
wird, da dorten ihr Lager war! —" Das ist ein
großer Stein des Anstoßes, wie kömmt das Sacktuch
meines Zukünftigen auf den Heuboden zu dem Lager
der Hausdirne? Das gibt Anlaß zu bedeutenden
Bedenklichkeiten. Darüber muß sich der Egidi eines
Näheren erklären!"

„Aber beste Frau Konrad, Sie werden ihn doch
nicht wegen eines voreilig geschriebenen und dann
ausgebesserten Wortes zur Rechenschaft ziehen? Glauben Sie mir sicher, wenn Herr Egidi sich in dieser
Beziehung irgend einer Schuld bewußt wäre, so würde
er sich in Acht genommen haben, Ihnen nur die lei-
seste Andeutung davon zu geben."

„Meinen Sie auch? Ich habe mir dasselbe gedacht, aber so oft ich den Brief lese, steigt mir doch
immer wieder der Verdacht in den Kopf; es wäre
zu abscheulich, jetzt schon? Nein, nein, es ist nicht
möglich! Doch hören Sie weiter: „Sage mir doch
„inniggeliebte Servatia, ob auch Du so oft an mich
„denkst? Was macht der Schani und mein alter
„Armsessel mit dem Kühhaarpolster, wo ich so oft gesessen
„bin? Wenn Du hören wirst, daß uns die Franzo-
„sen entgegen kommen, so sei so gut und laß bei der
„Dienstbothenmuttergottes in der Stefanskirche eine

„Meſſe für mich leſen; wenn ich auch noch nicht
„todtgeſchoſſen werde, ſo iſt doch indeſſen vorgebaut
„und kann in keinem Falle Etwas ſchaden; die lum=
„pigen paar Groſchen dafür werden uns nicht abge=
„hen. — Ich hoffe, daß Du mit unſerem Gelde recht
„gute Geſchäfte machen wirſt; ſei nur vorſichtig, be=
„ſonders bei Licitationen, und laß Dich nicht zu hoch
„hinauftreiben. Wenn es ſich treffen ſollte, daß es
„irgend wo Etwas zu plündern geben wird, ſo werde
„ich an Dich denken, aber bis jetzt iſt noch gar keine
„Ausſicht hierzu, ſie halten zu viel auf Ordnung, und
„der Feldwebel, ich glaube, er war Bierverſilberer*)
„in der Leopoldſtadt, der iſt ein wahrer Satan! Aber
„ich komme mit ihm recht gut aus, auch mit meinem
„Zugskorporale, der bei Maria=Troſt Orgeltreter
„geweſen iſt. Nun lebe wohl, wenn Du eine Kanone
„ſiehſt und trommeln hörſt, ſo denk' an mich, der
„Dich Millionen Mal küßt und verbleibt Dein treuer
„Egidi!“ — Sehen Sie, Herr Thell, das „treuer“
iſt drei Mal unterſtrichen, das beruhigt mich! — Nun
kommen die Notabene, hören Sie: „NB: Da ich
„nicht weiß, wohin wir marſchiren, ſo kannſt Du
„mir keine Antwort ſchreiben. Zweites NB: Da jetzt

---

*) Bierverſchließer. Die Mittelperſon zwiſchen Brauer und
Wirthsleuten.

„überall viel Soldaten marschieren, so wird dies wahr-
„scheinlich auch in Wien der Fall sein, wenn es also
„andem ist, so nimm Dich in Acht, damit Dir nichts
„Unangenehmes zustößt, denn das Militair in der Li-
„nie ist nicht so lammfromm, wie wir von der Land-
„wehr, die sind gleich mit ihrem Bajonette da und
„da heißt es: „Vogel friß oder stirb!"

Nachdem Frau Konrad zu Ende war, faltete
sie den zerfließenden Brief sorgfältig zusammen, nahm
die Brille von der Nase, drückte den schmutzigen Lie-
besboten an die Lippen, wischte sich die Augen und
sprach: „Nun, lieber Herr Thell, nicht wahr, das ist
ein lieber Mann, der Egidi? Je mehr ich an ihn
denke, desto lieber wird er meinem Herzen; aber ich
fürcht', ich fürcht', ich habe ihn zu lieb, der Himmel
wird mir ihn nehmen."

„Quälen Sie Sich mit keinen solchen Gedanken, liebe Frau! Sie werden sehen, er wird gesund
wiederkehren und Sie werden noch recht glücklich
sein."

Die Trödlerin weinte Thränen der Freude, und
versenkte den Brief wieder in den Abgrund ihres wo-
genden Busens. „Ich will mir Ihre Worte zu Herzen nehmen!" schluchzte sie in liebeglühendem Schmerz,
„ich will harren und hoffen; aber nur nicht lange,
denn Sie werden selbst einsehen, daß ich gerade in

jenen schönen Jahren lebe, wo es schade um jeden
Tag ist, den man so vereinsamt zubringen muß, ich
habe keine Zeit mehr zu verwerfen, deshalb würde ich
auch untröstlich sein, wenn mir der Himmel meinen
Egidi nähme; es bliebe mir aber doch am Ende
nichts übrig, als zu denken: der Himmel hats gegeben, der Himmel hats genommen, der Name des
Herrn sei gelobt! Und dann mich um einen Andern
umzusehen. Doch daß ich es nicht vergesse, ich habe
ein sehr gutes Geschäft für Sie."

„Lassen Sie hören, Frau Konrad!"

„Im ersten Stock meines Hauses wohnt ein
Fräulein, ein liebes Geschöpf, das vor einigen Wochen unschuldiger Weise in einen polizeilichen Verdacht
kam, aber dem Himmel seis gedankt, jetzt desselben
wieder enthoben ist; das Fräulein will einige Som-
mermonate auf dem Lande zubringen, und mögte gern
mehrere neue Möbelstücke kaufen, daher ersuchte sie
mich, ihr einen billigen Meister zu empfehlen; ich
habe gleich an Sie gedacht und hätte heute oder morgen
nach Ihnen geschickt; gehen Sie zu ihr und hören
Sie, was sie benöthiget ist."

Dem jungen Schreinermeister war der Antrag
sehr willkommen; er dankte der Tröblerin für ihre
freundliche Aufmerksamkeit, empfahl ihr für unvor-

hergesehne Fälle auch seine Dienste und verließ die
doppelte Wittwe.

Julie befand sich allein, als Thell zu ihr ins
Gemach trat.

Die ehmalige Tänzerin kam ihm freundlich entgegen, und forschte nach seinem Begehren.

„Ich bin der Schreinermeister Thell. —"

Julie unterbrach ihn: „Sie wurden wahrscheinlich von der Frau des Hauses herauf gesandt?"

„So ist es, mein Fräulein! Mit was kann ich
Ihnen dienen?"

Julie theilte ihm ihr Begehren mit und war mit
dem Meister bald einig.

Am Ende der Unterhandlung nahm der Meister
das Wort: „Ich habe auch für die frühere Partei
dieses Logis Arbeiten besorgt —"

„Für Ferdinand Miller?"

„Sie wissen, mein Fräulein?"

„Leider! Ich habe es diesem fatalen Namen zu
danken, daß ich mit der Polizei in einen sehr unliebsamen Konflikt gerieth."

„Ich theile fast ein gleiches Geschick mit Ihnen; auch ich bekam seinethalben mehrere Vorladun-
gen; auch war ich eigentlich Ursache, daß er dieses
Haus verließ —"

„Wirklich? Wollen Sie wohl die Güte haben,
mir den Vorfall mitzutheilen?"

Peter Thell, der keinen Grund hatte, ihn zu ver=
heimlichen, willfahrte dem Begehren, und als er damit
zu Ende gekommen war, fügte er noch hinzu: „Das
Miller noch in Wien lebt, ist wahrscheinlich; aber
gewiß unter einem andern Namen."

„Zuversichtlich," entgegnete Julie, „denn auch
ich lernte ihn unter einem andern Namen kennen."

„Sie kennen ihn persönlich?"

„Leider muß ich wieder ja sagen!"

„Wollten Sie nicht die Gewogenheit haben, mein
Fräulein, auch mich Ihres Vertrauens zu wür=
digen?"

Die Tänzerin besann sich einige Augenblicke, dann
sprach sie: „Nehmen Sie Platz; die Geschichte ist ein
wenig lang, ich will Ihnen Alles offen und wahr
mittheilen."

Julie erzählte. Peter Thell hörte aufmerk=
sam zu.

„Bei meinem letzten Verhöre," endete sie ihre
Mittheilung, „wurde mir ein Billet gezeigt, welches
mich des Einverständnisses mit dem Feinde verdäch=
tigte. Obwohl die Schrift verstellt war, so erkannte
ich doch alsogleich, daß es dieselbe sei, in welcher
auch mir von Herrn Carl Billette, mit Ferdinand

Miller unterzeichnet, zugeschickt wurden. Es war also gewiß, er mußte mich aus Rache angegeben haben. Ich war früher weit davon entfernt, in ihm einen Spion zu vermuthen, und doch kann nichts Anderes dahinter stecken, was er aber mit mir armen Mädchen im Sinne hatte, das mag der liebe Himmel wissen! Genug, ich bin froh, der fatalen Geschichte ledig zu sein. Die Direction hat mir in Folge dessen das Engagement wieder angeboten, aber mir doch gerathen, noch einige Monate zu pausiren, bis die Sache mehr in Vergessenheit gerathen sein wird. Ich fürchte noch immer die Verfolgungen meines Feindes und bin gesonnen, einen verborgenen Landaufenthalt zu wählen, bis zur Zeit, wo ich die Bühne wieder betreten werde. Nun ist mir aber ein sehr unliebsamer Fall dazwischen gekommen. Meine einzige Vertraute und Gesellschafterin, meine Josefa ist gestern auf bringendes Verlangen ihrer schwer erkrankten Mutter nach Böhmen abgereist; ich bin allein und wünschte ihren Platz auf eine vortheilhafte Weise zu besetzen, aber ich bin unbekannt und fürchte einen Mißgriff zu begehen; ich bin daher noch immer unentschlossen, was ich beginnen soll, um eine passende Person zu finden.“

Der Schreinermeister dachte eine Weile nach, dann sprach er: „Mein Fräulein! So viel ich aus

Ihren Reden entnommen habe, sind Sie eine würdige Ausnahme von allen Ihren Standesgenossinnen, und verdienen eine eben so ehrenwerthe Umgebung. Ich will Ihnen ein Mädchen empfehlen—"

„Sie wollten so gütig sein?"

„Ich glaube, der Vorschlag wird Ihnen und ihr willkommen sein. Hören Sie mich an, denn ich muß Sie von den ganzen Verhältnissen meiner Schutzempfohlenen in Kenntniß setzen."

„Das kömmt ja wie erwünscht," rief Julie, als Peter zu Ende war, „daß auch sie Ursache hat, sich verborgen zu halten, das kann mir nur sehr willkommen sein; o schnell, eilen Sie zu ihr, theilen Sie ihr Alles mit, was Sie von mir wissen, und wenn sie einwilliget, so soll sie ganz die Stelle meiner guten Josefa einnehmen. Ich habe bereits vor der Linie in einem unbedeutenden Häuschen eine kleine, liebe Wohnung gemiethet, o wir werden gewiß zufrieden und einig leben."

Die Unterhandlung wurde nun durch Peter Thell angeknüpft und zum erwünschten Ende gebracht. Der Schreinermeister übernahm die Sorge, die neue Wohnung einzurichten; Frau Konrad wurde zufrieden gestellt, ohne daß man ihr den neugewählten Aufenthalt verrieth, die Möbeln aus ihrem Hause wurden zu Peter Thell geschafft, der sie um ein Billiges durch

elegantere erſetzte. Der redliche Kreuzwirth machte
zwar große Augen, als ihn der Schreiner von Roſa's
Entſchluß in Kenntniß ſetzte, aber er konnte um ſo
weniger Etwas dagegen einwenden, da ihn Herr
Thell von der Nothwendigkeit dieſer Maßregel verſi-
cherte, ohne jedoch den Grund derſelben anzugeben.
Roſa dankte dem Wohlthäter unter Thränen für den
gaſtfreien Aufenthalt, und Herr Andreas entgegnete:
„Es thut mir leid, liebe Mamſell, daß Sie fort wollen, aber da es, wie Herr Thell ſagt, ſein muß, ſo
gehen Sie in Gottes Namen; wenn Sie wieder kommen, ſo ſteht Ihnen mein Haus zu jeder Stunde
offen. Aber ſagen Sie mir nur, was wird mein
Hermann dazu ſagen?"

„Er braucht vor der Hand Nichts davon zu erfahren," antwortete der anweſende Schreiner, „wenn es
nothwendig ſein wird, werde ich ihn ſchon davon in
Kenntniß ſetzen."

Es war ſchon dunkel, Roſa's Gepäck ſollte ſpä-
ter hinaus beſorgt werden; weinend verließ die Jungfrau den Aufenthalt, wo ſie ſo viele glückliche Stunden verlebt, und die Liebe mit all ihren Leiden und
Freuden kennen gelernt hatte. Als ſie den Käfig mit
der Meiſe, das einzige Andenken, welches ſie von
Hermann beſaß, von der Wand nahm, ſprach ſie:
„Komm, Du mein treuer Freund, Du warſt der Zeuge

meines Glückes, Du sollst mir auch jetzt nahe bleiben, und Zeuge dessen werden, was die gütige Vorsehung über mich weiter verhängt."

Unbeachtet und von dem Dunkel der Nacht geschützt, verließ sie mit Peter Thell das Haus.

II.

Der Vorhang rollt auf.

Das große Kriegsdrama nimmt seinen Anfang.

Der riesige Schauplatz dreht sich von der nordischen Spitze des Böhmerlandes bis hinab nach Italien und an die Gestade des adriatischen Meeres; die Völker des Welttheils sind das Publikum, welches mit Bangen und Hoffen der Entwicklung des großartigen Schauspieles entgegen sah.

Die ganzen Oesterreichischen aktiven Streitkräfte sind in neun Armeecorps getheilt, und stehen unter dem Oberbefehl des Generalissimus, Erzherzog Karl. Die ersten Sechs in Deutschland werden unmittelbar von ihm geleitet, das Siebente, unter dem Erzherzoge Ferdinand, ist gegen das Herzogthum Warschau bestimmt, und die letzten Zwei unter dem Erzherzog Johann sollten Italien bezwingen.

Die einzelnen Befehlshaber der Corps sind: Bellegarde, Kollowrat, Fürst Hohenzollern, Rosenberg, der Erzherzog Ludwig, Hiller, der Erzherzog Ferdinand d'Este, Chasteler und Giulai. Außer diesen befehligt Fürst Lichtenstein das erste und Kienmayer das zweite Reserve-Corps.

Der ursprüngliche Kriegsplan des Erzherzog Generalissimus war, rasch aus Böhmen mit der für Deutschland bestimmten Macht hervorzubrechen, Sachsen im Zaume zu halten, die feindliche Armee unter dem Marschall Davoust, ehe sie Verstärkung erhielt, zu schlagen, und sich gegen die Französischen Grenzen vorzukämpfen — Indessen sollte das für Polen bestimmte Armeecorps Warschau erobern, bis Thorn vordringen und dem im günstigen Falle in Deutschland zu erwartenden Aufstande die Hand bieten. Der linke Flügel der ganzen Armee unter dem Erzherzog-Johann sollte bis Mailand vordringen.

Dieser Plan wurde aber in dem verhängnißvollen Augenblicke der schon begonnenen Einleitung, denn die nördliche Armee war in Böhmen bereits vereinigt, geändert; und dem neugefaßten Plane zu Folge, sollten das 2. 4. 5. und 6. Armeecorps mit den bei-

den Reserve=Corps über den Inn in Baiern einrük=
ken, und längs der Donau operiren, während das
1. und 3. Armeecorps aus Böhmen gegen die
Oberpfalz bringen, und die Kommunicationen decken
mußte. Nebstdem wurde eine Abtheilung von 10,000
Mann des sechsten Armee=Corps unter dem Feld=
marschall=Lieutenant Jellachich gegen München be=
stimmt. Alles Andere blieb wie früher. Das Er=
gebniß dieses Planes sollte sein, sich in den Besitz
der Donau, zwischen Regensburg und Donau=
wörth zu setzen, die Vereinigung der Armeen zu be=
wirken, und während des Vordringens die einzelnen
feindlichen Abtheilungen zu schlagen.

Es ist der neunte April 1809.

Die Oesterreichischen Heere marschiren gegen
die Grenze des feindlichen Gebietes.

Die Deutsche Armee geht auf den Punkten bei
Braunau, Oberberg und Schärding über den
Inn.

Am zehnten April steht der Erzherzog Johann
an der Italienischen Grenze, übergibt am Morgen
den Französischen Vorposten die Kriegserklärung, und
überschreitet an demselben Nachmittage in vier Kolon=
nen die Grenze.

Am 14. April geht Erzherzog Ferdinand in
der Richtung von Krakau nach Warschau bei

Novemiesto über die Pilica und betritt den feind=
lichen Boden.

Am neunten April rückt Chasteler mit einem
Theile des achten Armeecorps von Erzherzog Johann
entsendet, in Tirol ein, und der Aufstand der
Tiroler Landleute hat begonnen! — —

Ueberall Begebenheiten, überall Kämpfe, überall
Scenen des großartigen Dramas; aber wohin sollen
wir unser Auge zuerst wenden, wo sollen wir zu
schildern beginnen? Welchem der Feldherrn sollen wir
unser Hauptaugenmerk zuwenden?

Der Titel unsers Gemäldes ist ein allgemeiner,
er erforderte, wenn wir ihm entsprechen sollten, be=
taillirte Schilderungen aller Vorfallenheiten des gan=
zen Krieges, allein dadurch würden wir der Einheit
des Ortes beraubt, und das Gemälde ermangelte ei=
nes Brennpunktes. Wir befinden uns daher in der
Lage eines Malers, welcher eine großartige Land=
schaft auf die Leinwand zaubern soll, und den Fehler
beginge, Alles in gleicher Größe darstellen zu wollen;
soll ein Gemälde Eindruck machen, so muß Border=
grund sein, Staffage und Hintergrund.
Ueber die Wahl des Ersteren können wir keinen Au=
genblick schwanken; es ist die Deutsche Armee mit
ihren würdigen Feldherrn, mit ihrem großen Gegner;
dort stehen sich Erzherzog Karl und Napoleon

entgegen, von dort aus erwartet man den Haupt-
schlag, der den Mann des Jahrhunderts demüthigen
soll, von den dortigen Begebenheiten hängt Oesterreichs Schicksal ab! — Alles Uebrige, Tirol, Italien, Polen, Dalmatien ist Nebensache, Staffage, die Deutsche Armee allein kann den Aus-
schlag geben; Erzherzog Karl und Napoleon
sind die Helden des Kriegs-Drama's.

Doch selbst dieses Bild würde uns zu riesig sein,
wenn wir es im Detail zeichnen wollten, wir aber
sind nicht gesonnen, eine Kriegsgeschichte des ganzen
Feldzuges an der Donau zu schreiben, sondern ein
romantisches Bild hinzustellen, das erheitern, erheben
und an die Vergangenheit erinnern soll. Wir haben
die Begeisterung unserer Väter geschildert, wir wollen
nun auch ihre Thaten belauschen, aber nicht in der
Ferne, sondern nahe, auf Oesterreichischem Boden,
unter den Mauern Wiens. — Ja Wien soll der
Mittelpunkt unseres Gemäldes bleiben, dort laufen die
Fäden der wirklichen Geschichte zusammen, und dahin
wollen auch wir die unsrigen leiten. Erzherzog
Karl und Napoleon sind die Helden, Wien ist
unser wahrer Schauplatz.

Die Oesterreichische Armee rückt vor, eine Aufforderung des Erzherzogs Karl an den König
von Baiern bleibt ohne Erfolg; am 15. April errei-

chen endlich die am rechten Donauufer vereinigten Corps*), vom Erzherzog Generalissimus geführt, die Ufer der Isar, 12000 Baiern unter Duroc und Lefebre vertheidigten den Uebergang. Am 16. zwischen 10 und 11 Uhr Vormittags geschieht der Angriff.

Dies ist das erste Gefecht auf Deutschem Boden.

Die Baiern wurden aus ihrer starken Stellung verdrängt und ziehen sich nach Regensburg zurück. Der Oesterreichische Generalissimus nahm sein Hauptquartier in Landshut, und ließ seine Truppen gegen Regensburg avanciren.

An demselben Tage besetzte Jellachich die Hauptstadt Baierns, der König und die Königin waren schon am eilften nach Dillingen abgereist.

Auch das erste und zweite Armee-Corps unter Bellegarde und Kollowrat rückten inzwischen aus Böhmen, durch die Oberpfalz gegen Regensburg vor.

Der Kaiser Napoleon ist noch in Paris.

Am Abende des zwölften Aprils verkündet der Telegraph den Einfall der Oesterreicher in Baiern,

---

*) Das 3. 4. 5. Armeecorps und die beiden Reserve-Corps.

zwei Stunden später reist er ohne Gepäck und fast ohne Begleitung von Paris ab, am sechzehnten hat er in Dillingen mit dem Könige von Baiern eine Zusammenkunft, am siebzehnten ist er in Donauwörth und verkündet der Armee seine Ankunft durch folgende Proklamation:

„Soldaten!

„Das Gebiet des Rheinbundes ist verletzt wor-
„den. Der Oesterreichische Feldherr will, daß wir
„beim Anblicke seiner Armee fliehen, und unsere Bun-
„desgenossen ihm Preis geben sollen. Mit Blitzes-
„schnelle eile ich herbei. Soldaten! Ich war von
„Euch umgeben, als Oesterreichs Monarch zu mir in
„mein Bivouac in Mähren kam. Ihr habt es ge-
„hört, wie er meine Milde anrief und mir ewige
„Freundschaft schwur. Sieger in drei Kriegen, ha-
„ben wir Oesterreich mit aller Großmuth behandelt,
„und dennoch ward es drei Mal eidbrüchig!

„Unsere früheren Erfolge sind uns eine Bürg-
„schaft des Sieges, der uns erwartet. Auf denn!
„Bei unserm Anblicke erkenne der Feind seinen Ueber-
„winder wieder!

Napoleon —"

Sein Erscheinen machte den falschen Manövers des von ihm ernannten Generalmajor Berthier

ein Ende, und hemmte das Vordringen der Oester=
reicher.

Mit hastiger Eile werden alle Dispositionen ge=
troffen, die unter ihm stehenden Feldherrn sind von einem
neuen Geiste belebt; sein allmächtiges Genie leitet jede
Bewegung; er deckt die Donauzugänge nach Schwa=
ben durch das in Vertheidigungsstand gesetzte Augsburg,
sperrt den Weg nach Franken durch Regensburg, und
sammelt seine Streitkräfte in Masse in dem von den
Oesterreichern bedrohten Centrum, ertheilt am neun=
zehnten seine Befehle, läßt Davoust dem Erzher=
zoge entgegen rücken, befiehlt Massena die Bewe=
gung auf Landshut und schließt mit den Worten:
„Daß zwischen den 18. 19. und 20. der Krieg
in Deutschland abgethan sein werde!" Erz=
herzog Karl hatte die Nachricht von dem Anrücken
Davoust's kaum erhalten, als er auch schon be=
schloß, um dessen Vereinigung mit Lefebre zu ver=
hindern, sich auf ihn zu werfen, und dann das Fran=
zösische Hauptheer anzugreifen; demgemäß erhielt das
fünfte Armeecorps die Bestimmung in Baiern, das
3. 4. Armee= und 1. Reserve=Corps wurde bei Klo=
ster Mohr zusammengezogen, und das sechste Corps
sollte die Kommunikation auf Landshut decken.

Davoust rückte in zwei Kolonnen von Re=
gensburg heran, am 19. gegen neun Uhr Vor=

mittags begann in der Gegend von Schneibert der
Kampf, und zwar um den Gewinn der Höhen von
Abbach, welche die große Verbindungsstraße von
Abensberg und Regensburg beherrschen. Bis
gegen Mittag erstreckte sich das Feuer schon die ganze
Truppenlinie entlang, es war das erste bedeutende
Treffen auf Deutschem Boden, in welchem die Oester-
reicher zwar einen Theil des Schlachtfeldes behaupte-
ten, ohne sich jedoch den Sieg zuschreiben zu können.
Die Oesterreicher kämpften mit großer Tapferkeit.
Die Fürsten Hohenzollern und Lichtenstein,
dann die Generäle St. Juli-en und Lusignan
führten ihre Regimenter selbst ins Feuer, es war aber
Alles vergebens, erst die herangebrochene Nacht machte
dem Kampf ein Ende.

Dies ist das Treffen bei Thann!

Beide Theile behaupteten ihre Stellungen, aber
Davoust und Lefebre vereinigten sich, und Napoleons Plan erfreut sich einer günstigen Einleitung.

Nun beschließt er, das fünfte und sechste Armeecorps, als den linken Flügel des Oesterreichischen
Heeres bei Abensberg anzugreifen, sie von dem
Gros zu trennen, und die Operationslinie des Erzherzog Generalissimus zu zerstören.

Dieser rückte am 20. neuerdings gegen Abbach
vor, Davoust, welcher sich nach Tengen gezogen,

erhielt Befehl, ihn dort zu beschäftigen und festzuhalten. Indessen eilte Napoleon selbst auf die Höhen von Abensberg, stellte zwei mit den Baiern vereinigte Französische Divisionen unter den Befehl des Marschall Lannes, er selbst übernahm das Kommando der Würtemberger und der Bairischen Divisionen Doroi und Kronprinz.

Er ließ sämmtliche Offiziere hervortreten, um sich einen Kreis schließen, und richtete namentlich an die Baiern folgende Anrede, welche der Kronprinz den Truppen verdeutschte:

„Bairische Krieger! Ich komme nicht zu Euch „als Französischer Kaiser, sondern als Beschützer Eu„res Vaterlandes und des Deutschen Bundes.

„Baiern! Ihr kämpft heute mit den Oesterreichern „ganz allein. Nicht ein Franzose befindet sich in den „Reihen der Streitenden; sie sind in einem, dem Fein„de verborgenen Hinterhalte. Ich vertraue durchaus „Eurer Tapferkeit; ich habe die Grenzen Eures Va„terlandes bereits erweitert, aber ich sehe jetzt, daß „ich dennoch zu nachgiebig war. In der Folge wer„de ich Baiern so groß machen, daß Ihr, um gegen „Oesterreich zu fechten, meiner Hülfe nicht mehr be„dürfen sollt. Seit zwei Hundert Jahren wehten „Baierns Fahnen gegen Oesterreich, und wir wollen „ihm jetzt die Uebel, welche es Euern Vaterlande zu-

„gefügt, in Wien vergelten, wo wir bald sein wer-
„den. Oesterreich wollte Euer Land in Baronien zer-
„stückeln, Euch auflösen und unter seine Regimenter
„stecken. — Baiern! Dieser Krieg ist der letzte, den
„Ihr gegen Oesterreich führen werdet. Stürmt ge-
„gegen Euern Feind mit gefälltem Bajonet und ver-
„nichtet ihn!" —

Nun begann die Schlacht.

Es war neun Uhr Morgens.

Wrede eröffnet mit den Baiern den Kampf; es
war bei der Brücke von Siegsburg, die Oesterreicher
wichen, die Abens durchwatend, zurück; indessen
wird Tierry von Lannes mit Uebermacht auf
Rohr geworfen und verfolgt. Napoleon selbst
führt die Baiern gegen Bianchi und schlägt ihn,
als die Würtemberger den Oesterreichern in die rechte
Flanke kommen, zurück. Marschall Lannes bringt
den linken Flügel der Oesterreichischen Armee ganz in
Verwirrung. Dem von Pfaffenhausen heranrückenden, durch Hiller gegen Rohr entsendeten
General Vincent begegneten schon in der Nähe von
Rottenburg die durch den ungestümen Lannes
herangetriebenen flüchtigen Trümmer des linken Flügels; kaum gewinnt Vincent Zeit, Maßregeln zu
ihrer Aufnahme zu treffen; Hiller selbst fühlt des
Feindes überwiegende Stärke und ordnet den Rück-

zug an. In Folge dieses Unfalls müssen auch die
Anderen weichen, die Flucht wird auf dem durch=
schnittenen Terrain durch den vom Regen aufgeweich=
ten Lehmboden erschwert, das fünfte Armeecorps ist
völlig abgeschnitten, das sechste aus seiner Stellung
vertrieben, im schleunigsten Rückzug. Hiller mußte
bis nach Landshut zurück, wo es ihm endlich ge=
lang, sich mit dem, mit großem Verluste glücklich ent=
kommenen fünften Armee=Corps zu vereinigen.

Der Verlust der Oesterreicher betrug 4000, der
der Franzosen 3000 Mann.

Dies ist die Schlacht von Abensberg!

Der folgende Tag, es war der 21. April, war
dazu bestimmt, die schon begonnene Trennung der
beiden Oesterreichischen Heeresabtheilungen zu bewirken.

Hillers Lage, je mehr er sich Landshut nä=
herte, wurde immer mißlicher. Alle Straßen waren
mit Fuhrwerken überladen, und durch Gepäck, Ge=
schütz, Pontons gesperrt, sie bildeten dem zu Folge
für sein sich zurückziehendes Armeecorps gefährliche
Defilees, er ließ daher die Reiterei unter Vincent
hinter Rottenburg, und Radezky mit dem Nach=
trab auf der Chaussee von Pfaffenhausen mit
der Bestimmung zurück, dem Feinde so lange zu wi=
berstehen, bis die Hindernisse weggeräumt und die
Oesterreicher in Schlachtordnung aufgestellt sein wür=

ben. Aber schon erscheinen Napoleon's Vortrup=
pen, greifen diese Abtheilungen an und zwingen sie, sich
zurückzuziehen. General Mouton nimmt mit stür=
menden Grenadieren die Isarbrücke, welche über den
schmälern Arm führt, und bringt mit den sich zurück=
ziehenden Vertheidigern gemischt, über die hellodernde
Brücke des breiten Armes in Landshut ein. Dort
hielt er sich so lange, gegen die Uebermacht kämpfend,
bis ihm das 13. Regiment und die Baiern unter
Wrede aufnahmen. Nun greift er die Oesterreicher an
und zwingt sie, die Stadt zu verlassen. Hiller in
der Fronte angegriffen, in der Flanke von Massena
bedroht, retirirt über Neumarkt nach dem Inn
zurück. Bessieres hat den Auftrag, ihn zu ver=
folgen.

Der abgeschnittene linke Flügel des Oesterreichi=
schen Heeres ist auf lange Zeit unschädlich gemacht.

Der Oesterreichische Verlust an Todten, Ver=
wundeten und Gefangenen betrug 5132 Mann.

Es ist am 22. April.

Davoust hat während der letzten zwei Tage den
rechten Flügel unter dem Erzherzog im Schach gehal=
ten; heute beschließt dieser, die begonnene Conzentri=
rung seines Flügels zu beendigen und den Feind an=
zugreifen. Leider zu spät erfuhr er, daß der Mar=
schall ihm nur mit beiläufig 35000 Mann gegenüber

stand; auch das Unglück des linken Flügels war ihm
unbekannt. Kaum waren seine Anordnungen getrof=
fen, als der Donner der Kanonen vom rechten Fein=
desflügel mächtiger als früher erschallt.

Es ist Nachmittag gegen zwei Uhr.

Staubwolken wälzen sich auf den Chausseen von
Landshut daher.

Napoleon ist es selbst, der mit Lannes, den
Würtembergern und den Kürassierdivisionen Nansouty
und St. Sulpice, eilf Stunden Weges zurückle=
gend, sich mit Davoust vereinigt und nun mit 70,000
Mann dem Erzherzoge entgegen tritt.

Der Oesterreichische Generalissimus läßt die feind=
liche Linie zwischen Prissing und Diesling an=
greifen, um wo möglich auf Abensberg und Klo=
ster Rohr vorzudringen, der Kampfplatz war also
derselbe, wie vor zwei Tagen, nur hatten die Armeen
ihre Stellung gewechselt.

Napoleon, augenblicklich das erfassend, was er
„den Gedanken der Schlacht" nennt, beschließt
auf das Centrum des Feindes einzudringen, den lin=
ken Flügel bei Eggmühl zu fassen, die Straße von
Regensburg im Rücken des Erzherzogs zu gewinnen,
ihn auf diese Stadt und gegen Böhmen zu werfen,
und von der kürzesten Verbindungslinie auf Wien
wegzudrängen.

Die Schlacht beginnt.

Die Würtemberger greifen die Brücke und den Ort Eggmühl an, und werden mehrmals durch ein furchtbares Artilleriefeuer zurückgeschlagen; endlich gelingt es ihnen, den tapfern Bukaſſovich zu verdrängen und den Ort zu erobern, zugleich nehmen die Baiern die auf der Anhöhe ſo verderblich geweſene Batterie von 16 Kanonen, und werfen die Bedeckung. Marſchall Lannes, der Napoleons rechten Flügel bildet, umgeht Eggmühl rechts, und kämpft, von Morand unterſtützt, in dem Gehölz von Röcking gegen Bukaſſovich und Biber. Nun erſchienen zehn Regimenter Franzöſiſcher Kavalerie vor Eggmühl; das dritte Armeecorps, um nicht abgeſchnitten zu werden, muß den Rückzug antreten, anfänglich geſchah dies in Ordnung, aber Napoleon befiehlt einen Reiterangriff in Maſſe, und nun war aller Wiberſtand umſonſt. Vergebens ſtellen ſich Roſenberg und ſeine Offiziere an die Spitze der Truppen, die ſich heute ſelbſt übertrafen; es blieb kein Mittel, als zu weichen! Noch ein Mal ſetzte ſich Roſenberg in der Stellung bei Höheberg, allein rechts von Davouſt, links von Lannes umgangen, im Centrum von der Kavalerie angegriffen, mußte er erliegen. Vergebens bilden die Infanterie=Regimenter Stipſchuh, Vincent und Ferdinand Quarre's,

sie werden durchbrochen, ganze Bataillone werden über-
ritten, der Erzherzog schleudert den Stürmenden vier
Kürassierregimenter entgegen, die Kanonen sind ver-
stummt, man hört die Trompeten schmettern, das
gräßliche Getöse des furchtbaren Reiterkampfes bringt
weit durch die abendliche Luft, und nur die glänzend-
ste Bravour vermag die Oesterreichischen Kürrassiere
vom gänzlichen Untergang zu retten. Erzherzog Karl
zog nun auch seinen rechten Flügel, der bei Abbach
so wacker gekämpft hatte, auf Regensburg zurück,
welches glücklicher Weise zwei Tage früher von Lichtenstein genommen worden war.

Die herangebrochene Nacht machte dem Kampfe
ein Ende.

Der Verlust dieser Schlacht entschied das Schicksal des Feldzuges, den Siegern standen nun die Thore
von Wien offen.

Eilf Uhr Nachts langte der Generalissimus in
Regensburg an. Er selbst entkam mit Mühe der
Gefahr, von der feindlichen Kavalerie gefangen zu
werden.

Dieses ist die große entscheidende Schlacht von
Eggmühl!

Es ist der 23. April.

Erzherzog Karl beginnt mit seinen 50,000 Mann,
die er unter den Mauern von Regensburg um sich

gesammelt hat, am Abend den Rückzug über die Do=
nau, während die Stadt von 6 Bataillons und hin=
länglicher Reiterei vertheidigt wird, um seinen Gang
über die Donau zu decken. Dies gelang auch unter
feindlichem Feuer, und mit Hintanhaltung zahlreicher
Cavalerieangriffe. Die Oesterreichische Armee trat ih=
ren Rückzug nach Böhmen an.

Am 24. hält Napoleon Heerschau über seine
Corps, und folgende Proklamation verkündet die groß=
artigsten Erfolge seiner Waffen:

„Soldaten! Ihr habt meiner Erwartung durch=
„aus entsprochen, und die nöthige Zahl durch Eure
„Tapferkeit ersetzt. Ihr habt glänzend den Unterschied
„zwischen den Soldaten Cäsars und den bewaffneten
„Schaaren des Xerxes dargethan! — In wenig Ta=
„gen haben wir in drei Schlachten gesiegt, bei Thann,
„Abensberg und Eggmühl, eben so in den Ge=
„fechten bei Peisting, Landshut und Regens=
„burg. 100 Kanonen, 40 Fahnen, 50,000 Gefan=
„gene, 3 bespannte Equipagen, 3000 bespannte Ba=
„gagewägen, sämtliche Regiments=Kassen, das ist
„das Resultat Eurer schnellen Märsche und Eures
„Muthes! Der Feind, verblendet durch ein treuloses
„Kabinet, schien keine Erinnerungen an Euch bewahrt
„zu haben. Sein Erwachen ist plötzlich, und Ihr
„seid ihm furchtbarer erschienen, als je! Erst ganz

„kürzlich war er über den Inn gegangen, und hatte
„das Gebiet unseres Verbündeten überfallen, erst
„kürzlich versprach er sich, den Krieg in das Herz
„unseres Vaterlandes zu tragen; heute flieht er be=
„stürzt und in Unordnung. Meine Avantgarde hat
„bereits den Inn passirt, und ehe ein Monat verfließt,
„werden wir in Wien sein!"

Napoleon."

Noch einige Augenblicke zur Würdigung beider
Feldherrn.

Napoleon trifft am 17. Mittags in Donauwörth
bei der Armee ein.

Am 18. ist seine Disposition gemacht.

Am 19. vereinigt er unter dem Kanonendonner
der Oesterreicher seine Armee.

Am 20. siegt er bei Abensberg.

Am 21. schlägt er den linken Flügel bei Lands=
hut.

Am 22. öffnet ihm die Schlacht von Eggmühl
die Thore von Wien.

Am 23. erobert er Regensburg, und der Krieg
in Deutschland ist geendet.

Diese Größe des Siegers ehrt aber auch den
Ueberwundenen, und schmälert dessen Ruhm nur auf
so lange, bis er plötzlich der staunenden Welt zeigt,
daß er nur gebeugt, und nicht besiegt war.

Die Oesterreichische Armee marschirte in nord=
östlicher Richtung nach Chan am Regenflusse, wo
der Erzherzog zwei Tage hielt, um sie ausruhen zu
lassen.

Schon vor dem Uebergang bei Regensburg hatte
der Generalissimus einen Kourier an den Kaiser nach
Schärding gesandt, um ihm über die Ereignisse Re=
chenschaft zu geben und ihn zu bitten, daß er sich
nach Linz zurückziehe. Er meldete ihm auch den vor=
habenden Uebergang, die beabsichtigte Vereinigung
mit Bellegarde, und den wahrscheinlich bei diesem ge=
fährlichen Unternehmen bevorstehenden Verlust. Am
Schlusse dieses Berichtes fügte er hinzu: Da der Er=
folg dieses Krieges auf den ersten Sieg, und die er=
wartete Theilnahme des Rheinbundes berechnet war,
welcher sich aber nun gegen Oesterreich erkläre, so
wollen Se. Maj. in Ihrer Weisheit entscheiden, ob
es nicht rathsam wäre, den Weg zur Vermittlung zu
versuchen, ehe der Feind die Oesterreichischen Staaten
beträte, da jetzt noch die errungenen Vortheile in Ita=
lien, so wie der Besitz von Tirol *) ihm erlaube, Aus=
gleichungsgegenstände anzubieten.

---

*) Tirol hatte sich, wie wir später hören werden, frei
gemacht.

4 *

Der Generalissimus befand sich zu Neumarkt*),
als der kriegslustige Graf Friedrich Stadion mit der
Antwort des Kaisers im Hauptquartiere anlangte;
dieser lautete dahin, daß Se. Majestät sich nicht in
der Lage befände, Friedensanträge zu machen; wenn
aber Se. Kaiserl. Hoheit die Möglichkeit einer Annä-
herung auffänden, so wollten Sie Ihre Bestimmung
dazu geben, in sofern es geschehen könne, ohne Ihr
Ansehen zu kompromittiren.

Dem zu Folge schrieb der Generalissimus folgende wahrhaft schöne Zeilen an Napoleon, welche zugleich fühlen lassen, daß er vor dem Ausbruch des
Krieges keineswegs zu jener kriegsbegierigen Partei
am Oesterreichischen Staatsruder gehörte, die das
Heil der Monarchie nur im Kriege suchten, und die
damit das Vaterland an den Rand des Verderbens
brachten**).

Das Schreiben des Generalissimus lautet:

„Sire!

„Eure Majestät haben mir Ihre Ankunft mit

---

*) Am 29. April.

**) Der Erzherzog hatte schon früher zwei Mal den Krieg
verhindert, und gab zum dritten Mal der Gewalt einer
Meinung nach, die mit so viel Eifer unterstützt wurde, daß
der Krieg endlich eine Ehrensache geworden ist. Siehe die
Briefe des Generals Grünne an den Fürsten von Linge.

„Kanonendonner angekündigt, ohne mir Zeit zu
„lassen, Sie zu bekomplimentiren. Kaum unterrich=
„tet von Ihrer Gegenwart, konnte ich diese durch
„den Schaden ahnen, welchen Sie mir zugefügt
„haben. Sie haben mir viele Leute abgenommen,
„Sire! — auch meine Truppen haben einige Tau=
„send Gefangene gemacht, auf den Punkten, wo
„Sie nicht den Befehl führten. Ich mache Eurer
„Majestät den Vorschlag, sie Mann für Mann,
„Grab für Grab auszutauschen, und wenn Ihnen
„dieser Antrag gefällt, mich Ihre Gesinnung über
„den zur Auswechslung bestimmten Platz wissen zu
„lassen.

„Ich fühle mich geschmeichelt, Sire! mit dem
„größten Feldherrn des Jahrhundertes zu kämpfen;
„ich wäre glücklich, wenn das Schicksal mich erle=
„sen hätte, meinem Vaterlande die Wohlthat eines
„dauerhaften Friedens zu versichern. Welche immer
„die Glücksereignisse des Krieges, oder die Annä=
„herung des Friedens sein mögen, bitte ich Eure
„Majestät zu glauben, daß mein Ehrgeiz mich Ih=
„nen immer entgegen führt, und daß ich mich
„gleichmäßig geehrt halte, den Degen oder den Oel=
„zweig in der Hand, Eurer Maj. zu begegnen.
Karl."

Der Brief blieb ohne Antwort.

Napoleon wollte nur nach Wien.

Der Generalissimus setzte seinen Weg auf dem linken Donauufer gegen das südliche Böhmen in Eilmärschen fort. Alle Gewässer waren aus= getreten, die Wege im gräulichsten Zustand, die Soldaten mußten oft in Schnee und Schlamm la= gern, Schaaren von Nachzüglern besäeten die Stra= ßen, dazu kam noch der Umstand, daß alle Ma= gazine auf dem rechten Donauufer geplündert oder verbrannt waren, was hätte der Erzherzog unter sol= chen Umständen mit seinem geschwächten, entmuthigten Heere ausgewirkt, wenn er, wie Einige gemeint hat= ten, im Rücken des Feindes, über die Donau gesetzt, ihn zwischen der Hauptstadt und die Armee eingeschlossen und angegriffen hätte? — Selbst im günstigen Falle hatte der Feind die festen Plätze an der Donau in seiner Gewalt, und das Unternehmen hätte keine Ent= scheidung herbeigeführt. Es war also wohlerwogen, nicht Alles auf's Spiel zu setzen, sondern die Defen= sive zu ergreifen, und das Gewöhnliche aber Sichere, dem Glänzenden aber Gewagten vorzuziehen. Anders muß der Feldherr, anders kann der Regent handeln, der selbst Feldherr ist.

Am 3. Mai langte der Erzherzog mit seinem rech= ten Flügel zu Budweis an.

Napoleon, den Entschluß festhaltend, die getrennte

Oesterreichische Armee sich nicht wieder vereinigen zu laffen, setzt seinen Weg auf dem rechten Donauufer fort, es ist derselbe, der gerade aus nach Wien führt, während ihn der Generalissimus im Bogen beschreiben muß; es ist derselbe, den der linke Flügel unter Hiller nach dem unglücklichen Ausgange bei Landshut angetreten hatte.

Die Hoffnungen der Oesterreicher, den Feind in seinem Marsche nach Wien aufzuhalten, beruhten darauf, daß es dem General Hiller gelungen wäre, sich mit dem Erzherzoge zu vereinigen. Linz wäre der nächste, geeignetste Punkt hierzu gewesen; es gelang auch Hiller, den nachfolgenden Bessiéres bei Neumarkt zurückzuwerfen, aber dieser augenblickliche Vortheil war durch das schnelle Nachbringen Napoleons mit dem Gros der Französischen Armee aufgehoben. Hiller überschritt daher wieder den Inn, nahm seinen Rückzug nach Linz, und eilte, da die beabsichtigte Vereinigung mit dem Erzherzoge nicht zu Stande kam, hinter die Traun auf die Anhöhen bei dem Städtchen Ebelsberg, um dem Feinde den Uebergang über die Traun zu wehren.

Die Oesterreichische Armee, bestehend aus dem 5. und 6. Armee- und den 2 Reserve-Corps, war mit Einschluß der Verstärkungen, die Hiller früher an sich gezogen hatte, kaum über 30,000 Mann stark.

Der Morgen des 3. Mai bricht heran, die
Oesterreicher überschreiten die Traun, voran an der
Spitze das zweite Reservecorps, dann die beiden Ar-
mee=Corps, und später als Nachhut die von Wil-
fering kommende Brigade Bianchi. Die bei
Klein=München durch zurückkehrende Parks, Fuhrwerke und Packwägen bedeckte Welser=Chaussée, ver-
zögerte in etwas den Marsch.

Es war zwischen 8 und 9 Uhr.

Die Oesterreicher nahmen ihre Aufstellung.

Ebelsberg liegt hart am rechten Ufer der
Traun. Eine Brücke führt über den Fluß. Rechts
befindet sich das Schloß und ein Hohlweg, von dessen Anhöhe die Brücke bestrichen werden kann. Hinter dem Orte ist der Friedhof. Die Chaussée von
Enns geht durch den Ort und theilt sich am jenseitigen Flußufer, indem sie gerade aus nach Linz und
links nach Wels führt. Das ganze Terrain ist durch-
schnitten, die Traun ergießt sich in mehrere Arme,
über die ebenfalls kleinere Brücken führen, hinter dem
Orte sind Anhöhen; Hohlwege und Dämme bieten
den Angreifenden vielfache Schwierigkeiten.

Die Aufstellung war daher folgende: 3 Kompagnien Lindenau besetzten das Schloß, die 3 Brigaden Reinwald, Weißenwolf und Bianchi,
dann die ersten 3 Bataillone der Wiener

Freiwilligen, und die Truppen des General Dedovich dehnten sich hinter dem Schlosse rechts und links vom Orte in mehrere Linien aus. Abtheilungen des Wallachisch-Illirischen Gränzregiments besetzten die der Brücke zunächst liegenden Häuser. Ein 6pfündige Batterie unter dem Schlosse enfilirt die Brücke. Hinter dem Friedhofe standen die andern 3 Bataillone der Wiener-Freiwilligen. Senkrecht auf die Ennser Chaussée bei Osten stand das zweite Reserve-Corps. Auf dem linken Flußufer befanden sich noch auf der Linzer Chaussée Radetzky mit dem Uhlanen-Regimente Erzherzog Carl, und 2 Bataillons Gradiskaner Gränzer, dann, beim Scharlinger-Walde, zwischen der Linzer und Welser Chaussée, General Vincent mit der Brigade Hofmeister und dem Regimente Rosenberg-Cheveaur-Légers. Beide diesseitigen Abtheilungen sollten den Uebergang des General Schusteck, der eben von Wels daher kam, wo ihm Oudinot ein ganzes Bataillon genommen hatte, decken.

Die Truppen auf dem rechten Traunufer haben eben den Befehl zum Abkochen erhalten. Die Gewehre stehen in Pyramiden, die Tornister sind abgelegt, die Mannschaft lagert ausruhend in der Nähe der Aufstellungsplätze. Außen am Friedhofe, wo die

3 letzten Bataillone der Wiener Freiwilligen lagerten, herrschte reges Leben.

Das vierte Bataillon lagerte längs der Anhöhe gegen den Schildenberg. Die Kochfeuer
waren schon angezündet, jede Kompagnie hatte
eins zum Gebrauch; die Rauchwolken stiegen nicht
auf, sondern blieben in der Luft hangen, und bildeten
im Verein mit jenen der andern Truppen eine dünne
Nebeldecke, die sich über Ebelsberg gegen die
Traun zog. Die Köche der einzelnen Menagen stan-
ben in der Nähe der Kochfeuer, das Fleisch in den
eisernen Kesseln begann bereits zu sieden, einzelne Männer waren von den Kompagnien zum Holen des
Trinkwassers entsendet worden; die Andern lagen in
Gruppen beisammen. Einige schlummern, Andere
pfeifen, singen, wieder Andere mustern kopfschüttelnd
ihre zerrissene Montur, und besonders die schadhaf-
ten Schuhe; Mehrere liegen im Kreise und sprechen
leise mit einander. Viele denken schweigend an ihr
liebes Wien, an ihre Theuren zu Hause, an ihre
Brüder, Freunde, an Weib und Kind. Die Offiziere unterhalten sich mit ihren Leuten.

Zwei Landwehrmänner des vierten Bataillons
ziehen unsere Aufmerksamkeit auf sich. Sie sitzen in
der Nähe der äußersten Gewehrpyramide auf dem
Boden, und lehnen gemächlich mit dem Rücken auf

einigen Packsäcken. Der eine von ihnen ist Her=
mann Duschel, der Andere, ebenfalls ein junger
Mann, von schlanker Gestalt, mit einem geistreichen
Antlitze, dessen Stirn den tiefen Denker verrieth, und
dessen Auge mit einem ernst wehmüthigen Blicke. oben
am blauen Himmel hängt, dieser Andere war der
Dichter — Leo von Seckendorf.

Die jungen Männer hatten sich, in einen und
denselben Bataillon bienend, kennen gelernt, und auf
eine freundschaftliche Weise genähert. Der Poet fand
Wohlgefallen im Umgange mit Hermann, ihre gleichen
Grundsätze und Charaktere beförderten das Einver=
ständniß, und vernichteten jede Standeskluft.

Hermanns Blick war unausgesetzt auf die letz=
ten Häuser des vor ihnen liegenden Städtchens ge=
richtet.

Leo bemerkte dies und sagte: „Sie sehen ja im=
mer nach Ebelsberg, als ob Sie von dort her das
Heil Ihrer Seele erwartete."

„Wenn auch nicht das Heil meiner Seele," ant=
wortete Hermann, „doch jenes meines Leibes. Solch
quälenden Durst wie in diesem Augenblicke, habe ich
noch nie in meinem Leben empfunden."

„Ich wundere mich, daß dies bei mir nicht der
Fall ist, ich bin gegen kein körperliches Bedürfniß so
empfindlich, als gegen den Durst, aber der heutige

Tag macht eine Ausnahme, ich habe noch Nichts zu
mir genommen, und doch fühle ich weder Durst noch
Hunger."

„Sind Sie vielleicht unwohl?" fragte Hermann
mit Theilnahme.

„Körperlich? Nein! Aber ich bin mißmuthig,
übellaunig, es liegt mir wie ein drückender Alp auf
der Brust, ich kann des heutigen Tages nimmer froh
werden. Nun, es wird wohl vorübergeh'n."

„Das mein' ich auch;" tröstete Hermann, „es
gibt schon Tage im Leben, wo uns solch eine räthsel-
hafte Stimmung überkommt, welcher man sich auf
keine Weise entwinden kann."

„Er kommt schon," unterbrach ihn jetzt Leo und
wies auf den Pfad, welcher von Ebelsberg gegen die
Anhöhe herauf führte, Hermann folgte der Richtung
und entgegnete: „Dem Himmel sei's gedankt, er
ist es!"

Der mit Sehnsucht Erwartete näherte sich immer
mehr, und das heftige Heranwinken Hermanns ließ
ihn seine Schritte vergrößern und hastiger austreten.
Unter einer Last von gefüllten Feldflaschen keuchte
Egidius Brenner heran.

Sein großer Kopf machte ihn aus der Ferne
kenntlich. Der Zukünftige der Frau Konrad sah etwas verstört aus, er hatte das Ansehen eines echten

Feldſoldaten. Die Schuhe ſpielten ſchon ins Kupfri=
ge, ſie mogten wahrſcheinlich ſeit vielen Tagen keine
Schmiere gekoſtet haben, eben ſo einen unerquicklichen
Anblick gewährte ſein Riemenzeug. Die Montur
war verſtört, ſein Antlitz von Luft und Wind roth
geblaſen, ſein Haar verwirrt, ſein Blick ſtier, verwil=
dert; ſein Bart, ſeit einigen Tagen nicht geſchoren,
drohte ihn zum Sohne der Wildniß zu machen, vor
der Hand vermehrte er nur das Martialiſche ſeines
ganzen Weſens.

„Dem Himmel ſei's gedankt," rief ihm Hermann
entgegen, „daß Sie endlich kommen."

Egidius keuchte heran und verſetzte: „Das ſage
ich auch! Da, nehmen Sie Ihre Flaſche. He da!
Kameraden!" rief er den Andern zu, „da iſt Waſ=
ſer!"

Im Nu war er ſeiner Laſt lebig, dann ließ er
ſich in der Geſellſchaft der beiden Andern nieder und
fuhr fort: „Bei den Brunnen unten ging es ja zu,
als ob man dort Einlaßkarten ins Paradies be=
käme."

„Aber die Andern kamen ja ſchon früher zu=
rück? —"

„Ganz natürlich," entgegnete Brenner, „Einer
muß der Letzte ſein. Doch heute wär ich's nicht ge=
weſen, aber ich habe mich anderswo verſpätet. Da

fehen Sie mal her, meine Herren, was ich mitge=
bracht habe."

Nach diesen Worten zog er unter dem Rocke ei=
nen Lappen hervor, aus dem er ein Stück geräucher=
tes Fleisch herauswickelte.

„Donnerwetter! Das dampft ja noch?" rief ver=
wundert Hermann.

„Glaub's gern, denn es kommt gerade vom Sub.
Nun rasch, meine Herren! Greifen Sie zu; in mei=
ner Feldflasche habe ich auch Wein, bis die Menage
fertig wird, das währt noch ein Weilchen, wir wollen
indessen einen Grund legen."

Hermann griff rasch zu, der aufgemunterte Leo
zwang sich auch zum freundschaftlichen Mal, und
der Rebensaft zerstreute in Etwas seine Schwer=
muth.

„Aber sagen Sie mir nur," wandte er sich zu
Brenner, „wie kamen Sie zu diesem Leckermahl?"

„Ganz einfach. Ich ging in die nächste Bauern=
hütte und bat, mir für Geld die Feldflasche zu fül=
len. Bruder Bauer ließ sich eine Weile bitten, ich
wurde zudringlich, und er willigte endlich in mein Be=
gehren, jedoch unter der Bedingung, es nicht weiter
zu sagen, da man ihn sonst überlaufen würde, und er
den Wein selbst nöthig habe. — Während dieser Unter=
handlung sah ich einen brodelnden Topf am Feuer.

„Was habt Ihr hier im Topfe?" frug ich. —

„Schwarzfleisch!" war die Antwort.

„Das könnte ich auch brauchen!"

„Glaubs gern!"

„Ich gebe Euch zwei Zwanziger dafür.

„Es wäre gut bezahlt, aber ich kann's nicht her=
geben."

„Alles Zureden war vergebens."

„Er ging in den Keller, ich riß das Fleisch aus
dem Topfe und lege zwei Zwanziger auf den Tisch;
mittlerweile kommt er zurück, ich nehme meine gefüllte
Flasche und ging fort."

Die andern Beiden lachten.

„Aber warten Sie, das Beste kommt erst," er=
zählte Egidius weiter, „damit Bruder Bauer den
Abgang nicht bemerke, nahm ich ein Stück Kommiß=
brod, das ich bei mir trug, und steckte es so in den
Topf, daß ein Stückchen herausschaute, gerade wie
es früher beim Fleische der Fall war. Er wird sich
zu Mittag hoch wundern, statt des schwarzen Flei=
sches einen Preußischen Feldwebel*) im Topfe zu
finden."

---

*) Kommißbrod in Wasser zu Brei gesotten, dann gepfeffert
und gesalzen, wird noch jetzt im Oesterreichischen Militair ein
Preußischer Feldwebel genannt.

„Sie sind ja ein Erzgauner, Herr Egidi!" rief Hermann lustig, „wenn Ihre Dame in Wien wüßte, daß Sie in Ebelsberg den Bauern das Fleisch aus dem Topfe stehlen, ich glaube, sie fiele vor Schreck in Ohnmacht."

„Ja, wenn meine Servatia hier wäre, da gäbe es andere Leckerbissen, und ich hätte nicht Noth, auf Fouragirung auszugehen. Das trockene Brod will doch nicht recht hinab, und die Menage, ich muß es schon gestehen, sie wäscht mir immer den Pelz und macht ihn nicht naß. Wenn ich sie verzehrt habe, erfreu' ich mich der angenehmsten Beruhigung über mein Wohlbefinden, denn ich habe schon oft gehört, daß der Mensch nie gesünder sei, als wenn er nur halb gesättigt vom Tische gehe. Aber so Gott will, soll's bald anders werden!"

„Anders, wie so?"

„Nun ich meine, wenn wir ins Oesterreichische kommen."

„Da sind wir ja schon."

„Schon? Donnerwetter! Das ist schnell gegangen; ich bemerke, daß wir rascher rückwärts als vorwärts kamen."

„Dem Himmel sei's geklagt, daß es so ist!" rief Leo von Seckendorf, „unsere Schuld ist es nicht."

„Die Meine gewiß nicht!" betheuerte Brenner; „ich bin noch nicht geschlagen worden, und will's der Himmel, daß ich so nach Wien komme, so wird meine Servatia über meine Tapferkeit ganz entzückt sein. Ich mögte doch wissen, ob sie meinen ersten Brief erhalten hat? Ich sehne mich schon so nach ihr. —"

„Ich muß aufrichtig gestehen, Herr Brenner," nahm Hermann das Wort, „daß ich Sie bewundere."

„Mich? Warum denn?"

„Weil Sie, ein Mann in den besten Jahren, so an der bejahrten Frau hängen!"

„Das verstehen Sie nicht, mein lieber Freund," entgegnete Egibius, „man kann schon etwas alt sein, d. h. viele Jahre zählen, und dabei doch noch ein sehr junges Herz haben. Und sehen Sie, das ist bei Servatia der Fall! Sie fühlt noch so feurig, wie ein Mädchen von zwanzig Jahren; bei einem Mädchen kann man nicht bestimmen, wie es sich in seinen alten Tagen machen wird; bei Servatia weiß ich es aber jetzt schon. So wie sie jetzt ist, wird sie noch zehn bis fünfzehn Jahre bleiben, und dann hat die ganze Geschichte ohnedem ein Ende. Ich versichere Sie, meine Servatia wird immer intreffanter, je näher man sie kennen lernt."

Hermann brach in lautes Lachen aus und Leo

sprach: „Es thut mir leid, daß ich das liebenswür=
dige Alterthum nicht näher kenne."

„Sobald wir nach Wien kommen, so will ich
Sie ihr vorstellen. O, Sie werden bei ihr hoch in
Gnade stehen, denn sie ist eine große Verehrerin von
Deutschen Dichtern, und steckt immerfort in den Bü=
chern; sie hat schon den ganzen Dellarosa durchge=
lesen."

Nun war die Reihe zu lachen an Seckendorf.
„Nun freilich," rief er munterer gestimmt, „wenn sie
eine Verehrerin Dellarosas ist, so wird sie auch die
meine sein."

Hermann stimmte in Leo's Fröhlichkeit ein, und
Egidius, welcher dies für baare Münze nahm, nickte
zufrieden mit dem großen Kopfe.

In diesem Augenblicke erdröhnte von Klein=Mün=
chen herüber ein Kanonenschuß.

Alle stutzten.

Man sah einige Adjutanten daher sprengen,
gleich darauf rasselten die Trommeln das Sammel=
zeichen.

Die Ruhenden sprangen auf.

„Da hat man's," rief Egidius Brenner, „was
ist das?"

„Kompagnien angetreten!" erscholl das Kom=
mandowort.

„Wir haben ja nicht zu Mittag gegessen!" jammerte Egidius.

Die Köche rissen das halbgekochte Fleisch aus den Kesseln, schnitten es eiligst in Portionen, jeder nahm seinen Theil in die Hand.

„Wo ist meine Flinte?" rief Egidius, welcher in der Hast seine Muskete nicht fand.

„Angetreten!" erscholl wieder das Kommando.

Die Kompagnien begannen sich zu rangiren.

Man verzehrte in Reih und Glied das Mittagsmahl.

„Verdammt!" klagte Egidius, „das Fleisch ist noch ganz Husarenmäßig,*) nun Herr Hermann, war's nicht gut, daß ich für uns gesorgt hatte?"

Der Andere nickte ihm lächelnd zu.

Es mogte halb zehn Uhr sein.

Das Schießen von dem andern Traunufer wurde heftiger, man vernahm schon das Knattern des Kleingewehrfeuers, und dazwischen immer den majestätischen Donner der Kanonen.

„Habt Acht!" erscholl es vor dem vierten Bataillone.

Egidius kaute noch emsig an dem Husarenfleisch.

---

*) Benennung für halbgesottenes Fleisch.

5 *

„Man wird laden!" ertönte es wieder.

Der Bissen erstarrte ihm im Munde.

Er blickte auf den an seiner Seite Stehenden, als ob er ihn fragen wollte: „Haben Sie es gehört?"

Dann steckte er sein Fleisch unter den Arm, lud das Gewehr und aß weiter.

Jenseits der Traun hatte schon der Kampf begonnen. Der von Wels herkommende General Schustek war noch nicht über die Brücke, als die Oesterreichischen Vortruppen von Massena schon angegriffen, und aus dem Scharlinger Walde geworfen wurden. Vincent räumte Klein = München; Radeßky, fürchtend, abgeschnitten zu werden, schloß sich ihm an; auf der Traunbrücke entstand ein Wogen und Drängen, Fußvolk und Reiterei rücken auf dieselbe los, hinter drein die Franzosen, gedeckt von 20 Geschützen, die gegen die jenseits aufgestellten Oesterreichischen Kanonen donnern; so bringen beide Partheien zugleich in Ebelsberg ein. Ein fürchterlicher Kampf entwickelt sich nun in den Straßen und Häusern, an Zäunen, Hecken und Mauern; drei Französische Brigaden dringen ein; ein mörderisches Feuer empfängt sie aus allen Fenstern, dem ungeachtet bringen sie vor, überschütten den Platz, eine Abtheilung bringt gegen das Schloß, und die An=

dern nach dem Ende des Marktes rechts bis zum Friedhofe.

Es ist zwölf Uhr.

Der Kampf droht für die Oesterreicher eine schlimme Wendung zu nehmen, da setzten sich Küffel und Salis an die Spitze der Wiener Freiwilligen.

Die Tambours schlagen Sturmmarsch, und die Landwehr stürzt mit einem fürchterlichen „Hurrah!“ zum ersten Mal gegen den Feind.

Ein heftiger Angriff macht die Gegner weichen.

„Es geht, wirklich, es geht!“ ruft Egidius Brenner seinem Nebenmann Hermann zu, „wir kommen vorwärts!“

„Nur fort, Kameraden —“

„Halten Sie Sich nur an mich, lieber Hermann!“ bat Egidius — „o weh, mein linker Nebenmann ist gefallen —“

„Angeschlossen “

„Fort —“

„Feuer! —“

„Hurrah!“

Trommeln rasseln, Schüsse fallen.

„Heiliger Gott, — ich bin getroffen —“

„Angeschlossen!“

„Hoch Oesterreich!“

„Brav meine Kinder, nur vorwärts!" ruft der Kommandant.

„Hinaus, — hinaus —"

Der Kampf ist mörderisch — der Widerstand wird geringer — der Feind ist aus dem Orte durch das Enserthor bis an die Traunbrücke zurückgeworfen, an deren engsten Stelle er eine Verrammlung angelegt hatte.

„Draußen wär' er," sagte Brenner tief aufathmend zu Hermann, „wenn er nur nicht wieder hereinkommt."

General Hiller stellte nun seine Truppen hinter Ebelsberg auf dem Schildenberge in Schlachtordnung; der Feind an der Brücke wird drei Mal angegriffen, aber nicht mit gehöriger Uebermacht; die feindlichen Grenadiere, verstärkt, desiliren im Sturmschritt über die Brücke und bringen wieder in den Ort. Wird dieser ganz erobert, so drohte den erschöpften Oesterreichern ein verderblicher Kampf. Ein Artillerie-Unterofficier, Gabella war der Name des Tapfern, stürzte mit einer brennenden Haubitzgranate an ein von Franzosen besetztes Haus, schleuderte sie mit lodernder Brandröhre hinein, und kam, einem Hagel von Muskettenkugeln entronnen, unversehrt zurück.

Noch kämpft die Besatzung des Schlosses, und schlägt muthvoll jeden Sturm ab.

Nur wenige Minuten, und der Markt lodert in hellen Flammen auf. Dem ungeachtet greifen die Feinde an und dringen vor, mit erneuter Wuth entwickelt sich in dem brennenden Orte der Kampf, fast vermogte Niemand mehr vor- noch rückwärts zu dringen, drei ganze Stunden hindurch wogt der unentschiebene Kampf in dem brennenden Orte; zwei vor dem Thore aufgefahrene feindliche Kanonen schleudern Tod und Verderben hinein, ganze Reihen fallen unter dem Kartätschenhagel, die Flammen prasseln, das Geschrei der Sterbenden tönt gräßlich durch die Luft, aber Niemand kann helfen, Niemand retten! Vergebens erklettern sowohl Freund als Feind die Dächer und ringen die Hände, und winken um Hülfe; aber sie werden nicht erhört, verschwinden in Rauch und Flammen, stürzen mit den brennenden Dächern zusammen, und versinken unter glühenden Trümmern.

Jetzt fällt das Schloß, wo die Besatzung den Befehl zur Ablösung mißversteht und meint, es heiße zum Abzuge. Schloß und Vormarkt werden geräumt, die Feinde rücken nach, die Frucht des blutigsten Kampfes ist verloren. Das regellose Gemetzel nimmt ein Ende.

„O weh!“ jammerte Brenner, der sich wohlerhalten an Hermanns Seite befand, „wir müssen doch weichen.“

In diesem Moment ertönt in der Nähe Hermann's ein Schrei — Leo von Seckendorf sinkt getroffen zu Boden.

Brenner und Hermann eilen auf ihn zu, fassen den Verwundeten und tragen ihn hinaus, bis zum Schildenberge, wo sich das Bataillon raillirt.

Aber der tödtlich Getroffene starb ihnen schon auf dem Wege unter den Händen; sie ließen die blutige Leiche in der Nähe des Friedhofs neben hundert Andern, und eilten erschüttert von dannen.

„Möge ihm die Erde leicht sein!" rief Hermann unter Thränen.

„Ich werde diese Stunde nie vergessen!" jammerte Brenner, „der arme Poet!"

„Er hat es überstanden!"

„Und wir haben es noch zu überstehen! O es ist ein blutiges Handwerk, das Kriegführen! Was wird nur jetzt mit uns geschehen? Wir werden doch, um's Himmels Willen! nicht wieder in den brennenden Markt hinein?"

„Ich glaube kaum!"

Die Oesterreicher hatten ihre Aufstellung kaum genommen, als die Feinde den Angriff wagten; aber sie wurden zurückgewiesen; zur rechten Zeit erfuhr Hiller noch die Ankunft des General Durosnell mit 1000 Pferden, welchem Lannes, Nansouty

und Molitor folgten, und er trat seinen Rückzug an.

Dies ist das unglückliche Treffen bei Ebelsberg!

Die Oesterreicher verloren an Todten und Verwundeten 85 Officiere und gegen 2200 Mann, an Gefangenen: 31 Officiere und 2180 Mann.. Der Verlust der Franzosen belief sich im Ganzen auf 4000
Mann und 3 Adler.

Der ganze Markt war am Abende ein glühender
Schutthaufen. Das Wimmern der Verwundeten erschütterte die Luft, in den Straßen lagen die Gefallenen haufenweise umher, halb verbrannte Leichname
waren zu Hunderten zerstreut, einzelne Glieder, ver-
stümmelt und verbrannt, füllten die Straßen, noch
rauchte der Wahlplatz von Feuer und Blut, als Napoleon vor dem Anbruche der Nacht auf demselben
anlangte.

Der Anblick erschütterte sein Herz; nach gegebenen Befehlen zog er sich eiligst zurück, ließ Niemand
vor, mit Ausnahme des General Mouton, der
diese Nacht mit dem Kaiser in einem Gemache schlief.

General Hiller setzte seinen Rückzug fort, er vermogte sich auch hinter der Ens nicht zu halten, denn
Lannes und Massena waren immer mit Siebenmei-
lenstiefeln hinter ihm her; er hätte vielleicht noch ein

Paar Treffen verloren, denn er machte Miene, sich
bei St. Pölten zu stellen, aber zum größten Glücke
kam ein Befehl des Generalissimus, sich sofort über
die Donau zurückzuziehen, die Brücke bei Wien hinter
sich zu verbrennen, mit seiner Armee die Gegend von
Wien in Eilmärschen zu erreichen, und die Verbindung
der Stadt und den Weg über die Brücken zu er=
halten.

Die Ordre wurde befolgt.

Der Erzherzog Generalissimus marschirte von
Budweiß über Zwettl gegen Wien; als er am
10. Mai in Horn anlangte, standen die Franzosen
schon vor Wien. Er hatte im Sinne, dort über die
Donau zu gehen, und unter den Mauern der Kaiser=
stadt eine Schlacht zu liefern, die das Schicksal der
Monarchie entscheiden sollte, aber er war noch zwölf
Meilen von dort entfernt und konnte dies nur dann
bewerkstelligen, wenn sich die Residenz, dem schon frü=
her erhaltenen Befehle zu Folge, so lange gegen den
Feind hielt, bis der Erzherzog die Donau überschrit=
ten hatte, was 3 bis 4 Tage betragen konnte. Diese
Hoffnung nährend, setzte der Generalissimus seinen
Marsch über Groß=Weikersdorf gegen Stok=
kerau fort.

Wir haben die Schicksale der Deutschen Armee,

von dem Augenblicke ihres Ausmarsches bis zu ihrem
Wiedererscheinen vor Wien, geschildert, und wenden
nun auch den übrigen Armeen und Truppenabtheilungen unsere Aufmerksamkeit zu. Soll der Titel unseres Gemäldes gerechtfertigt werden, so sind alle Einzelnheiten als Theile des Ganzen zu beachten, sie sind
wie gesagt, die Einrahmung und die Staffage unseres Gemäldes!

Wenden wir unsere Blicke zuerst nach Tirol!

Die Insurrection hatte begonnen.

Bei St. Lorenzen fingen die Feindseligkeiten an;
die Baiern, aufgeschreckt von der Bewegung, welche
das ganze Land durchrollte, fuhren aus ihrer Unthä-
tigkeit empor. Sappeure sollten dort die Brücke ab-
werfen, auf den Bergen wurden schon Tiroler Schützen
sichtbar. Ein Schuß fällt, ein Sappeur schwimmt
in seinem Blute. Die Sappeure ziehen sich zurück,
die Masse von Brunnecken bringt schnell über die
Brücke.

Obristlieutenant von Wrede eilt mit 3 Kanonen und Truppen herbei, aber die Glocken läuten
Sturm, die bewaffneten Tiroler scheinen aus der Erde

zu wachsen, und die Baiern müssen sich zurückziehen. Der Kampf an der Laditscher Brücke war für die Feinde eben so hartnäckig, als gefährlich, doch schon hatten sie sich den Uebergang erzwungen, da erschien der Vortrab von Chastelers Heer, die Französisch-Bairische Kolonne wurde geschlagen, und nahm nun ihre Richtung gegen Sterzing. Dort war durch Andreas Hofer und dem Major Teimer schon früher ein Bairisches Bataillon gefangen genommen und auf das Schloß Wolfsthurm gebracht worden. Die Kolonne Wrede's und Bisson's ging auch ihrem Verderben entgegen.

Auch das Unterinnthal ist im Aufstande.

Am 11. April sind schon die Berge um Innsbruck mit Tirolern besetzt, und die Besatzung der Hauptstadt im Kampf. Am folgenden Tage beginnt der Sturm; der tapfere Obrist Dittfurth wird tödtlich verwundet, der General Kinkel ergreift das Hasenpanier; um die Vernichtung der Baiern zu vollenden, kommt auch Major Teimer mit mehreren Kompagnien Landstürmern aus dem Oberinnthale daher, es hatte noch nicht die eilfte Stunde geschlagen und schon waren die Feinde verschwunden.

Die Sieger zogen in Innsbruck ein.

Welch ein Jubel! 20,000 Bauern hielten, auf
Geigen, Pfeifen, Maultrommeln und mit eisernen
Topfdeckeln spielend, den Einmarsch. Die Bairischen
Wappenschilder werden zerschlagen und der Oesterreichische Adler aufgepflanzt; die Bildnisse des Kaisers
und des Erzherzog Johann werden im Triumphe in
der Stadt umhergetragen. Die Mühseligkeiten und
der Freudenrausch erschöpfte die Siegestrunkenen, sie
schliefen in der Stadt auf den Straßen und Plätzen,
doch schon um 3 Uhr früh ertönte die Sturmglocke,
die Tiroler ergreifen wieder die Waffen. Es ist die
Bairisch-Französische Kolonne unter Wrede und
Bisson, welche von Sterzing daher kommt. Um
sechs Uhr standen die Feinde in der Nähe der Abtei
Wiltau in Schlachtordnung. Aber nur zu bald erkannten sie ihre mißliche Lage; von Bergen eingeschlossen, im Rücken die Oesterreichische Avantgarde,
drohte ihr gänzliches Verderben. Nun erschien Major
Teimer im feindlichen Lager und forderte unbe-
dingte Ergebung. Man weigerte sich, machte Be-
dingnisse, die Unterhandlung währt den harrenden
Landleuten zu lange, sie geben eine wirksame Salve,
Teimer wird barscher, der Feind nachgiebiger, endlich
um 9 Uhr ist die schmachvolle Akte unterzeichnet, Teimer schwingt ein weißes Tuch, das Feuer wird eingestellt, die ganze Kolonne ist kriegsgefangen, und

wird durch **Weiber** längs des Innflusses hinab=
transportirt.*)

Dies ist die berühmte Kapitulation von Wiltau.

In drei Tagen war Tirol von Feinden rein.
Der Verlust der Feinde war: 2 Generale, 10 Stabs=
officiere, 100 Officiere, 9000 Mann Infanterie, 10

---

*) Das war ein Privatspaß des Herrn von **Hormayr!** —
Wie er selbst erzählt, so trugen die beiden Führerinnen des Zu=
ges neben ihrer Mistgabel jede einen der in Wiltau genomme=
nen Französischen Adler auf ihren Schultern. — Diese Schmach
characterisirt Herr von Hormayr vollkommen; sie zeigt uns die
intriguante, verschmitzte Kanzleiseele, die vom militairischen
Ehrgefühl keine Idee hat. An Wehrlosen sein Müthchen zu
kühlen, oder besser gesagt, seinen **Muthwillen,** denn von
Muth und **Müthchen** war bei Herrn von Hormayr nie die
Rede, das ist niederträchtig; die unwiderstehlichen Adler hätten,
wenn es von seiner Tapferkeit abgehangen wäre, gewiß nicht
den Wechsel alles Irdischen gefühlt, was er, nach seinen eige=
nen Worten, mit diesen Kunststückchen darthun wollte. — Wä=
ren die feindlichen Soldaten ob ihrer Feigheit erlegen, so hätte
sich obige Schmach, mit Ausnahme der Herabwürdigung der In=
signien noch entschuldigen lassen, aber sie haben tapfer gekämpft,
und Niemand hat einen tapfern Gegner, wenn er auch unterlag,
mehr zu würdigen gewußt, als Napoleon; warum also solche
Schmach seinen Kriegern und Adlern?! — Aber wie gesagt, das
Tröstliche an der Sache ist, daß sie von keinem Oesterreichischen
Soldaten kam, sondern von einem Manne, der jetzt zeigt, wie
wenig man ihm damals hätte trauen sollen.

Mann Reiterei, 6 Kanonen, 2 Haubitzen, 2 Adler, 2 Fahnen.

Das gefangene Bairische Musikkorps mußte den einziehenden Siegern aufspielen, und die Wahrheit des Sprichwortes erfahren, daß „wer den Schaden hat, auch für Spott nicht sorgen dürfe!"

Folgendes Spottlied machte die Runde durchs ganze Land:

> O weh, o weh!
> Die Bairische Armee
> Ist von den Bauern todtgeschlagen,
> Und mit Jubel ins Grab getragen.
>
> Der General, der feige Kinkel,
> Sitzt arretirt im finstern Winkel,
> Ottfurth voller Grausamkeit
> Hat seinen Sturz sich selbst bereit't.
>
> Wredens Muth ist untergangen,
> Was nicht todt ist, ist gefangen.
> Wer nicht so bedient will sein,
> Der geh' nicht ins Tirol hinein.
>
> O Fürsten lernt aus diesem Grabe,
> Was Sklavendruck für Folgen habe!
> Ihr habt ja schon vor hundert Jahren
> Ein gleiches Schicksal hier erfahren.*)

---

*) Bezieht sich auf den Krieg 1705.

Wenden wir unsere Blicke nach Italien!

Am Charfreitage überschritt die Oesterreichische
Armee unter Erzherzog Johann die Grenze. Der
schnelle Uebergang zur Offensive überraschte den zu
Mailand beschäftigten Vice-König Eugen. Seine
vereinzelten, zerstreuten Truppenabtheilungen waren
gezwungen, sich eiligst hinter den Tagliamento zurückzuziehen, und gedachten, sich bei Livenza und
Piave zu halten. Am 13. schon waren die Oesterreicher in Udine konzentrirt, am folgenden Tage war
das feindliche Hauptquartier in Sacila. Am 14.
Abends bricht Frimont mit der ganzen Oesterreichischen Kavallerie von Godroipo auf, am 15. setzt
sich die Vorhut unter den Generalen Schmidt und
Metzl in Bewegung. Pordenone wird genom-
men, das sechste feindliche Husarenregiment aufgerie-
ben, und die Trümmer der feindlichen Reiterei ziehen
sich nach Fontana Freda zurück.

Der Erzherzog, die errungenen Vortheile rasch
benutzend, setzte sich auf den vor Sacila liegenden
Punkten, Porcia, Talponedo und Palse fest,
die feindliche Schlachtlinie stand ihm bei Fontana
Freda und Vigonove entgegen.

Es war am 16. April.

An einem Sonntage.

Ein warmer, angenehmer Morgen brach heran, während an den früheren Tagen ein heftiger Regen, mit Schneegestöber und Sturm wechselnd, gewüthet hatte.

Es schlug halb 8 Uhr.

Erzherzog Johann hörte eben in Pordenone die Messe. Da eilte der General Spleny herbei und meldete, daß sich der Feind in Bewegung setze, und leichte Truppen zeige.

Der Erzherzog sprengte auf's Schlachtfeld.

Nach acht Uhr nahm das Plänkeln eine ernsthaftere Richtung, eine Stunde später kündeten schon dichte, aufwirbelnde Staubwolken den gegen Porcia heranrückenden Feind.

Die Oesterreichische Armee trat ins Gewehr.

Der Kampf begann.

Die Hauptpunkte, um welche sich der mit Erbitterung geführte Kampf bewegte, waren die Dörfer Porcia und Fontana Freda; von ihrem Verlust oder Gewinn hing die Entscheidung des Tages ab. Drei Mal wurde Porcia von den Oesterreichern erstürmt, drei Mal wurden sie wieder hinausgeworfen, und griffen es zum vierten Male an, um es dann zu behaupten; in Fontana Freda brann=

gen beide Parteien zugleich stürmend ein, und die
Oesterreicher behaupteten den Ort. Die feindliche Linie wurde an mehreren Orten durchbrochen und richtete ihre Flucht nach Sacile. Trotz des sumpfigen,
durchschnittenen Bodens wird der Feind verfolgt, noch
um 5 Uhr Abends bei St. Giovanni do Tempio
angegriffen, leistet er nur schwachen Widerstand; Sacile wird trotz der Terrainhindernisse und der reißenden Livenza, genommen; um neun Uhr Abends
erlag es dem Sturme!

Die Franzosen verloren über 5000 Todte und
Verwundete, 3000 Gefangene, 15 Kanonen, 23
Fuhrwerke und 3 Adler.

Am 17. April wurde die Verfolgung gegen
Konegliano fortgesetzt.

Die von so erschöpfenden Anstrengungen ermattete
Oesterreichische Armee — (bei der damals allbekannten
Unbeweglichkeit des Oesterreichischen Heeres, war dieses rasche Vorrücken wirklich staunenswerth) rückte
ins Lager nach Sacile.

Dies ist die Schlacht bei Sacile!

Aber ein eigenes Verhängniß waltete in dem unglücklichen Jahre auf allen Punkten, wo Oesterreich
auftrat; hier war ein herrlicher Sieg erfochten, aber
die Früchte desselben sollten ausbleiben.

Noch an demselben siebzehnten April schwollen

die von den Alpen herabströmenden Gewässer mächtig
an, traten aus ihren Ufern und verhinderten die nach-
drückliche Verfolgung des Feindes. Durch drei Tage
blieb der Oesterreichische Vortrab von seinem eigenen
Heere, und vom Feinde getrennt, am 20. endlich setzte
sich das Heer über grundlose, zerrissene Wege in
Marsch und drang wieder vor.

Eugen setzte seine rückgängige Bewegung fort,
ein Theil zog von Treviso über Castelfranca und
Vicenza, der Andere von über Mestre, Padua, auf
Verona los.

Die Oesterreichische Avantgarde unter Frimont
rückte nach, am 25. Abends zog sie in Montechio
maggiore ein. Der Feind hatte am Tage früher
die feste Stellung bei Caldiero besetzt. Aber dessen
Nachtrab wurde von Frimont bei Montebello und
St. Bonifacio besiegt, und am 29. schon hatte
der Erzherzog hier sein Hauptquartier.

Es war zu Mittag, als ein Kourier bei ihm
anlangte, und die Unheilkunde der Vorfälle in Deutschland überbrachte. Wie ein Donnerschlag traf diese
Nachricht im Hauptquartier der Italienischen Armee.
So viele rasche, glückliche Vortheile in Italien be-
rechtigten zu den angenehmsten Hoffnungen, und nun
dieser Schlag! — Sollte der Erzherzog seine Vortheile weiter verfolgen, oder sich zurückziehen? Sein

6 *

Heer war auf 22000 Mann geschmolzen; das des
Feindes auf 54,000 verstärkt, befand sich in der fe=
sten Stellung bei Calbiero, und hatte die Festun=
stungen Pechiera und Mantua im Rücken, wäh=
rend er hinter sich das feindliche Palmanuova,
Osoppo und Venedig hatte. Selbst im günstigen
Falle eines Sieges war keine Entscheidung vorauszu=
sehen; bei einem mißlungenen Angriffe aber totale
Niederlage auf der langen, durchschnittlenen, gefährli=
chen Rückzugslinie.

Schon unter den Mauern Verrona's stehend,
entschloß sich Erzherzog Johann, gewiß mit bluten=
dem Herzen, zum Rückzuge, und dieser wurde auch
am ersten Mai begonnen!

*

Und nun wenden wir unsern Blick nach Po=
len.

Das siebente Armeecorps unter Erzherzog Fer=
dinand 32,000 Mann, 5200 Reiter und 94 Ge=
schütze stark, überschritt am 14. die Grenze, lieferte
am 19. das blutige Treffen bei Rasyze, wo die Pol=
nisch=Sächsischen Truppen unter Poniatowsky über=
flügelt und geschlagen wurden. Die Besorgniß, von
Warschau abgeschnitten zu werden, hieß den Fürsten,

sich nach Warschau zurückziehen; am 20. erschienen
die Oesterreicher vor der Hauptstadt und nahmen bei
Rakow feste Position, von wo aus die Aufforderung zur Uebergabe geschah. Da man von feindlicher
Seite die Unmöglichkeit einer Vertheidigung einsah, so kam eine Kapitulation zu Stande, bei deren Unterschrift Poniatowsky ausrief: „Ich habe meine Schande unterzeichnet!"

Aber seit dieser Kapitulation wendete sich das
Waffenglück; die Oesterreicher wurden in mehreren
Treffen geschlagen, das rechte Weichselufer ging verloren, Poniatowsky mit seinen Polen rückte in Ga-
lizien ein und besetzte am 28. Mai Lemberg, während Erzherzog Ferdinand sich noch immer in Warschau in großer Bedrängniß befand.

*

Fassen wir den Stand der Dinge in wenige
Worte zusammen.

Napoleon ist vor Wien angelangt.

Die Residenzstadt soll sich vertheidigen.

Der Generalissimus ist im Anmarsch.

Erzherzog Johann befindet sich auf dem Rückzuge aus Italien.

Die Tiroler Landleute haben ihr „Landl" zum ersten Mal frei gemacht.

Die wichtigen Hauptunternehmungen in Polen sind gescheitert.

Und nun wieder rasch nach Wien!!

III.

In milder Klarheit, nicht achtend des verderbli=
chen Kriegsgetümmels der eigennützigen Menschheit,
hatte sich der Frühling auf Oesterreichs Fluren herab=
gelassen, und vergoldete mit seinem Sonnenschimmer
die Auen und Felder, die Thäler und Bergesspitzen.
Die Umgebungen Wiens prangten im herrlichsten
Schmucke, und boten ihre Reize, wie immer, dem
Naturfreunde dar, und luden wie immer, die Städter
zu sich hinaus, um zu schwelgen in der lieben, freien
Natur, um fern von den engen, düstern Stadtwoh=
nungen Erholung und Aufheiterung zu finden; und
wie immer, belaubten sich die Bäume mit grünnäch=
tigen Schatten, füllten sich die Wiesen mit Milliarden
winziger Blümchen, und die Bäche schlängelten sich in
anmuthiger Bläue, und der Chor der befiederten Sän=

ger hielt seine Festzüge durch die Luft, und die In=
sekten gefielen sich wieder in ihren gewinnsüchtigen
Schwärmereien, als hätten sie es den Lieblingen des
Himmels, den vernunftbegabten Menschen, abgelernt,
aber all dem zum Troße gingen die Wanderungen vor den
Linien der Stadt nicht wie gewöhnlich vor sich, ja
Viele verließen sogar das Land, und zogen in die
dumpfigen Mauern; welch ein Wechsel, welch ein
Zauber hält sie dort fest? — Es ist ein böser Zau=
ber, eine schlimme Macht, die sie in die Stadt
treibt, es ist die Furcht vor dem herannahenden
Feinde!

Ja, Krieg und Frühling sind im Land, der
Frühling mit seiner sonnigen Bläue, mit seinem
dunklen Schatten, mit seiner duftigkühlen Luft, der
Krieg mit seinen schwarzgrauen Rauchwolken, mit seinem
glühend heißen Pulverdampf; jener läßt uns grüne Ra=
senplätze, mit buntfarbigen Blumen durchwirkt, schauen;
dieser zeigt uns schwere Kriegermassen mit blißen=
den Bajonetspißen; statt Vogelgesang und Quellen=
rieseln, hören wir Trommelschlag und Wagenrasseln;
der Frühling bringt uns Freud und Jubel, der
Krieg Schmerz und Jammer; der Frühling be=
lebt, der Krieg tödtet, mordet, sengt und brennt!

Frühling und Krieg, welch ein Gegensatz!

Und doch gefiel es dem Himmel, Beide zugleich zu senden!

Kommt, wir haben des Kriegsgetümmels für jetzt genug, wir werden dessen leider noch zu viel be= bekommen; es sind blutige Tage, die wir auf uns zuschreiten sehen, schon wälzen sich die Massen heran, deren Handwerk „tödten“ ist; schon sind Tausende von Menschenleben gezählt, die auf dem Opferheerde fal= len sollen, auf dem Opferheerde, die der Wahn des Menschen das „Feld der Ehre“ nennt!

Ja, ja, kommt, wir wollen uns erholen von den quälenden Erinnerungen, die wir durch unsere Bilder aufgefrischt; wir wollen uns, wenn auch nur auf Stunden an den Frieden eines ländlichen Aufent= haltes erfreuen, und stärken für das, was wir noch zu schildern haben.

Begleitet mich vor die Mariahilfer=Linie auf der Straße durch Fünfhaus, gegen das prächtige Lustschloß, den Lieblingsaufenthalt meiner großen Kaiserin, die uns einen noch größern Kaiser gab, der Joseph hieß; aber die große Mutter und der noch größere Sohn sind gestorben, und Schönbrunn ist geblieben, um zwei Mal den Feind Oesterreichs zu beherbergen, und zwei Mal aus einem friedlichen Landaufenthalte ein kriegerisches Heerlager zu werden. Doch wohin treibt mich mein Schmerz? Was ein

Mal geschah, kann ja das zweite Mal noch vermie=
den werden, vielleicht bleibt die zweite Schmach er=
spart, vielleicht sendet der Himmel irgend ein Wun=
der, um den Siegeslauf des ungestümen Schlachten=
schlägers zu hemmen.

Es ist vergebens! Die Zeit der Wunder ist vor=
über, Schönbrunn — doch halt! Unser Weg führt
nicht dahin, wir müssen gerade aus, denn wir wollen
nach Penzing,*) welches dem stolzen Schlosse so
anspruchslos gegenüber liegt, wie ein nettes Schoß=
hündchen dem königlichen Löwen.

Wir betreten ein kleines, ländliches Haus.

Es liegt am Rande des Ortes, gegenüber dem
kaiserlichen Lustgarten.

Der Eigenthümer desselben ist ein junger Gärt=
ner, der es aber geerbt, und den hinteren Theil
einer Miethpartei überlassen hatte.

Diese Partei sind zwei junge Damen, Julie
und Rosa. Das Haus sah schon von außen einla=
dend und niedlich aus. Die Wände weiß, die Ja=
lousien grün, das Dach roth, Alles frisch und hell,
von einigen Bäumen beschützt, und gewissermaßen
traulich hinter ihren Schatten gelagert.

---

*) Ein Dorf außerhalb Wien, dem kaiserl. Lustschlosse
Schönbrunn gegenüber.

Wenn man den kleinen Hof betrat, so war links das Gebäude, rechts eine Mauer, gerade aus nach der Queere ein Gitter, hinter welcher ein Garten lag.

Der Hof war eben und rein. Längs der Mauer stand eine Reihe herrlicher Nußbäume, deren Schatten fast die halbe Breite des Hofes deckten; darunter ein Pumpbrunnen, einige Rasenbänke mit einfachen Tischen.

Das niedliche Haus zerfiel, durch eine Vorhalle getrennt, in zwei Theile. Der Vordere gegen Schönbrunn, war von dem jungen Gärtner bewohnt, der Hintere, gegen den Garten hin, von den Damen. Ihre Wohnung bestand aus zwei Gemächern, einer Küche und einem Kämmerchen, außerdem stand ihnen der Garten zu jeder Stunde offen; und ein Theil desselben, rückwärts, rechts und links von einem umschatteten Lusthäuschen, war ihnen sogar zum eigenen Gebrauche überlassen.

Aus der Vorhalle führte ein schmaler, ganz kurzer Gang an der Küche und dem Kämmerchen vorüber ins erste Gemach. Dies war das Speise- und Arbeitszimmer, von hier ging eine Thüre ins Schlafzimmer. Die Fenster beider Gemächer führten in den Hof, und nur aus dem Letzteren ging eines in den Garten.

Die Einrichtung, dafür hatte die Freundschaft des Herrn Thell gesorgt, war äußerst nett; harte-Möbel mit glänzenden Beschlägen, wie sie damals üblich waren, Spiegel und Bilder in polirten Rahmen, Kommode, Ruhbett, Tisch und Kasten, Alles im hübschen Einklang in augengefälliger Symmetrie geordnet.

Eine rüstige Magd, die das Kämmerchen neben der Küche bewohnte, bildete die Hausgenossenschaft der Damen.

In dem Augenblicke, wo wir den Hof betreten, vernehmen wir aus dem Garten herüber ein lautes Lachen, wir eilen dahin, und finden die beiden Mädchen, die eben beschäftiget sind, einen herumhüpfenden Vogel zu fangen, den sie muthwilliger Weise dem Käfige entschlüpfen ließen, und der nun, da ihm seine gestutzten Flügel an den Erdboden bannten, hier seine Männchen machte.

„Mein Himmel! Ist das ein eigensinniger Schwarzkopf!" rief Rosa lachend, als sie eben nach ihm zu öftersten Mal vergebens gehascht; „nun, warte nur, wenn ich Dich in meine Gewalt bekomme, so sollst Du mir sobald nicht wieder aus dem Bauer."

In diesem Augenblicke war die Meise in Juliens

Nähe, diese warf ein leichtes Tuch auf sie, der Vogel verwickelte sich und war gefangen.

„Haben wir Dich endlich!" rief Rosa triumphirend, indem sie ihn in den Käfig flattern ließ und die Thüre desselben schloß; dann eilte sie auf Julien zu, drückte einen flüchtigen Kuß auf die glatte, weiße Stirn und sprach: „Schönen Dank, für Ihre Güte!"

Julie umarmte die liebe Freundin; Beide setzten sich wieder in das Lusthäuschen.

„Ich hatte schon Angst," nahm Rosa das Wort, „daß wir den kleinen Flatterling nicht wieder bekämen."

„Ich merkte es Ihnen an," lächelte Julie, „doch war ein Entkommen nicht leicht möglich. Wenn es aber geschehen wäre?"

Rosa sann eine Weile nach und erwiderte: „Dann wär ich sehr traurig geworden, und ich hätte es für ein böses Vorzeichen gehalten."

„Sind Sie so abergläubisch?"

„O ja, ich gebe auf dergleichen Zeichen und Deutungen viel. Sie wissen, von wem ich den Vogel erhalten habe, und wie ich ihn hüte und bewache, wenn ich ihn trotzdem verlieren würde, so könnte ich des Gedankens nicht los werden, daß auch Ihm ein Unglück widerfahren sei. —"

Julie schüttelte ungläubig den Kopf.

„Wie können Sie nur so kindischen Gedanken Raum geben, liebes Herz? Sie würden sich unnütz quälen und vergebens einer Unruhe überlassen. Doch genug davon, Sie haben den Vogel wieder, und nun schwatzen Sie mir wieder Etwas vor, von — nun meinethalben von Hermann! Ich höre Ihnen gern zu, wenn Sie von den Stunden Ihrer Liebe schwärmen."

Rosa lächelte und sagte: „Schwärmen? Was nennen Sie schwärmen? Ich schwärme nie; ich erzähle nur immer, was ich gelebt und gefühlt, und das, meine liebe Julie, ist keine Schwärmerei! Doch sagen Sie mir nur, macht es Ihnen wirklich viel Vergnügen, meine Plaudereien anzuhören?"

„Sie zweifeln?"

„Ja, ich zweifle, weil Sie mir gestanden, daß Sie nie geliebt hätten, und ich nicht begreife, wie man an Etwas Vergnügen finden kann, das man nicht kennt."

„Ich will es Ihnen erklären, liebe Rosa! Die Sache ist ganz einfach. Sagen Sie mir, haben Sie schon je eine Beschreibung von Amerika oder sonst einem unbekannten Lande gelesen?"

„O ja!"

„Hat Sie die Lektüre unterhalten?"

„Gewiß, und es entstand gewöhnlich der stille Wunsch in mir, ein solches Land auch zu sehen und zu bereisen."

„Nun sehen Sie, das ist bei mir auch der Fall! Die Liebe ist mir ein unbekanntes Land, von dem ich gern sprechen höre —"

„Und welches Sie auch gern bereisen mögten?" rief Rosa, die Rede der Freundin unterbrechend und fröhlich dabei in die Hände klatschend; „o das ist köstlich! Wenn ich nur Jemand wüßte, so einen recht kühnen Seefahrer, der es übernähme, Sie dahin zu führen. —"

„Sie scherzen und wissen nicht, wie weh Sie mir damit thun, Ihre Worte klingen fast wie eine stille Anklage, als ob ich —"

„O nein, liebe Julie! Keine Anklage, weder eine stille noch eine laute; Sie müssen meinen vorlauten Muthwillen nicht übel deuten; ich weiß, daß es bei Ihnen Nichts ist, als die Sehnsucht nach einem Herzen, und das Bedürfniß, irgend Jemanden auf dieser Erde zu haben, dem man angehört."

„So weit, liebe Freundin, versteigen sich meine Wünsche gar nicht. Ich mögte nur Ein Herz, ich mögte nur das Bewußtsein, Ein Herz zu besitzen, das

mich liebt und das ich wieder liebe; gefällt es dem
Himmel, diese Liebe zu segnen, nun, dann wäre wohl
das Höchste erreicht, was nur zu hoffen möglich wäre; im andern Falle bliebe aber doch die Erinnerung
daran, und auch das ist schon Viel. So aber ist
mein Leben reizlos; ich habe nicht einmal ein Gefühl,
an das ich mich klammern kann. Ich komme mir
vor, wie ein Wanderer, der einem Ziele zusteuert,
ohne auf dem Wege einen schattigen Baum, eine er-
frischende Quelle zu finden."

Das Gespräch wurde durch die Ankunft eines
jungen Mannes unterbrochen, der in einfach bürger-
licher Kleidung mit einem etwas derben, aber nicht
unangenehmen Aeußern, in den Garten trat. Sein
volles rothes Gesicht lächelte den Mädchen freundlich
entgegen; als er ihnen näher kam, zog er ehrerbietig
den Hut, grüßte Beide, und überreichte jeder derselben einen Blumenstrauß.

„Welche Aufmerksamkeit, Herr August!" rief
Rosa verwundert, indem sie die Blumen von allen
Seiten betrachtete; „Sie überbieten sich an Gefälligkei-
ten, Ihre Freundschaft steigt von Tag zu Tag, und
doch sind Sie ja Herr im Hause, und wir armen
Mädchen nur die Miethpartei."

„O," unterbrach sie der junge Gärtner, „solch
eine Partei bekommt man nicht täglich ins Haus;

drum muß man es auch an Ehre nicht fehlen laſſen, und Alles thun, damit Sie mir ja nicht unzufrieden wird, an mir ſoll's nicht fehlen, denn wenn es nach meinem Sinne ginge, ſo ſollten die beiden Fräuleins dieſes Haus gar nicht mehr verlaſſen."

„Ho ho!" rief Roſa, „ein lebenslänglicher Auf-enthalt? Das iſt ein Bischen zu viel verlangt; was ſagen Sie dazu, liebe Julie?"

„Ich glaube, man ſoll dort bleiben, wo es Ei-nem am Beſten gefällt und wo es die Verhältniſſe geſtatten; am Ende iſt es einerlei, ob man die Paar Tage in einem oder in mehreren Häuſern ver-lebt."

„Da haben Sie ganz recht, Fräulein Julie!" nahm Auguſt das Wort, „Sie verrathen dadurch viel Sinn für ein ruhiges, häusliches Leben, und das freut mich."

Dieſe Worte waren mit einem ſolchen Eifer geſprochen, daß der junge Menſch ſelbſt darüber er-röthete. Julie ſchien ſie zu überhören, Roſa ſah ihn aufmerkſam an, und da ſie ſeine Verlegenheit bemerkte, und ſie nicht ſteigern wollte, ſo gab ſie dem Geſprä-che eine andere Wendung und ſagte: „Sie kom-men aus der Stadt, erzählen Sie uns doch, was ſich ſeit Ihrem letzten Beſuche daſelbſt Neues er-gab."

August hatte sich gefaßt und entgegnete: „Sehr viel! Die Kaiserin ist wieder von Linz, wohin sie abgereist war, eingetroffen; in den letzten Tagen des Aprils waren wieder bei St. Stefan Betstunden, eben so in allen andern Pfarren; die jungen Erzherzoge und Erzherzoginnen sind mit dem Primas nach Ungarn abgereist; es werden wieder Freiwillige, besonders Kavallerie, geworben. In der Stadt herrscht großes Bangen, man spricht, daß der Feind nach Wien marschire, und die Abreise vieler Herrschaften, und besonders reicher Privaten bestätiget dies nur zu sehr. Heute wurden alle Kassen eingebracht, und das Naturalienkabinet und die kaiserliche Sattelkammer auf Schiffe gepackt, um nach Ungarn geschafft zu werden. Morgen sollen die Kaiserin und die Erzherzogin Louise auch dahin abgehen. Sie können sich die Verwirrung nicht vorstellen, die in der Stadt herrscht; in der Zeitung ließt man freilich immer alles Gute, aber die Leute glauben es nicht, weil man durch Briefe von Außen ganz andere Dinge erfährt, daher glaubt man der Zeitung gar Nichts mehr, und stellt sich die Sache viel ärger vor, als sie vielleicht in Wirklichkeit ist. Das Bemänteln ist daher schlimmer, als wenn man gleich die Wahrheit geschrieben hätte. Am Ende erfährt man ja doch Alles. Auch der Mangel macht sich bemerkbar, besonders an Lebensmitteln, weil Viele, wegen Mangel an kleiner Münze, unnöthige Vorräthe einkaufen. Ich habe für schlimme Fälle gesorgt, und mein Vorrath steht Ihnen zu jeder Zeit frei; versteht sich gegen Bezahlung — " fügte er hinzu, als Julie eine abwehrende Miene machte, — „der liebe Himmel weiß, wie die Sache noch enden wird!"

„Mein Gott!" seufzte Rosa, „wer dies Alles vorhergesehen hätte — "

„Sie werden doch keine Furcht hegen, liebes Fräulein? Im schlimmsten Falle bin ich ja da; ich weiß schon vom Jahre fünf her, wie man es anfangen muß, um geschützt zu sein: Sehen Sie, wenn das Unglück will, daß die Franzosen hieher kommen, so gehe ich zum General und erbitte mir einen tüchtigen Sergeanten ins Quartier, und wir sind geborgen. Die Franzosen sind überhaupt keine so argen Gäste; aber die Schwaben, die mit ihnen sind, das sind Teufel, wahre Blutsauger, sag' ich Ihnen!"

„Ich kann die Furcht nicht bemeistern. — "

Julie lächelte: „Sie sind zu ängstlich, liebe Freundin: Herr August wird sich unser schon annehmen, wir wollen ihm vertrauen, als ob er unser Bruder wäre."

„Das können Sie ganz sicher!" rief der

7 *

junge Gärtner, „Sie werden mit mir zufrieden sein."

„Im schlimmsten Fall," fuhr Julie fort, „werden wir uns schon zu helfen wissen; ich spreche Französisch —"

„Und ich Italienisch," rief Rosa! —

„Und ich gut Wienerisch," setzte August hinzu.

Alle Drei lachten hell auf, und der Hausherr sagte: „O wenn es darauf ankommt, so gehe ich selbst zum Bonaparte und will's ihm begreiflich machen, wie liebenswürdig und gut die beiden Fräuleins sind; und ich habe schon gehört, der Französische Kaiser ist, schönen Frauen gegenüber, nicht unerbittlich!"

Die beiden Mädchen lachten, die gute Laune wurde vorherrschend, und der Rest des Nachmittags verfloß unter angenehmen Scherzen, bei denen sich das freundliche Benehmen des jungen Mannes auf natürliche Weise hervorthat; wobei man aber seine Aufmerksamkeit für Julie nicht übersehen konnte. Manch Mal ging diese sogar in eine gewisse Herzlichkeit über, die sich bei ihm in unbewachten Augenblicken Luft machte, aber er besaß Selbstbeherrschung genug, sie augenblicklich wieder zurückzudrängen und das Gleichgewicht herzustellen.

Der Abend war gekommen, und mit ihm die

Dunkelheit und die Kühle des Maiabendes; es war der dritte Tag dieses Monates, derselbe Tag, an dem die Wiener Freiwilligen bei Ebelsberg zum ersten Mal ins Feuer gekommen waren. Die beiden Mädchen, nachdem sie sich von August verabschiedet, begaben sich in ihre Gemächer, der Käfig, in dem sich die Meise befand, wurde aufgehangen, die Magd zündete die Kerzen an, die Jalousien wurden geschlossen, und man machte sich bereit, zur Ruhe zu gehen.

Rosa ging auf Julie zu, küßte sie, sagte „guie Nacht" und bestieg ihr Lager.

Julie blieb nachdenkend auf dem Ruhebette sitzen.

„Wollen Sie noch nicht zu Bette, liebe Julie?"

„Ich kann nicht, mich flieht heute der Schlaf."

„Sie sind so nachdenkend?"

„Sie irren sich nicht, es ist wirklich so."

„Ich glaube, den Grund hiervon zu kennen."

„Leicht möglich."

„Sie sind mit August beschäftiget?"

„Mit ihm? Nein! Nur sein Benehmen gibt mir Anstoß zu ernsten Erwägungen."

„Er beweist Ihnen sehr viel Aufmerksamkeit."

„Das beunruhigt mich."

„Beunruhigen? Warum denn, liebe Julie?"

„Weil ich fürchte, daß diese Aufmerksamkeiten einer tiefern Quelle entspringen könnten, als es mir lieb wäre."

„Ich glaube mich nicht zu täuschen, wenn ich behaupte, daß der junge Mann sich zu Ihnen hingezogen fühlt."

„Auch das fürchte ich, denn ich muß aufrichtig gestehen, ich könnte seine Neigung nicht erwidern, denn seine Persönlichkeit hat mich kalt gelassen. Ich achte und schätze ihn, und erkenne seine Freundlichkeit und Zuvorkommenheit dankend an, das ist aber auch Alles, was ich für ihn fühle; und sollte er wirklich einer für mich erwachten Neigung Raum gegeben haben, so thut es mir leid, ihn durch mein abgemessenes Betragen, welches ich nun beobachten werde, kränken zu müssen. Doch es ist wohl nur meine Eitelkeit, welche die Sache höher nimmt, als es wirklich der Fall ist. August denkt vielleicht gar nicht daran, sich mir nähern zu wollen, und ich mache schon Pläne von meinem Rückzug! Es geht mir gerade so, wie einem schläfrigen Feldherrn; ich denke schon an die Retirade und bin noch gar nicht angegriffen worden. Gute Nacht, liebe Rosa! Ich gehe zur Ruhe."

Die beiden Mädchen schliefen bald ein, der Gott

der Träume nahm sie in seine Arme, ließ sie von seinen Geistern umgaukeln, versetzte sie in fremde Gegenden, und führte ihnen befreundete Menschen vor die Seele, und schuf ein Wunderreich, welches die Wirklichkeit weit hinter sich ließ.

August saß während dieser Zeit allein in seinem Zimmer; aber die Einsamkeit war ihm nie so drückend erschienen, er hatte sich nie so unruhig, so unglücklich gefühlt.

„Ach," seufzte er, „wenn Sie den Strauß nur angeblickt hätte! Aber nein, sie nahm ihn und würdigte ihn keines Blickes; sie sah nicht die Rosen und die brennende Liebe, die ich in die Mitte hineingebunden hatte; sie sah gar Nichts, sie wollte Nichts sehen — oder war's nur ein Zufall, daß es nicht geschah? Ich weiß gewiß, wenn sie mir einen Strauß schenkte, ich würde ihn betrachten nach allen Seiten, um aus den Blumen ihren Sinn zu deuten; ich würde ihn in frisches Wasser stellen, würde ihn früh Morgens und Abends an meine Lippen drücken, ihn erhalten, so lange es möglich, und wäre er verwelkt, dann würde ich ihn in mein Gebetbuch legen, und bewahren fürs ganze Leben! — Ach, wie lange ist es her, daß sie mein Haus betrat? Kaum einige Wochen sind verflossen — ich glaube, es war an einem Samstage — ich werde den Tag, die Stunde

nie vergessen! Seit damals bin ich ein Anderer ge=
worden, ihre Erscheinung hat mich umgestaltet. Frü=
her war ich ruhig, jetzt bin ich's nicht; früher dachte
ich an Blumen, Bäume, Kräuter, jetzt denke ich nur
an sie; früher gefiel es mir, für Andere zu arbeiten,
jetzt mögte ich's nur für sie; früher war ich überall
fröhlich, wo ich mich befand, und jetzt bin ich's nur
dort, wo sie ist. Ich kann mir's nicht mehr verber=
gen, ich liebe sie, ihr Bild hat sich in mein Herz
geschlichen, und ich fürchte, ich werde es nicht mehr
herausbringen. Und doch ist es nothwendig, es wird
sein müssen, denn sie ist ein Fräulein und ich bin
nur ein schlichter Gärtner; freilich hab' ich Haus und
Hof, aber ich bin einfach bürgerlich erzogen, und
sie? Nun, sie ist vielleicht aus einem vornehmen
Hause, und da darf ich wohl keine Hoffnungen he=
gen. Ach das ist traurig, sehr traurig!"

Seufzer drängten sich aus der Tiefe des beweg=
ten Herzens; er erhob sich und sagte mit wehmüthi=
ger Stimme: „Ach, wenn ich nur nicht so ganz allein
wäre! Wenn ich nur eine verwandte Seele hätte,
welcher ich mein Leid vertrauen könnte!"

Er blickte umher, da fiel sein Blick auf ein
Kreuz von Holz, an dem ein Christusbild hing.

Er senkte das Knie, hob flehend die Hände
empor und seine Lippen flüsterten ein leises Gebet. —

Gestärkt und gekräftigt stand er auf, die An=
dacht hatte lindernden Balsam in die wunde Brust
gegossen.

„Nein, nein," rief er aus, „ich bin nicht allein,
ich trage meinen Gott im Herzen, er wird mich be=
wahren und leiten, er wird mir den Pfad weisen,
wie ich handeln soll. Meine Liebe aber will ich ver=
schließen in den geheimsten Falten meiner Seele; Ju=
lie soll den Sturm nicht ahnen, der mein Herz auf=
wühlt. Die Ruhe ihres Lebens, der heitere Spiegel
ihres sonnenklaren Auges soll durch mich nicht getrübt
werden. Schlafe wohl, theures Leben! Ich werde
Dein Schützer sein, ich werde Dich bewachen und
bewahren, und nie aufhören, verschwiegen zu sein,
außerdem, Du selbst lösest das Schweigen und zögest
mich zu Dir empor, mich, den Unwürdigen, zu Dir,
dem irdischen Himmel!"

Er ging zur Ruhe.

Es war Mitternacht.

*

*

Der Donauarm, welcher die Vorstadt En b=
b e r g von den Prater=Auen trennt, ging hoch.

Unheimlich rauscht es herüber.

Der Himmel hat sich mit Wolken umhangen.

Sie ziehen in der Richtung gegen das Koh=
lengebirge, der Südwind treibt sie vor sich her.

Zwischen den grauen Schleiern gucken die Ster=
ne zeitweilig hervor, als ob sie sagen wollten: „O
wir sind auch noch da; bleibt nur ruhig, Ihr dort
unten! Die Wolken vergehen, und am Ende wird
Alles wie früher."

Ei, freilich vergehen die Wolken, aber wann?
Wenn sie vielleicht schon den Schaden gebracht.

Der Sturm vergeht! O ja!

Die Wolken vergehen! O ja!

Der Krieg hört auf! O gewiß!

Aber der Schaden muß ersetzt, die Wunden müs=
sen geheilt, die Thränen getrocknet werden; und dazu
braucht man Jahre, viele, viele Jahre, und oft rei=
chen auch die nicht hin!

Die Nacht ist unruhig, wie die Zeit, die sie
gebar.

In jenem Eckhäuschen zu Endberg ist noch Je=
mand wach.

Ich meine jenes Häuschen, das wir schon ein
Mal zur Nachtzeit betreten haben.

Der Bewohner des Stübchens, den wir damals
belauschten, sitzt am Tische.

Eine Lampe vor ihm brennt, aber düster,
matt.

Das kleine Fensterchen ist dicht umhangen, so daß von Außen keine Spur vom Lichte ist.

Auf dem Tische liegt ein Degen und ein Terzerol mit doppeltem Lauf.

Der Mann ergreift und untersucht die kleine Schießwaffe und sagt dann: „So, das ist in Ordnung."

Darauf legt er das Terzerol wieder an die frühere Stelle, sieht finster vor sich nieder, läßt den unstäten Blick durch die Stube streifen, schüttelt unzufrieden den Kopf und spricht: „Fort — Beide fort — verschwunden — und an einem Tage, und alle meine Mühe, zu erforschen, wohin sie gekommen, war vergebens! Die eine ist meinem H a s s e, die andere meiner L i e b e entflohen, — wohin mögen sie sich nur gewendet haben? Und nicht genug, daß mein Forschen umsonst war, so habe ich auch wieder das Heer der Polizei hinter mir; ihre eigene kritische Lage ließ sie mich doch nicht vergessen; die Späher sind hinter mir her, die Verwirrung hat die ganze Bevölkerung ergriffen, aber diese Polizei ist ein Elephant, welcher durch Nichts aus seinem Takte zu bringen ist. Nur wenige Tage, und unser Heer wird hier sein, Wien wird fallen und ich bin geborgen; aber bis dahin? Ich fürchte, sie wissen bereits von meinem Aufenthalte, und ist dies der Fall, dann bliebe mir Nichts übrig, als Flucht, unserm Heere entgegen zu eilen, mich in seinen Schutz zu begeben. Das soll auch geschehen, es wäre unverzeihlich, in dem letzten Augenblicke festgenommen zu werden, jetzt da meine diesmalige Sendung vollbracht ist. Ist Wien Französisch geworden, dann kann ich frei einhergehen, und sind die Entflohenen noch hier, so werde ich sie finden, und ein zweites Mal sollen sie mir nicht mehr entschlüpfen."

Er erhob sich, trat zu einem Schranke, öffnete ihn und nahm mehrere Papiere heraus, die er sorgfältig zusammenfaltete und in ein Tuch wickelte, welches er auf die nackte Brust band.

„Alles Uebrige kann, wenn ich fliehen muß, nicht zum Verräther werden;" murmelte er, „es mag hier bleiben, sie sollen das leere Nest finden, wenn nur der Vogel fort ist. So, jetzt zur Ruhe, vielleicht zum letzten Mal in dieser Hütte."

Er blies die Lampe aus, ging ans Fenster, nahm den dichten Vorhang herab und öffnete die niederen Flügel; die frische Luft strömte ins Stübchen, außen war's rabenschwarz.

Die Donau rauschte volltönig herüber.

Nachdem er eine Weile gelauscht, warf er sich angekleidet aufs Lager.

Nicht lange und von Außen dringt ein Geräusch

herein, er springt auf, horcht, faßt den Degen und das Terzerol.

Das Geräusch kommt näher, es sind Tritte.

Er schwingt sich aus den Fenster in den Garten hinaus, schleicht zu einem buschigen Hollunderstrauch, theilt ihn behutsam aus einander, und kauert sich auf den Boden.

Die Tritte kommen näher.

Bei der Gartenumfriedigung theilen sie sich, man hört längs der niedern Breterwand gehen.

„Sie umstellen das Haus und den Garten!" lispelte der Verborgene, „ich muß mich beeilen; wenn sie sich nur des Kahnes nicht bemächtiget haben, am Abende war er noch da, — horch —"

Man hörte an die Hausthüre pochen.

„Der Augenblick ist da," murmelte er, erhebt sich, schwingt sich auf die Breterwand, und drückt auf den außen Wache stehenden Mann das Terzerol ab.

Der Schuß fällt, ein Wehruf folgt, man hört einen Sprung.

Gleich darauf fallen mehrere Schüsse.

„Rasch nach!" — ruft es von allen Seiten.

Der Flüchtling voraus, die Verfolger hinter drein. Der Erstere beflügelt den Lauf, die Andern folgen eben so rasch seiner Spur.

Tiefe Nacht umhüllt die Scene, man sieht nur einzelne Schatten dahin huschen.

Der Verfolgte, um einen größern Vorsprung zu gewinnen, nimmt nicht den kürzesten Weg zum Wasser, sondern biegt etwas nach links, und dann wieder nach rechts, dem wohlbekannten Punkte zu, wo das Fahrzeug bereit stand. Die Soldaten, die List nicht ahnend, folgen ihm immer nach; nur Einer bleibt von den Andern etwas entfernt, und setzt in gerader Richtung seinen Lauf fort.

Immer näher kommt man dem Strom, der Flüchtige verdoppelt seine Eile, und wirklich wird der Zwischenraum zwischen ihm und seinen Verfolgern immer größer.

Bald langt er schon beim Ufer an, der einzelne Soldat ist ganz nahe hinter ihm.

„Hieher, Kameraden!" ruft dieser, „hier ist der Spion."

Einige folgen der Richtung.

Jetzt ist der Augenblick gekommen, der Verfolgte springt in den Kahn, ein Riß, und die festhaltende Schlinge ist gelöst, der einzelne Soldat, der seine Kameraden hinter sich glaubt, stürzt nach, — in diesem Augenblicke stößt das leichte Fahrzeug ab, und gleitet von der reißenden Strömung erfaßt, mit Blitzesschnelle hinab.

Die am Ufer wagen es nicht, zu schießen, denn sie fürchten, den Kameraden zu treffen, — der Flüchtling drückt auf seinen Gegner im Kahn den andern Schuß seines Terzerols ab, die Kugel streift den Tschako, und der Soldat dringt mit dem Bajonette auf ihn ein.

Der Flüchtige parirt mit dem Degen.

Das Fahrzeug strömt steuerlos fort.

Die beiden Männer stehen sich gegenüber. Der Verfolgte, alsogleich einsehend, daß er mit seiner schwachen Waffe nicht lange widerstehen könne, faßt einen verzweiflungsvollen Entschluß.

Beim zweiten Angriff wirft er sich dem Gegner mit Blitzesschnelle entgegen, unterläuft das Gewehr und umfaßt ihn mit den Armen.

Der Soldat wirft seine Waffe von sich, und umschlingt eben so den Andern.

Nun beginnt in den engen Raume ein Ringkampf.

Der Kahn strömt fort, die Donau rauscht, die Gegner ächzen und keuchen.

Sie drücken sich bald vor= bald rückwärts, das schwache Fahrzeug schaukelt bald nach dieser, bald nach jener Seite, und droht öfters umzustürzen.

Die Unsicherheit des Bodens verlängert den

Kampf, jeder von Beiden fürchtet die Wellen, da Einer den Andern hinabziehen würde.

Die Strömung hat indessen den Kahn mehr ge=gen das jenseitige Ufer getrieben.

Der Flüchtling, noch ein Mal seine ganze Kraft zusammenfassend, drängt den Gegner gegen die rechte Wand, der Kahn neigt sich stark auf diese Seite, der Soldat verliert auf der schiefen Ebene die Festig=keit des Standpunktes — das Fahrzeug rauscht gegen das Ufer, ein Stoß — er verliert das Gleichgewicht und stürzt in den Strom.

Der Flüchtling faßt rasch das Ruder, in dem=selben Augenblick hat der Soldat die Wand des Fahr=zeugs ergriffen, und will sich wieder in dasselbe schwingen, der Andere führt einen Schlag, — ein Schrei, der Gesunkene geht unter.

Der Kahn gleitet nun fort, der Sieger gibt ihm mit dem Steuerruder die Richtung.

Nach einer Weile hört er ganz nahe hinter sich einen Hilferuf.

Es ist der Soldat, der, von den Wellen getra=gen, hinter ihm herschwimmt.

In einigen Augenblicken erfolgt noch ein Ruf, aber schon schwächer.

Der Kahn strömt fort.

Jetzt wird es rückwärts ganz stillt.

Der Soldat ist untergegangen.

Sein Tschako fluthet, von den Wellen getragen, hinter dem Fahrzeug.

Dies setzt seine Richtung fort.

Der Französische Spion athmet tief auf.

———

IV.

Am andern Morgen.

Es ist der 5. Mai.

In Wien erschien der Aufruf zum Landsturm.

Er beginnt: „Es wäre bei dem gegenwärtigen „Stande der Armee möglich, daß der Feind in das „Innere von Oesterreich zu bringen versuchte, und daß „ihm dieser Anschlag gelingen könnte, wenn ihm nicht „Muth und Standhaftigkeit von allen Seiten entgegen= „gesetzt würde."

Wohl gemerkt: das Französische Heerlager be= fand sich schon am Zweiten in Ried, am Achten in St. Pölten, und heute am Fünften schrieb man noch in Wien: daß es möglich wäre, daß der Feind in das Innere von Oesterreich zu bringen versuchte!!

Die Verwirrung in der Stadt und die ängstliche Aufregung des Publikums bewiesen hinlänglich, wie wenig man mit dieser Täuschung bezweckte. Wo die Wahrheit so nahe und offen am Tage liegt, wozu noch bemänteln? Hat die weltbekannte Loyalität der Wiener nicht schon hinlänglich bewiesen, daß ihr Muth und ihre Ausdauer durch keine Stürme erschüttert werden könne? —

Mit der Wahrheit kommt man am Weitesten, der gerade Weg ist immer der beste.

Ein Cirkulare forderte abermals zur freiwilligen Ergänzung der Landwehr auf.

Das Flüchten währt fort, Viele verlassen die Stadt und eilen nach Ungarn, Andere ziehen wieder in das Innere der Stadt, um sich dort in Sicherheit zu bringen, die Bewohner der Basteihäuser verlassen ihre Quartiere. Die Straßen waren voll, Truppen marschirten durch, Hunderte von Wagen, mit Effekten und Habseligkeiten beladen, fuhren durch die Stadt, denn es war gerade auch die Zeit der Quartierwechsel, Proviant und Lebensmittel wurden von allen Seiten in die Stadt gebracht, überall Rennen, Fahren, Tragen, Schreien, überall Verwirrung und Unordnung ohne Ende.

Um die Vertheidigung, besonders der Donauseite, nicht zu hindern, wurden das Salzamthaus am

8 *

Schanzel, dann das Mauthhaus nächst der Schlag=
brücke vor dem Rothenthurm=Thor und das gegen=
überstehende Sattlerhaus abgebrochen. Die Haupt=
mauthbrücke ward zum Theil abgetragen, und die
Seite gegen die Hauptmauth vermauert. Die Zug=
brücken an den Thoren wurden in brauchbaren
Stand gesetzt, und die Burgbastei mit Kanonen ar=
mirt.

Es sind Tage voll Bangen, die jetzt über die
Kaiserstadt hinstreichen.

Die Theuerung nimmt überhand, die Markthüt=
ten werden abgerissen.

Tausende von Menschen sind mit Schanzarbeiten
beschäftigt. Außer den Linien entstehen Redouten und
Flechen, die Stadtwälle werden ausgebessert, und in
Vertheidigungsstand gesetzt. Um die Arbeit zu be=
schleunigen, wurden von den Privaten freiwillig abge=
gebene Wollsäcke aufgeschichtet und zu Brustwehren
gebildet, in den Erd= und Mauerwerken werden
Schießscharten eingeschnitten, Bettungen gelegt und
Geschütze aufgefahren.

Das Theresien= und Reuthor sind gesperrt,
bei den übrigen Stadtthoren sind Pfosten, Bal=
ken und Dünger zur Verrammlung aufgehäuft.

Die St. Anna= und Franziskaner=Kirche wer=
den geschlossen, die erstere wird zu einem Oekonomie=

Depot, die letztere so wie die Universitätskirche zu Mehl- und Getreide-Vorrathskammern verwendet. Die Kirche St. Maria am Gestade war ein Heu- und Strohmagazin.

Am achten Mai.

Neue Militairmassen rücken in Wien ein.

In den Vorstädten wird die Fahne des Aufgebots mit klingendem Spiele herumgetragen, und frische Kämpfer schaaren sich um sie. Die Studirenden treten in ein eigenes Corps zusammen, erhalten aus dem Zeughause Waffen und exerziren, bei 1000 Mann stark, Abends auf dem Glacis. Ein blinder Lärm, daß der Feind im Anrücken sei, entstand, und sie zogen sich in die Stadt auf den Universitätsplatz zurück. Am Vormittage hatte die Bürgermiliz eine Ausrückung.

Am folgenden Tage bezogen Bürger und Landwehr gemeinschaftlich die Burgwache, die Franzensbrücke wird abgebrannt, die Stadtthore verrammelt, bis auf jenes beim Rothen-Thurm, welches zur Kommunikation offen blieb, aber noch immer werden durch die kleinen Einlaßpförtchen an die Vorstädter Waffen vertheilt; die kaiserliche Reitschule wird zum Spital umgewandelt, die Stadt wimmelt von Vorspannswägen; das Geräusch dieses kriegerischen Trei-

bens verwirrte fast die ruhigsten Köpfe. Das Läuten
der Glocken ist eingestellt.

Am Abende wurde noch im Burgtheater gespielt.

General Hiller war bei Krems mit zwei Theilen seines Heeres über die Donau gegangen, den
britten sandte er unter General Nordmann gegen
Wien. Dieser bestand bei Sieghartskirchen am heutigen Tage ein Gefecht gegen den Marschall Lannes,
und rückte in der Nacht in der Stadt ein.

General Hiller, mit der Hauptmasse seiner Armee langte zwei Tage später am linken Ufer des
Flusses, hinter der Taborbrücke an.

Die ganze Besatzung der Residenzstadt bestand
aus 16,000 Mann, regulärer Truppen, Landwehr,
Bürgermiliz und Landsturm, dann dem Studenten-
Corps, welches 1000 Mann zählte.

Es ist der zehnte Mai.

Am frühesten Morgen rasseln schon die Trommeln
durch die Stadt. Die bewaffnete Bürgermiliz sammelt
sich, erhält Munition und marschirt ab.

Die Aufstellung war folgende: Vom Kärnthnerthore links, standen die bürgerlichen Scharf-
schützen, oberhalb des Kärnthnerthores bis gegen das
Augustiner das erste Bürgerregiment und die
Studenten, auf der Burgbastei die Bürgergrena-

biere, und vom Paradiesgärtchen bis zur Löbel und Mölkerbastei das zweite Bürgerregiment; dem bürgerlichen Cavalleriecorps war die alte Stallburg bei der Hofapotheke angewiesen.

Erzherzog Maximilian leitete die ganze Vertheidigung.

Mit Anbruch desselben Tages erscheint der feindliche Vortrab unter dem General Terraux vor Schönbrunn und besetzt dort die Anhöhen.

Der Ruf: „Die Franzosen sind da!" lief von Mund zu Mund, und die neugierige Menge strömte aus allen Vorstädten gegen die Mariahilfer Linie.

Eine Abtheilung der Avantgarde rückte ohne Widerstand in die Mariahilfer Vorstadt und einige der angrenzenden Gassen gegen Gumpendorf, Neubau und Spittelberg; es war kaum die sechste Stunde vorüber, und die Chasseure ließen sich schon auf dem Glacis sehen, wo sie mit Kanonenschüssen aus der Stadt begrüßt wurden.

Ein Transport von beiläufig zwanzig Pulverwagen wird auf der steinernen Wienbrücke von den Chasseurs angegriffen, aber glücklich in die Stadt gebracht.

Oesterreichische Husaren streifen zwischen dem

Kärnthner- und Burgthore, um die feindlichen Bewegungen zu beobachten.

Um sieben Uhr erschien vor dem Burgthore ein feindlicher Parlamentär, wurde aber zurückgewiesen, auf dem Rückwege von den Husaren gefangen, und trotzdem vom Pöbel mißhandelt. Chasseure eilten zur Hilfe herbei, griffen die Husaren an, diese wichen in die Stadt zurück, und da bei diesem Tumulte einige feindliche Reiter mit hinein drangen, so wurden sie dort gefangen genommen.

Die Franzosen führten nun an der Mariahilfer-Linie Kanonen auf, luden sie mit Kartätschen; die Kanoniere, schußfertig, harrten nur des Befehls; während dessen standen Tausende der Vorstadtbewohner auf den Linienwällen, und scheuten keine Gefahr, um nur ihre Neugierde befriedigen zu können. Das feindliche Heer breitete sich an diesem und den folgenden Tage von der Donau bei Döbling bis zur Donau bei Simmering aus, lagerte sich bei Weinshaus, Währing, Ottobrün, Schönbrunn, auf den Wienerberg, und schloß auf diese Weise Stadt und Vorstädte von dieser Seite in einem großen Halbkreise ein.

Es mogte ungefähr die neunte Vormittagsstunde sein.

In dem kleinen Häuschen des Gärtners August

in Penzing herrschte Furcht und Bangen. Die beiden Mädchen standen in dem Zimmer ihres Hausherrn, dessen Fenster auf die Straße gingen, und sahen gegen das kaiserliche Lustschloß. Welch' ein Wogen und Treiben! Feindliche Reiter sprengen vorüber, Wagen rasseln, Trommeln wirbeln, Soldaten marschiren, und dies Alles mit einer Eile, einer Hast, einer Schnelligkeit, die hier im Kleinen darstellte, wie alle Unternehmungen Napoleons im Großen ausgeführt wurden.

„Mein Himmel!" sagte Rosa, „wie wird es uns ergehen, wir stecken ja mitten unter feindlichen Soldaten drinnen!"

„Haben Sie nur keine Angst, mein Fräulein!" bat der junge Mann; „in Schönbrunn ist das Hauptquartier, das ist aus allen dortigen Vorbereitungen deutlich zu entnehmen, und je näher dem Hauptquartier, desto sicherer sind wir. Haben Sie heute Morgen gehört, in der Stadt wurde schon mit Kanonen geschossen; das haben wir außen nicht zu befürchten, danken wir dem Himmel, daß wir vor der Linie sind."

Die beiden Mädchen konnten sich nicht ganz beruhigen, und Julie sagte: „Wir sind zwar von zwei Uebeln dem kleineren preisgegeben, aber deshalb noch immer in einer mißlichen Lage.

„Sehen Sie doch, liebe Freundin!" rief Rosa plötz=
lich, „da kommen schon wieder Reiter!"

Ein Häuflein sprengte heran.

An der Spitze befand sich ein Mann von ge=
drungener Gestalt mit einem vollen Antlitze. So viel
man in der Hast wahrnehmen konnte, trug er weiße
Hosen, hohe Reiterstiefeln, eine graue Uniform mit
weißen Rabeur's, einen großen Stern auf der Brust,
und einen kleinen, zweispitzigen, schmucklosen Hut.

Militairs von bunten Farben folgten ihm, ein
Häuflein in orientalischer Tracht schloß sich die=
sem an.

Wie ein Blitz sprengte die Schaar vorüber.

„Das ist Napoleon!" rief August.

„Napoleon!" schrien die beiden Mädchen auf
und neigten sich noch mehr aus dem Fenster, um den
Gewaltigen nicht so bald aus den Augen zu verlie=
ren; aber nur wenige Augenblicke, und er war in
dem Schloßhof verschwunden.

„Wie mir das Herz klopft!" sprach Rosa, deren
Antlitz leichenblaß geworden war; „also das ist der
Mann, der das Geschick des halben Welttheils in
seinen Händen hat?! —"

„Ja," versetzte Julie, „allen Portraiten nach,
die mir bisher von ihm zu Gesichte kamen, muß er

es wirklich sein; der kleine Hut, 'und die Art und Weise, wie er ihn trägt, ist unverkennbar."

„Aber was machen die Türken in seinem Ge= folge?" fragte Rosa.

„Das sind Mamelucken," belehrte August, „ein eigenes Corps, welches seine Leibwache bildet."

„Mein Gott! Was werden wir noch Alles erle= ben?" klagte Rosa.

„Kommen Sie, liebe Freundin!" unterbrach Ju= lie ihre Klagen, „wir haben des Getümmels schon ge= nug; ich fürchte, es wird lang genug währen, um uns das Angenehme des ländlichen Aufenthaltes ganz zu verleiden."

Die beiden Mädchen gingen rückwärts in ihre Wohnung, August aber eilte auf die Straße, um zu erfahren, welche Einquartierung dem Orte bestimmt sei. — — — — — — —

In einem der großen Gemächer des Lustschlosses Schönbrunn stand der Kaiser der Franzosen. Er war eben vom Pferde gestiegen, eilte, von einigen seiner Generale umgeben, die Terasse hinauf, warf den Degen von sich, trat, das Fernglas in der Hand, ans Fenster, und musterte eine Weile das kriegerische Treiben der nächsten Umgegend.

„Berthier!" kehrte er sich zu einem der Gene= räle, „der wievielste Tag des Monats ist heute?"

„Der Zehnte, Sire!"

„Wo waren wir vor einem Monat?"

„In Paris!"

„Und heute in Wien! bon, ich habe Wort ge=
halten!"

Die Generale lächelten.

Napoleon legte die Hände auf den Rücken, und
blickte hinaus, in diesem Augenblicke erdröhnte von
der Stadt her ein Kanonenschuß.

Der Kaiser schüttelte den Kopf.

„Sollten sie wirklich eine hartnäckige Vertheidi=
gung beabsichtigen? Es ist kaum glaublich! Sie ver=
wüsten ihre eigenen Vorstädte; nun gut, wenn sie
dies können, so soll es mir ein Leichtes sein, in we=
nigen Stunden Wien in einen Schutthaufen zu ver=
wandeln. Oder hat man geglaubt, ich werde hieher
kommen, mich einige Tage aufs Ohr legen, bis die
Oesterreichische Armee mir auf den Hals kommt? Da
kennen sie mich schlecht, und so viel, glaube ich, sol=
ten die Oesterreicher doch schon von mir gelernt ha=
ben, daß Zögern meine Sache nicht ist! Ah,
sieh' da, Lannes kommt! Wir wollen hören, was er
bringt."

Der Marschall, ein junger Mann von angeneh=
mem Aeußern, von etwas brauner Gesichtsfarbe, kur=

zem Backenbart, und einem dunklen, feurigen Auge
trat in's Gemach.

„Nun, was bringen Sie?"

„Saint=Mars ist noch nicht zurück!"

„Man wird doch den Parlamentär nicht zurück=
halten?" rief Napoleon und sein Blick verfinster=
te sich.

„Sire! Jedesfalls muß sich etwas Ungewöhnli=
ches ereignet haben. Ich habe befohlenermaßen die
obrigkeitlichen Personen der von uns bewachten Vor=
städte hieher beschieden."

„Ganz recht! — Berthier," — wandte sich Na=
poleon an diesen, — „schreiben Sie gleich in Ihrem
Namen an dem Erzherzog, fordern Sie Aufklärung
über das Außenbleiben unseres Parlamentärs, und
sagen Sie ihm, daß Sie Sich aus diesem Grunde
der Stadteinwohner zu Ueberbringer dieses Schreibens
bediene. Erklären Sie ihm ferner, daß es mein Wille
nicht ist, die Gräuel des Krieges über die große Stadt
zu bringen, daß ich jedoch, wenn er fortfahren wird,
den Platz zu vertheidigen, mich hiezu gezwungen se=
hen werde. Rügen Sie, daß der Erzherzog gegen
allen Kriegsgebrauch, bei Vertheidigung einer Fe=
stung, Kanonen auf die Vorstädte abschießen läßt,
womit er keinen Feind seines Souverains, wohl aber
das Weib und Kind eines treuen Dieners treffen

kann. Machen Sie ihn darauf aufmerksam, daß ich
nicht zu bewegen war, die Vorstädte mit Truppen besetzen zu lassen, sondern daß ich mich damit begnügt
habe, die Linie zu occupiren, und einige Streifpa-
trouillen abzusenden, um die Ordnung aufrecht zu erhalten. Wenn der Erzherzog dies Alles nicht berücksichtigt und erkennt, so soll in 36 Stunden durch
Bomben und Haubitzen die Ruine der ungeheuren
Stadt vollendet sein, und er wird mit seiner Vertheidigung Nichts gewinnen, als vielleicht getreue Unterthanen gegen sein Haus erbittert zu haben."

Ein Wink des Kaisers und der Fürst von
Neufchatel entfernte sich, um den Auftrag zu vollziehen.

Napoleon kehrte sich hierauf zu einem der Divi-
sionsgeneräle und fuhr fort: „Ihnen, Andreossi, übergebe ich das Gouvernement der Stadt; erlassen Sie
an die Bewohner eine Proklamation, worin Sie gute
Mannszucht versprechen, und dem Ruhigen Ruhe zu-
sichern. Die Wiener mögen sich in ihrer Lebensweise
nicht stören lassen; sagen Sie ihnen, daß ich mich
mit Wohlgefallen der Proben ihres moralischen Cha-
rakters von früher her erinnere. Sollten die Ein-
wohner der innern Stadt, allem Kriegsgebrauche zuwider, vergessen, daß die Vorstädter ihre Brüder
sind, so würde es mich schmerzen, Zerstörung herbei

zu führen, da das Volk in der Stadt Wien am
Kriege unschuldig ist; im Uebrigen mögen sie meines
Schutzes versichert sein."

Abermals erfolgte ein Wink, und der neuer=
nannte General=Gouverneur verließ das Gemach.

Der Kaiser wandte sich zu den Uebrigen: „Ich
will hoffen, daß mein Antrag nützen wird; ich er=
warte es um so mehr, da es mein fester Wille ist,
Wien zu schonen! Sollte es aber dennoch fruchtlos
sein, nun, dann müßten wir ihnen schon in Etwas
die Zähne weisen, und ich glaube, wenn ihnen einige
Häuser über den Köpfen brennen, werden sie schon
andere Gesinnungen bekommen. Und nun, meine
Herren, mit Gott! Erwarten Sie meine Befehle, die
bald erfolgen sollen."

„Rapp," kehrte er sich zu einem Generale, der
sich als Adjutant immer in seiner Nähe befand, „kom=
men Sie, ich will mir unsere neue Behausung bese=
hen; wir sind schon lange nicht hier gewesen; wie
lange ist es wohl her, Rapp?"

Napoleon liebte es, Fragen zu stellen, wenn es
auch nicht Noth that.

„Seit der Schlacht von Austerlitz!" entgegnete
der General.

„Also erst vier Jahre?!" rief der Kaiser, sich
verwundert stellend; „und Oesterreich hat schon darauf

vergeſſen? Da haben Sie den deutlichen Beweis,
daß die Erfahrung nicht immer klug macht!"

Der Kaiſer durchſchritt nun ſtillſchweigend die
Gemächer, die ſeine raſchthätige Dienerſchaft für ihn
in aller Eile eingerichtet hatte. Ein Empfangsſaal,
ein topographiſches Büreau, ein Arbeitszimmer, ein
geheimes Kabinet und endlich ſein Schlafgemach, in
welchem das einfache eiſerne Feldbett ſtand, das ihn
auf allen ſeinen Feldzügen, und endlich bis nach St.
Helena begleitete.

In der Nähe waren die Gemächer für die Adjutanten.

Nachdem der Kaiſer die Runde vollendet, zog
er ſich in das Innere ſeiner Gemächer zurück.

Wenige Stunden darauf und Berthier wurde angemeldet.

Er fand den Kaiſer über einen ausgebreiteten
Plan von Wien liegend, der auch die Donau mit der
jenſeitigen Gegend ſichtbar darſtellte; hie und da waren bereits verſchiedene Punkte durch eingeſteckte. Na-
deln markirt.

„Was bringen Sie, mein Lieber?"

„Sire! Die Abgeſandten ſind zurück; ſie über-
brachten mir mein eigenes Schreiben zurück und folgende Antwort."

Er überreichte dem Kaiſer einen Brief.

Dieſer lautete:

„Eure Durchlaucht!

„Ich habe die Ehre, Euer Durchlaucht zu be=
„nachrichtigen, daß, nachdem ſich der Richter vom
„Gumpendorf als der Ueberbringer jenes Briefes,
„welcher aus dem Hauptquartier Sr. Majeſtät des
„Kaiſers Napoleon kommen ſoll, angegeben hat,
„mich Se. königliche Hoheit, der Erzherzog Mari=
„milian beauftragt haben, Ihnen dieſen Menſchen
„ſammt dem Briefe zurückzuſchicken, da er demſel=
„ben nicht auf die in Kriegszeiten gewöhnliche Weiſe
„zugekommen iſt.

„Ich habe die Ehre, mit ausgezeichneter Höch=
„achtung zu ſein

„Euer Durchlaucht

„unterthänigſter und gehorſamſter Diener

Graf Oreilly,

General.

Napoleon warf das Schreiben auf den Tiſch und
ſprach: „Pah! Das ſind kahle Mäuſe; der Ueber=
bringer war kein Einzelner, ſondern eine Deputation
von Bürgern; — und dann, wo bleibt die Aufklärung
über das Ausbleiben unſers Parlamentärs? Schon
gut! Von nun an iſt jede Unterhandlung aufgehoben.
— Berthier! Sorgen Sie dafür, Bertrand und Na=
valet noch heute davon in Kenntniß zu ſetzen, daß

ich sie mit dem Bewerfen der Stadt beauftrage. Die Vorstädte werden morgen mit dem Frühesten besetzt, aber die Mannschaft nicht einquartirt; das Bombardement muß morgen Abends beginnen, ich hoffe, bis übermorgen wird sich die Vertheidigungswuth Sr. königlichen Hoheit schon abgekühlt haben." —

Napoleon winkte dem Fürsten zu, und dieser entfernte sich wieder.

Nach einer Weile trat ein Mann ein.

„Ah, sieh da, Herr Constant!" rief Napoleon.

Es war der Kammerdiener des Kaisers.

„Was befehlen Sie, Herr Constant?" fuhr er in heiterer Laune fort.

„Euer Majestät, das Bad!" meldete der Diener.

„Ich komme schon, Herr Constant."

Nach diesen Worten eilte der Kaiser aus dem Gemache — der Getreue folgte ihm ehrerbietig nach.

*

Der Abend dieses unruhigen Tages brach heran. So oft sich feindliche Soldaten auf dem Glacis sehen ließen, fielen auch immer einzelne Schüsse aus der Stadt, welche auch in den Vorstädten Schaden

thaten, ja sogar einige Wiener tödteten. Die meisten
Häuser waren geschlossen, und die Bewohner, besonders in der Nähe des Glacis, bargen sich, so gut sie
es vermogten. Es war ungefähr um die achte Abendstunde, als vor dem Hause der Trödlerin Servatia
ein Wagen hielt.

Der Kutschenschlag öffnete sich und ein junger
Mann sprang heraus.

Der Trödlerladen so wie das Hausthor waren
bereits geschlossen.

Der Angekommene, ein elegant gekleideter, junger Mann, mit einem ausdrucksvollen Gesichte, zwei
großen schwarzen Augen, zog die Glocke.

„Heilige Mutter Gottes!" jammerte Frau Servatia in ihrem Zimmer, „das sind Franzosen! So keck
kann nur ein Franzose läuten."

Sie zitterte vor Angst, und da sie mit ihrem
Majoratsherrn und einer Magd allein war, so wußte
sie nicht, was sie beginnen sollte.

Es läutete zum zweiten Male, und zwar noch
heftiger, wie früher.

„Komm, Schani, wir müssen hinaus, sonst zerreißt uns der Schlingel noch den ganzen Glockenzug!
Komm', mein Kind, komm'!"

Als sie beim Thore anlangte, guckte sie vorsichtig durchs Schlüsselloch; in diesem Augenblicke riß der Ungeduldige noch gewaltiger an der Glocke, und die Trödlerin prallte vor Schreck einige Schritte zurück.

„Wer ist's?" fragte sie zitternd.

„Machen Sie auf, Madame!"

„Was wünschen Sie?"

„Quartier!"

„Hier ist kein Wirthshaus —"

„Aber beste Frau Konrad, machen Sie doch auf!"

„O du mein Jesulein, das ist ja kein Franzose, die Stimme klingt mir so bekannt!"

Sie steckte den Schlüssel ins Schloß.

„Wollen Sie doch so gut sein, mir Ihren Namen zu nennen, bester Herr."

„Oeffnen Sie nur, wir sind ja alte Bekannte."

„Alte Bekannte?" dachte Servatia, „am Ende ist's der Komödiant, oder der Herr Karl Panek, der Himmel verzeih mir meine Sünden! Wenn es mein Egidi erfährt —"

Die Thüre ging auf.

„Guten Abend, Frau Konrad!" grüßte der Angekommene.

Im ersten Augenblicke erkannte ihn die Dame nicht, als dies aber der Fall war, sprang sie wie vor einer giftigen Schlange zurück, und stammelte: „Herr Ferdinand Miller —"

Der junge Mann that, als merke er den Schreck nicht und sagte: „Oeffnen Sie mir gefälligst mein Quartier!"

„Ihr Quartier?" fragte die Tröblerin verwundert.

„Nun, ist es etwa nicht leer?"

„O ja," stammelte die Betroffene, „aber —"

„Nun, was soll das Aber? Ich habe doch das Quartier gemiethet —"

„Aber wann?" rief jetzt Frau Servatia, die sich in Etwas erholt hatte; „und dann, wie haben Sie es verlassen? Herr Ferdinand Miller, Sie sind ein lieber, charmanter Herr, aber was ich Ihretwillen ausgestanden habe, das können Sie mir nie vergüten? — Schani steh' ruhig, oder ich beutle Dich! — Und dann, lieber Herr Miller! Wie können Sie Sich nur so großen Gefahren Preis geben? Sie wissen, wie Sie mit unserer Polizei stehen; es thät mir wahrhaft leid um Sie, aber ich kann Ihnen für Nichts gut stehen! — Schani, laß den Herrn in Ruh', oder ich ruf' die Franzosen über Dich!"

Der junge Mann lächelte und sprach: „Ich habe es mir einmal in den Kopf gesetzt, bei Ihnen zu

wohnen; Sie räumen mir den ganzen obern Stock
ein; Sie wissen, ich zahle splendid; was die Polizei
anbelangt, so sind Sie meinethalber ganz außer Sorgen, denn von Morgen an ist Wien Französisch, und
ich stehe in kaiserlich Französischen Diensten."

„Wie? Beim Kaiser Bonaparte?" rief die Dame, „o mein lieber, charmanter Herr Miller, wollen
Sie nicht so gütig sein, hereinzuspazieren? O ich bitte,
geniren Sie Sich nicht, Sie kennen mich ja schon
von früher. — Schani! Spring' nicht, oder ich reiß'
Dir die Ohren aus!"

Während dieser Erklamationen hatte die Tröblerin ihren neuen Miethsmann am Arme gefaßt, und
in ihr Quartier gezogen. Hier angelangt, mußte er
sich auch niederlassen, und die Dame machte sich darüber her, ihrer aufgeregten Neugierde Befriedigung
zu verschaffen.

„Also, bester Herr Miller," begann sie die
Unterhandlung, „Sie wollen meinen ganzen obern
Stock?"

„Das heißt," verbesserte der junge Mann, „den
ganzen obern Stock Ihres Hauses."

„O, ich weiß schon," lächelte Frau Konrad ver-
führerisch, „meinen obern Stock behalte ich für mich,
und der untere ist, der Himmel verzeih mir meine

Sünde! bereits vergeben; ich meine nämlich mein Herz."

„Das Gleichniß ist nicht richtig!" rief der junge Mann, „das Herz ist nur die Verbindungs= treppe."

„Nun gut," entgegnete Servatia, den Scherz weiter fortsetzend, „so ist die Treppe bereits be= setzt."

„Wirklich? Und wer ist der Glückliche?"

Die Dame schlug die Augen nieder. „Als ob Sie es nicht wüßten, Sie Schelmchen, Sie!"

„Doch nicht —"

„O ja, derselbe ist's, ganz derselbe —"

„Also Herr Brenner."

Die Dame nickte verschämt.

„O der Glückliche!"

„Wenn die glühende Liebe einer Frau einen Mann glücklich machen kann, so ist er es auch; und er hat mir es gestanden, am Abende vor seinem Ausmarsch, ach, das waren selige Stunden, — der Himmel ver= zeih mir meine Sünden!"

Sie trocknete sich die Augen und den Mund und fuhr fort: „Doch nun zu unserem Geschäfte. Wün= schen Sie, daß ich Ihnen die Wohnung möbliren lasse?"

„Freilich, und das recht elegant. —"

„Eleganter, als bei den Damen der Fall war, das versteht sich von selbst."

„Bei welchen Damen?"

„Die während Ihrer Abwesenheit hier gewohnt haben —"

„Ei so! Nun, wohin sind diese Damen gekommen?"

„Die Aeltere, es waren zwei Schwestern, ist zu den Verwandten abgereist —"

„Und die Andere?"

„Ist weit von hier aufs Land gezogen."

„Wohin, wenn ich fragen darf?

„Das ist mir unbekannt; die Abreise geschah plötzlich und geheimnißvoll. Sie hat Unannehmlichkeit mit der Polizei gehabt, und das scheint auch der Grund ihrer Entfernung zu sein. Es thut mir leid um sie, sie war ein gutes Geschöpf —"

„Und haben Sie gar keine Spur —

„Keine Ahnung von einer Spur; sie hat es gerade so gemacht wie Sie; eines Abends kommt ein Wagen, drin sitzt eine Frauengestalt, Fräulein Julie setzt sich zu ihr, und fort sind Beide!"

„Wissen Sie Sich nicht des Datums zu entsinnen?"

„Ich glaube, es war der letzte März."

„Der letzte März?" rief der junge Mann er=

staunt, denn den eingezogenen Erkundigungen zu Folge, war dies ganz dieselbe Zeit, in welcher auch Rosa
die Schmalzhofgasse verlassen hatte.

„Welche Richtung nahm der Wagen?" fragte er
weiter.

„Er fuhr gegen die Stadt zu!"

Das war auch wirklich geschehen, um die Trödlerin irre zu führen.

„Sollten die beiden Mädchen zusammen die Stadt
verlassen haben?" dachte der junge Mann und schüttelte bedenklich den Kopf.

„Sie nehmen viel Antheil an den Damen," begann Servatia nach einer Weile.

„O ja, warum sollte ich es leugnen? Ich habe
Fräulein Julie persönlich gekannt."

„Ei so? Da ist die Bekanntschaft auch gewiß
die Ursache Ihrer Unannehmlichkeit mit der Polizei —"

„Es ist möglich."

„Ganz gewiß, denn es wurden ja früher Alle
verhört, die mit Ihnen in irgend einer Verbindung
standen."

„Wirklich?"

„Unsere Polizei hat es sehr scharf auf Sie abgesehen."

„Aber durch wen mögen Sie unsere Bekanntschaft nur erfahren haben?"

„Aber was haben Sie denn eigentlich ange=
stellt?"

„Ich? Gar Nichts, als daß ich Französisch ge=
sinnt bin."

„Das ist freilich viel, denn wir Wiener sind gut
kaiserlich. —"

„Das heißt, sie waren es, nun werden Sie
schon wieder Französisch sein. —"

„Bewahre! Wenn auch der Bonaparte hier ist,
deswegen bleiben wir doch die Alten. Es wird schon
wieder anders werden — im Kriege ist's so, wie bei
jeder andern Privatrauferei; ein Mal liegt der Eine
unten, das zweite Mal der Andere."

„Die Oesterreicher sind aber zeither immer unten
gelegen —"

„Das macht uns Nichts, wir stehen auf, beuteln
uns ab und fangen doch wieder an. Wir sind halt
Kerle auf'm Fleck, wir!

Der neue Miethsmann erhob sich.

„Sie wollen schon gehen?"

„Ich muß, liebe Madame; es bleibt also bei
unserer Verabredung. Uebermorgen werde ich die
Wohnung beziehen. Richten Sie mir dieselbe hübsch
her, und bedenken Sie, daß Sie durch mich von
jeder ferneren Einquartierung verschont bleiben."

„O, da bin ich Ihnen unendlich dankbar, denn

da ich mit Franzosen noch in keiner Verbindung gestanden habe, so weiß ich nicht, wie ich mit Ihnen
ausgekommen wäre, auch geht es bei mir mit dem
Französischen sehr schwach, ich kann wohl etwas Böh-
misch, was ich von Herrn Karl Paneck, von Kaiser-
grenadier, der Himmel verzeih' mir meine Sünden!
gelernt habe, aber so viel ich weiß, hat das Französische mit dem Böhmischen nur wenig Aehnlichkeit.
Also jetzt behüt' Sie Gott, trachten Sie, bald einzuziehen, dann will ich Ihnen von meinem Egidi erzählen. Wissen Sie, daß er ganz allein bei, — bei —
wie heißt denn das Nest nur geschwind — bei Ebelsberg, ja, da hat er ganz allein zehn Franzosen um's
Leben gebracht; mein Gott! Wenn das der Bonaparte wüßte, ich glaube, er ließe mich massakriren.
Sie müssen ihm Nichts davon sagen, Herr Miller,
denn das wäre ein großes Unglück. Hören Sie, jetzt
kanoniren sie schon wieder aus der Stadt heraus; die
Kracherei nimmt den ganzen Tag kein Ende; die in
der Stadt werden uns noch in eine schöne Sauce bringen! Jetzt gute Nacht, Herr Miller."

„Adieu, Frau Konrad. Lassen Sie Sich nichts
Unangenehmes träumen."

Er drückte ihr die Hand und schlüpfte aus
dem Hause, hinter ihm knarrten Schloß und Riegel.

Die Kanonade wurde heftiger, denn man hatte
aus der Stadt einen Ausfall versucht, der aber blu=
tig zurückgewiesen wurde; Servatia eilte zu Bett, zog
die Decke über den Kopf, um von dem Schießen
Nichts zu hören, und wollte schlafen, um von ihrem
Egidi zu träumen; aber es kam sobald nicht dazu,
denn der Majoratsherr saß, mit einer weißen Schlaf=
haube auf dem Kopfe, im Bett, und rief, so oft ein
Schuß erfolgte: „Mutter! Es kracht schon wieder!"
worauf die Tröblerin immer entgegnete: „Schani,
halt's Maul, oder ich werf' Dich aus dem Bett
hinaus!"

*

Der Morgen des eilften Mai brach heran.

Es war das Fest von Christi Himmelfahrt.

Die feindlichen Truppen rückten nun in die
Vorstädte diesseits der Donau, und besetzten Straßen
und Plätze.

Der neue Gouverneur Andreossi nahm seinen
Sitz im fürstlich Kauniz'schen Palais*) in Maria=
hilf, gegenüber dem Gasthof zum „goldenen Kreuz".

Die bewaffnete Bürgermiliz der besetzten Vor=

---

*) Jetzt Esterhazy.

städte wurde auf verschiedene Plätze zum Aufrechthalten der Ordnung vertheilt, und mußte den neugierigen Wienern den Ausgang auf das Glacis verwehren, um sie von Gefahr fern zu halten.

Das Feuern aus der Stadt währte den ganzen Tag hindurch.

Die Franzosen besetzten die kaiserlichen Stallungen, und begannen aus den zahlreichen Fenstern ein heftiges Kleingewehrfeuer, allein die Kanonen der Burgbastei vertrieben sie von dort, und beschädigten auch das Gebäude.

Nachmittags erschienen die Generale Bertrand und Navalet in der Breitengasse am Spittelberg. Da man auf der Anhöhe hinter den kaiserlichen Stallungen eine Wurfbatterie erbauen wollte, so wurde, um gedeckt dahin zu gelangen, das kleine niedrige Haus No. 12. in der Breitengasse durchbrochen, und bald standen achtundzwanzig Haubitzen, zum Theil gedeckt, gegen die Stadt gerichtet, da, und die Kanoniere harrten nur des Zeichens, um Verderben gegen die Stadt zu schleudern. In der Breitengasse, so wie in der Stiftgasse standen feindliche Truppen, um die Batterie gegen einen etwaigen Ausfall zu decken.

An demselben Nachmittage erschien in dem Vorgemache des Gouverneur's ein junger Mann.

Der Kammerdiener hatte ihn kaum erblickt, als

er ihm freundlich entgegen trat und die Worte sprach:
„Seine Excellenz warten schon!"

Der Angekommene trat in ein zweites Gemach.

Hier arbeiteten einige Schreiber und anderes
Kanzleipersonal; im dritten befand sich der Adjutant.

„Was wünschen Sie?" fragte dieser.

„Ich bin von Se. Excellenz hieher beschieden."

„Ihr Name?"

„Charles Delour!"

„Ah so!" rief der Offizier, erhob sich, öffnete
eine fernere Thüre und rapportirte: „Euer Excellenz,
Charles Delour!"

„Nur herein!" entgegnete der Gouverneur, und
der junge Mann trat vor dem Gouverneur.

„Kommen Sie näher, Herr Charles! Blieben
Sie seit meiner Entfernung immer in Wien?"

„Bis auf einige Tage, Excellenz! Die Polizei
machte gewaltig Jagd auf mich, und ich sah mich
gezwungen, mit Gefahr meines Lebens zu ent-
fliehen."

„Sie sind wahrscheinlich unvorsichtig gewesen?"

„Euer Excellenz wissen, wie hier oft die größte
Vorsicht Nichts fruchtet."

„Wo wohnen Sie jetzt?"

„Hier in der Nähe, es ist die Nummer —"

Er nannte sie, der Gouverneur notirte die Adresse in ein Taschenbuch und fuhr fort: „Obwohl nun jetzt für Sie jede Gefahr vorüber ist, so bewahren Sie doch Ihr bisheriges Inkognito, und behalten die Bürger im Auge. Sie kennen den exaltirten Patriotismus der Wiener; unter Tausenden kann es immer Einen geben, der mit gefährlichen Plänen schwanger ginge. Die Bürger müssen überwacht werden, und der Stadtpolizei dürfen wir doch kein unbedingtes Zutrauen schenken. Hier nehmen Sie diese Karte, sie legimitirt Sie als ein Glied unserer geheimen Polizei, und jede Französische Wache ist angewiesen, Ihnen auf Vorzeigen derselben Succurs zu stellen. Da Sie in der Stadt schon bekannt und auch der Deutschen Sprache vollkommen mächtig sind, so werden Sie um so weniger Aufmerksamkeit erregen."

Der junge Mann verneigte sich dienstfertig, und der General fuhr fort: „Sobald die innere Stadt genommen ist, so erkundigen Sie Sich um unsern Agenten beim Hofkriegsrathe, ich glaube, er heißt Winterstamm —"

„Zu dienen, Euer Excellenz! Konrad Winterstamm."

„Nun gut, ich habe ihm eine Summe Geldes zu übergeben, er möge zu mir kommen; um allen unangenehmen Fällen für die Zukunft vorzubeugen,

wird er Wien verlaſſen, es wird auswärts für ihn
geſorgt werden, jetzt iſt die ſchicklichſte Gelegenheit
hiezu. Apropos! Noch Etwas: Ich habe mich vor
meiner Abreiſe auf Ihr Verlangen für eine Tänzerin
verwendet, hat Ihnen das Mädchen in amtlicher Be=
ziehung in Etwas genützt?"

„Gar Nichts, Euer Excellenz! Es war eine tu=
gendhafte Närrin, die jede Verbindung ſcheute.

„Alſo wirklich. Steht ſie hier noch im Engage=
ment?"

„Nein; ihre Bekanntſchaft mit mir wurde verra=
then, und ſie bekam ihre Entlaſſung."

„Wo iſt ſie jetzt?"

„Das iſt vor der Hand noch unbekannt; ſie ſoll
ſich aufs Land begeben haben. Meiner Meinung
nach, dürfte ſie ſich in der Umgegend der Stadt be=
finden. Wer weiß, ob ſie ſich unter den jetzigen Ver=
hältniſſen nicht wieder entſchließen könnte, die Bühne
zu betreten."

„Sie war eine ſehr angenehme Erſcheinung‘—"

„Euer Excellenz! Wenn ich ſie auffinden ſollte,
darf ich ſie in Ihrem Namen der Direction em=
pfehlen?"

„Jedenfalls. Sie wiſſen, unſerere Offiziere lie=
ben das Ballet, und beſonders die hübſchen Tänze=
rinnen; wer weiß, ob die kleine Spröde ſich von ir=

genb einen Franzofen nicht erobern läßt? W
im Erobern ftark, nicht wahr? — Doch nun
hier eine Anweifung für Sie an unfern Zahl
Sie können monatlich eine gleiche Summe en
befondere Ausgaben quittiren Sie nebenbei.   In
tigen Fällen geftatte ich Ihnen zu jeder Stu
mir zu kommen, unb nun, abieu!"

Charles Delour verneigte fich unb verlie
Gouverneur.

Der Abend war indeffen herangebrochen.

Es war acht Uhr vorüber.

Die feindlichen Haubitzen ftanden fchußferti

Aengftlich harrte man bes Augenblickes, w
ihr verheerendes Feuer beginnen follten.

Aus ber Stabt kamen bie Schüffe in grö
Zwifchenräumen.

Endlich fchlug es neun Uhr.

Die erfte Haubitze bonnerte.

Dies war ber beftimmte Augenblick.

Das Bombarbement ber Hauptftabt nahm
nen Anfang.

Die Granaten zifchten burch bie Luft. — —

Von Schönbrunn fprengt um biefe Zeit ein R
terhäuflein burch bas Dorf Meibling, an ben Linie
wällen vorüber, gegen Simmering zu.

Der Donauarm ift balb erreicht, unb man h

am dießseitigen Ufer, gerade dem Prater = Lusthause
gegenüber.

Das Dunkel der Nacht hüllt die ganze Scene in
seinen Schleier.

„Massena," nahm der vorderste der Reiter das
Wort, „wie viele Piecen sind hier in Bereitschaft?"

„Fünfzehn, Sire!"

„Mit Kartätschen geladen?"

„Ja, Sire!"

„Das Bombardement beschäftigt die Belagerten,"
fuhr Napoleon fort, denn er war es, der mit Mas=
sena sprach, „wir wollen die Uebergabe ein wenig
schneller herbeiführen, und der Besatzung den Rück=
zug abschneiden. Ueber diesen Arm muß augenblicklich
eine Eilbrücke geschlagen werden. Um die Herstellung
dieser Brücke zu beschützen, wird das Lusthaus be=
setzt, und zwar so geräuschlos als möglich, um die
im Prater postirten Grenadiere nicht zu früh zu avi=
siren. Hier gegenüber am jenseitigen Ufer sind Käh=
ne — allons! einige Voltigeurs schwimmen hin und
bringen sie herüber."

Der Kaiser hatte diese Worte kaum gespro=
chen, so traten Mehre gleich hervor, an ihrer
Spitze die beiden Adjutanten Pourlates und Suhaldi.*)

*) Ersterer beim Marschall Berthier, letzterer beim General
Boudet.

„Bravo!" lächelte Napoleon, als er die Offi=
ziere erblickte, „nur zu, meine Braven!"

Wenige Augenblicke darauf, und es rauschte in
den Wellen, entfernte sich immer mehr, und hörte
endlich ganz auf.

In kaum einer Viertelstunde befanden sich die
Kähne am diesseitigen Ufer. Mit Blitzesschnelle wur=
den nun zwei Kompagnien Voltigeurs unter dem
Grafen Tallourt übergesetzt, das Lusthaus genommen
und crenaillirt.

Nun begann der Brückenschlag.

Das aufgestellte Oesterreichische Grenadierbatail=
lon kam endlich herbei, aber das lebhafte Feuer der
Voltigeurs aus dem Lusthause, so wie der Kartät=
schenhagel der fünfzehn feindlichen Geschütze vom jen=
seitigen Ufer nahm sie in Empfang, und ein hart=
näckiger Kampf entwickelte sich. Die Dunkelheit der
Nacht begünstigt das feindliche Unternehmen, die Eil=
brücke nähert sich ihrer Vollendung, der Kampf am
Lusthause währt fort.

Endlich erhält der Erzherzog Maximilian in der
Stadt die Nachricht von dem Uebergange bei Simme=
ring; er eilt mit zwei Bataillons nach dem Prater,
um die Grenadiere zu unterstützen. Der Kampf wird
heftiger, das Lusthaus wird aufs Aeußerste verthei=
digt, die Französische Artillerie schleudert ihre Kar=

tätſchen mit vernichtender Schnelle herüber, jetzt iſt die Brücke vollendet, und neue Kolonnen rücken auf den Kampfplaß.

Die Oeſterreicher zogen ſich eiligſt zurück. Es war die höchſte Zeit.

Der Erzherzog Marimilian übertrug dem General Oreilly ſchriftlich das Stadtkommando, und in einigen mit Bleiſtift geſchriebenenen Zeilen, die Vollmacht zu kapituliren; hierauf zog er ſich eiligſt mit dem größten Theil der Linientruppen und der Landwehr auf die linke Seite der Donau, und brannte hinter ſich die Brücke ab.

Es war ein Uhr in der Nacht.

Die Franzöſiſchen Truppen lagerten im Prater.

Napoleon kehrte nach Schönbrunn zurück.

Das Bombardement der Hauptſtadt hatte mit ſolcher Heftigkeit begonnen, daß im entſcheidenden Au= genblicke, obwohl man auf einen ſolchen Angriff ge= faßt ſein mußte, Furcht, Angſt und Verwirrung um ſich griffen, und das bange Gefühl in einen paniſchen Schrecken verwandelte. Nun erſt zeigte es ſich, wie jämmerlich die Anſtalten waren, die man hier getrof= fen hatte. Erſt an demſelben Nachmittage war in den Häuſern der Befehl ergangen, ſich mit Waſſer zu verſehen, als nun ein Haus nach dem andern in Flammen aufloderte, fehlte es an Waſſer, mangelte

es an Löschgeräthschaften und an menschlicher Hilfe;
denn Jeder war nur um das Seine besorgt, und als
der Bürgermeister vom Generale Bürgerinfanterie
zur Löschanstalt verlangte, konnte er nur mit großer
Mühe einige Freiwillige erhalten, welche die Gefahr,
von den zerspringenden Granaten getroffen zu werden,
nicht scheueten.

Das Beschießen der Stadt hatte kaum begonnen,
als auch die Meisten ihre Wohnungen verließen und
sich in die sichern Keller hinabmachten; das war ein
Rennen, Laufen und Steigen in jedem Hause; die
Straßen waren bald wie ausgefegt, man sah nur
Feuerpatrouillen von der Bürger = Kavallerie, hin und
hersprengende Ordonanzen, galoppirende Adjutanten und
Militair; hin und wieder steckte Ein oder der Andere
neugierig den Kopf aus dem Hausthore, aber es
verscheuchte ihn bald, und er stieg zu den Andern
in den Orkus hinab, das heißt, in den Keller.

In einem Hause in der Naglergasse, dessen zwei
Stockwerke von einer hübschen Anzahl Parteien be=
wohnt wurden, saß in einem Gemache der Edle von
Sonnenhell, dem Titel und dem Amte nach ein wirk=
licher Rath; seinen Aeußerungen zu Folge einer der
grimmigsten Franzosenfresser, der eben eine fulminante
Brochure gegen Napoleon vollendet hatte, welche, sei=

ner Meinung nach, dem blutigen Korsen in den Augen Europas den Todesstoß versetzen sollte.

Mit innigem Behagen faltete er sein Büchlein zusammen und sprach zu seiner Gemahlin: „Liebe Amalia, mein Werk ist vollendet. Sieh Dir dieses Heft nur gut an, es ist dem Anscheine nach sehr leicht, aber es wiegt einen Orden auf! Merke Dir wohl, was ich jetzt sage, wir haben heute den eilften Mai, Abends neun Uhr, und in zwei Monaten frage wieder an, und Du wirst in mir einen Ritter finden."

In diesem Augenblicke geschah der erste Schuß —

Der Herr Rath stutzte.

Ein zweiter Schuß.

„Was ist das?" fragte er; „geben sie auch jetzt noch keine Ruhe?"

Ein dritter Schuß.

Der Bediente stürzt mit angstbleichem Anlitze in das Gemach und stotterte: „Gnädiger Herr! Die Franzosen schießen in die Stadt."

Ein vierter Schuß.

Die Frau Gemahlin stöhnt auf und sinkt in Ohnmacht, der Herr Rath schiebt seine Brochure in die Tasche und ruft um Hilfe, dabei schreit er: „Was? — In die Stadt schießen? Hat man so Etwas je gehört? — Diese Räuber, Mörder, Bren=

ner, Senger! — So Etwas kann man nur von einem
Napoleon erwarten!"

Das Schießen währt fort.

Frau Amalia hat sich nach mehren Besprißun=
gen und Einreibungen erholt, so oft aber ein Schuß
fällt, fährt sie zusammen, verdreht die Augen, und
reißt den Mund auf.

Da aber die Kanonade kein Ende nimmt, und
man doch nicht so lange in Ohnmacht liegen konnte,
als es dem blutigen Korsen zu schießen gefiel, so
kam sie zu sich und lispelte: „Ich will mich be=
zwingen —"

„Ja, liebe Amalia," bat der Edle von Sonnen=
hell, „thu' das, bezwinge Dich, der größte Sieg ist
der, welchen man über sich selbst erringt, Du bist eine
große Seele!"

In diesem Augenblicke stürzte der Diener wieder
ins Zimmer und rief: „Gnädiger Herr! Das Kaiser=
steinische Haus in der untern Bräunerstraße brennt
schon."

„Die Elenden, die Mordbrenner!" rief der wirk=
liche Rath, „man ist seines Lebens nicht sicher, die
Nemesis wird sie erreichen!"

Ein fürchterliches Gekrache wurde gehört. Alle
stußten, die Köchin stürmte herein und stammelte:

„Euer Gnaden! Eine Kugel ist durch unser Dach gefahren."

Wie an einer Schnur riß es Alle zu Boden; sie kauerten sich furchtsam zusammen und sahen mit aufwärtsgekehrten Augen zur Decke empor, ob das zudringliche Geschoß nicht bald herabspaziert kommen würde.

Nach einer Weile erhob man sich, der Rath sah die Räthin an, der Bediente das Kammermädchen und die Köchin alle Andern.

Todtenstille.

Aber als ob es die verteufelten Französischen Granaten gewußt hätten, daß der Rath von Sonnenhell ihren Kaiser vernichten wollte, so nahmen sie Repressalien, denn in diesem Momente schlug abermals eine ins Dach.

Der Edle war todtenbleich, nach einer Weile erholte er sich in Etwas und sagte mit sterbender Stimme: „Amalia, wir müssen auswandern!"

„Wohin, mein Theurer?"

„In den Keller!"

Der Beschluß war unerschütterlich.

„Johann," wandte er sich zu seinem Diener, „nimm meine Jagdflinten, Stutzen und Pistolen, der Franz soll die Säbeln nehmen, die Frauenzimmer beladen sich mit Betten, damit wir die Nacht nicht auf der nackten Erde zuzubringen gezwungen sind."

Im Nu waren die Befehle vollzogen.

Die Karavane setzte sich in Bewegung. Voran schritt Franz mit zwei Gartenlichtern in den Händen, und mehre rerrostete Säbeln unter den Armen, dann kam die Kammerzofe mit einigen Stücken Bettzeug; hierauf folgte der Rath und die Räthin — man konnte nicht recht beurtheilen, ob er Sie, oder Sie Ihn unterstützte, denn Beide waren so aneinander gepreßt, daß sie als Mann und Weib in der That nur ein Leib schienen — hierauf folgte die Köchin, abermals mit Bettzeug versehen; den Beschluß machte Johann, der wie ein kleines Zeughaus vollkommen mit Gewehren und Pistolen bepackt war. *)

Als die Gesellschaft in den Keller trat, war dieser bereits besetzt, denn mehrere andere Parteien hatten hier bereits eine Niederlassung gegründet.

Gleich beim Eingange wurde die räthliche Familie von einer tiefen Baßstimme in Empfang genommen; sie gehörte dem Hausmeister, welcher ausrief: „Was ist denn das für ein Einzug?" Und ein Ande-

---

*) Um nicht in den Verdacht der Uebertreibung zu gerathen, verweise ich meine Leser auf „Geusau's historisches Tagebuch von 1809." Seite 126 u. s. w.

rer entgegnete: „Die kommen ja, als wenn's in Ma=
ria = Zell*) gewesen wären?"

Allgemeines Gelächter!

Der Vortrab der Karavane ließ sich aber nicht
irre machen, sondern hatte im Hintergrunde mit einem
Falkenblick einen leeren Raum erspäht und schritt dar=
auf los.

Die Niederlassung der neuen Kellerkolonie ging
nun vor sich.

Ein Theil des Bettzeuges wurde zu zwei La=
gern aufgeschichtet, auf das eine derselben ließ sich
die Frau Räthin sogleich nieder. Die beiden Lichter
kamen auf einen Mauervorsprung zu stehen, wodurch
nicht nur diese Ecke, sondern auch der nächste Theil
des Kellers Beleuchtung erhielt. Zu Füßen der Herr=
schaft kam eine dritte Ruhestätte, welche für die Kam=
merzofe und die Köchin bestimmt war.

Der Edle von Sonnenhell rief nun seine ganze
Dienerschaft zu sich, und machte folgende Disposi=
tion: „Die Hanni und Nanni werden hier beisam=
men liegen, denn von Schlafen wird ohnedem keine
Rede sein, und jede erhält zur Vertheidigung einen
Stutzen."

Die Kammerzofe kreischte erschrocken auf und

---

*) Ein berühmter Wallfahrtsort.

rief: „Euer Gnaden! Ich fürcht' mich vor dem Los=
brücken —"

„Gut, so nimm eine Pistole —"

„Euer Gnaden! Die kracht ja auch."

„Nun gut, Sie widerspenstige Person! So nimm
Sie einen Säbel."

Die Beiden waren abgefertiget, und bezogen ihre
Posten.

Nun kam die Reihe an Franz.

„Du setzest Dich vier Schritte vor der Köchin
nieder und nimmst den Doppelstutzen, zwei Pistolen
und einen Säbel, da hast Du also vier Schüsse und
viele Hiebe."

Der Franz begab sich auf seine Stelle.

„Johann," sprach der Herr Rath weiter, „Du
bleibst drei Schritte von mir, hier hast Du eine Jagd=
flinte, zwei Pistolen und zwei Säbel. So, jetzt ist
es gut! Diese beiden Degen werden neben mei=
nem Bette kreuzweis in die Erde gesteckt, und ein
Stutzen daran gelehnt. Neben meinen Kopf kommt
eine Pistole zu liegen."

Nach dieser Vertheilung blieben noch eine Pi=
stole, ein Stutzen und zwei Degen übrig, welche an
den Mann gebracht werden mußten. Napoleons Ver=
nichter kehrte sich zu seiner Gemahlin und sagte:

„Amalia, willst Du vielleicht auch ein Gewehr haben?"

„Nein, nein, ich bitte Dich, laß mich in Ruh!"

Hierauf wandte der Held des Kellers seine Blicke auf die Umgebung, spähend, wem er die Waffen anvertrauen sollte.

Wir wollen die Gesellschaft indessen ein Wenig durchmustern, und dann unsere Kellerscene weiter fortsetzen.

Gleich an der Thüre lag der Hausmeister mit seiner Ehehälfte, welche ein halbjähriges Kind an der Seite hatte. Ihm gegenüber war von „ebener Erde" eine Schusterfamilie, bestehend aus dem Meister, der Meisterin, drei halberwachsenen Mädchen und einem Lehrling. Ein ächter Wiener Lehrjunge, das heißt, ein durchtriebener Schalk, so weit er warm war.

Neben diesen saßen zwei Fräuleins aus dem zweiten Stocke, die allgemein für Handarbeiterinnen galten.

Ihnen gegenüber befand sich eine alte Frau, die ebenfalls im zweiten Stocke logirte, und einen Studenten zum Zimmerherrn hatte. Endlich kam auch von ebener Erde ein ehemaliger Soldat, dessen Erwerb in Kleider- und Stiefelputzen bestand. Es wa-

ren also im Ganzen zwanzig lebende Seelen im
Keller.

Während der Rath seinen Einzug gehalten hatte,
und seine Dispositionen traf, herrschte außer den eben
angeführten Bemerkungen tiefe Stille; hie und da
vernahm man ein leises Kichern oder Lispeln – dies
war aber auch Alles; man horchte, was weiter kom=
men würde.

Der Edle von Sonnenhell nahm, dem Grund=
satze seiner Obern getreu, von diesem Plebs keine wei=
tere Notiz, und führte seinen Vertheidigungsplan auf
die erwähnte Weise durch.

Nun galt es noch die übrigen Waffen zu ver=
theilen. Sein spähender Blick blieb zuerst auf dem
Hausmeister haften.

„Hausmeister!" ertönte seine Stimme.

„Befehlen, Euer Gnaden!"

„Komm' Er her. Er ist gleich bei der Thüre,
da nimm Er den Doppelstutzen und meinen Degen."

Der Hausmeister, eingedenk der Sperrgro=
schen=, Neujahrs= und anderweitiger Geschenke, mogte
sich nicht weigern, und nahm die Waffen in Em=
pfang.

Nun blieb noch eine Pistole und ein Degen
übrig.

Der Rath begann wieder: „Herr Schustermei=

ster, Sie haben Weib und Kind zu vertheidigen, ergreifen Sie das Schwert."

Der Meister, um die Kundschaft nicht zu verlieren, nahm den Degen.

Nun war noch die Pistole übrig.

Diese war dem Studenten zugedacht.

„Sie, junger Herr," rief der Rath, „Ihnen
vertraue ich die Pistole an!"

„Unterstehen Sie Sich," kreischte jetzt die alte
Zimmerfrau dem jungen Miethmann zu, „sobald Sie
das Gewehr hieher bringen, so erhalten Sie morgen
die Aufkündigung."

Der Student, dem vielleicht aus mehr als Einem Grunde daran gelegen war, mit seiner Zimmerfrau in gutem Einvernehmen zu bleiben, machte
keine Miene, die Pistole in Empfang zu nehmen.

Der Edle von Sonnenhell mußte sich daher um
einen andern Rekruten umsehen. Seine Wahl fiel
auf den Stiefelputzer.

Er rief: „He, Leopold! Nehmt Ihr die Pistole!"

„Ich kann nicht, Euer Gnaden!"

„Warum nicht?"

„Ich bin ein Linkhandler*) und die Pistole ist
rechts geladen."

---

*) Einer, der Alles mit der linken Hand macht.

Allgemeines Gelächter.

Der Herr Rath wurden böse und rief: „Ihr wollt also nicht?"

„Nein, Euer Gnaden!"

„Nicht?"

„Nein!"

„Nun gut, meine Thüre ist Euch von nun an verschlossen!"

„Ich bitt' Sie, hören Sie mir auf, Ihre Thür' ist ja ohnedem das ganze Jahr gesperrt, besonders am Freitag, wenn die Stadtarmen kommen."

Das Gelächter wiederholte sich.

Der Rath in seinem Grimme fuhr fort: „Es will also Niemand die Pistole?"

Jetzt sprang der Schusterjunge auf und schrie: „Ich will sie!"

In diesem Augenblicke erhielt er aber von der Meisterin einen Rippenstoß, machte einen Purzelbaum und rief: „Ich — ich will sie auch nicht!"

Der Rath nahm die allerseits Verschmähte, legte sie an seine Seite und murmelte verächtlich: „Das Volk! So geht es immer, wenn man mit dem Volke Gemeinschaft macht."

Die Vertheidigungsanstalten des Kellers waren hiermit beendiget.

Die Kanonade außen währt fort, eine leise Er=
schütterung des Unterbaues bezeichnet einen jeden
Schuß.

„Mein Gott!" seufzte eine der Handarbeite=
rinnen, „nimmt denn das Schießen gar kein Ende?"

„Ja, die Franzosen," sagte der Stiefelputzer,
„das sind Teufelskerle, wenn die einmal anfangen, so
hören sie sobald nicht auf."

Die andere Handarbeiterin nahm das Wort:
„Aber wissen Sie auch, Herr Leopold, daß ich es sehr
kurios finde, Sie, als einen alten Soldaten, auch
hier im Keller zu finden?"

„Mein Fräulein! Sie irren sich, wenn Sie
glauben, daß dies etwa aus Feigheit geschah; ich
kam blos der angenehmen Gesellschaft zu Liebe
herab."

„Sehr schmeichelhaft für uns! Ich war der
Meinung, Sie thäten es wegen Conservirung Ihrer
Gesundheit."

Mehre lachten.

Wir müssen noch erwähnen, daß die Meisten
der Gesellschaft auf Strohbündeln herumsaßen oder
lagen, und daß außer den beiden Lichtern, noch
eine Oellampe den Keller erleuchtete, jedoch so matt,
daß über die ganze Scene ein gewisses Zwielicht ver=

breitet war, welches dem traulichen Halbdunkel einer
etwas wolfigen Mondnacht ähnelte.

Der Hausmeister erhob sich von Zeit zu Zeit,
und ging in den Hof hinauf, um zu sehen, ob das
Haus noch nicht brenne, und so oft er wiederkam,
war des Fragens kein Ende, denn Jeder wollte wissen, wie es draußen aussehe, ob keine Kugeln im
Hofe lägen? Ob er keine habe in der Luft fliegen sehen? u. s. w.

Die Räthin seufzte von Zeit zu Zeit auf, der
Rath hatte seine Ordens-Brochüre in der Hand und
las in derselben. Die Räthin wechselte eben die Seite,
da fragte der zärtliche Gemahl: „Schläfst Du, meine
arme Amalia?"

„Ach, wer kann denn in einer solchen Nacht
schlafen!"

„O Napoleon, Napoleon!" rief der durch den
Schmerz der Gattin tief bekümmerte Edle, „die heutige Nacht wird schwer auf Deinem Gewissen lasten!
Theure Amalia! Soll ich Dir aus meiner Brochüre
einige Blätter vorlesen?"

„Thu' dies, mein theurer Freund! Vielleicht gelingt es mir, dabei ein Wenig einzuschlafen."

Der Rath begann und die Uebrigen horchten
auf: „Es ist mehr, als ein Zehntel Jahrhundert, als
„es dem Himmel gefiel, das arme Europa auf eine

„ſchwere Weiſe heimzuſuchen, und er wurde verlegen,
„wie er dies auf eine kräftige Art bewerkſtelligen ſollte;
„Einer der Engel rieth ihm, den Satan in menſchli=
„cher Geſtalt auf die Erde zu ſenden, aber nein, ge=
„wöhnliche Teufel gab es genug hienieden, es lebte
„ein Robespierre, ein Danton, ein Barras, das hätte
„alſo keinen beſondern Eindruck hervorgebracht, darum
„ſprach der Herr: Ich will mehr thun, den ich ſende,
„der ſoll mehr als Satan ſein! — Und Gott erſchuf
„— den Napoleon! — Als das Kind das Licht der
„Welt erblickte, war der Himmel verfinſtert, ſchwarze
„Wolken weheten wie Flöre in der Luft, der Sturm
„brauſte, die Ströme rauſchten, die Erde jammerte,
„der zweite Atila, die zukünftige Geißel Gottes konnte
„ſeine kommende Bahn nicht verleugnen, ſeine erſte
„That war ein Biß in die nährende Bruſt ſeiner
„Mutter.“

Der Vorleſer hielt inne.

„Nun, liebe Amalia! Was ſagſt Du zu dieſem
Eingange? Nicht wahr, er iſt pathetiſch? Es iſt die
neue, ſo beliebte Manier, die Geſchichte romantiſch
darzuſtellen, mit einem gewiſſen Schwung, mit Bil=
dern und Tropen, mit Citaten und Hinweiſen auf
ältere Zeiten, mit einem Worte, es iſt dieſelbe Art,
wie unſer Hormayr Geſchichten ſchreibt. Es hat dieſe
Methode unendliche Vortheile; man blendet den Leſer

durch schöne Worte, man schlüpft mit Hilfe einer Phrase über die Wahrheit hinweg, legt über die Lüge den Blumenteppich der Rede, macht mittelst einer Metapher aus der Mücke einen Elephanten, zeigt sein immenses Wissen, prunkt mit Geistesgröße und Patriotismus, und steht endlich hoch genug da, um selbst das Erhabenste in den Staub zu ziehen. Da hast Du das ganze Geheimniß! Daß ich es dem klugen Kopfe abgelauscht, möge Dir als Beweis für meine Befähigung zum Geschichtschreiber gelten. Klugheit und Gelenkigkeit — das sind die beiden Haupterfordernisse; man steht mit einen Januskopfe da, läßt den Mantel in der Luft flattern, sieht nach rechts und links, und dreht sich nach dem Winde. Doch höre weiter: „Und so wie diese erste That vollbracht war, „in demselben Sinne setzte der gewordene Mensch sei„nen Lebenslauf fort, und das Glück, wie zum Hohn „der Welt, nahm den zweifüßigen Tiger auf seine „Schwingen und trug ihn hinan, und ergänzte dort, „wo sein Verstand eine Lücke gelassen, und hub ihn „von Stufe zu Stufe; und er ermangelte nicht, sich „vom Blute der Menschen groß zu säugen, schritt „über Leichen dahin in fremde Länder, in ferne Welt„theile, und errichtete auf Tausenden der gefallenen „Brüder den blutigen Thron. Er, der Niedriggebor„ne, ergriff mit entweihten Erobererhänden eine

„Krone, und pflanzte sie auf sein Medusenhaupt. O „Jammer! O Schmach! Nicht eine Krone, sondern „der Fluch der Nachwelt wird auf seinem Haupte „lasten!"

„Nicht wahr, liebe Amalie, das ist eine Kraft des Ausdruckes, wie man sie nur bei Hormayr finden kann? Der junge Baron in Tirol wird staunen, in mir einen so gefährlichen Rivalen gefunden zu haben; mit heimlichem Neide wird er mir die Hand reichen und sagen müssen: „Früher war ich allein, jetzt sind wir unser Zwei, wir werden den Korsen stürzen!"

Der edle Rath wollte weiter lesen, da stürzt der Hausmeister in den Keller und rief: „Mein Gott! Was wird daraus werden — auf den Graben brennt der Trattnerhof und noch zwei andere Häuser."

Alle fuhren empor.

Einige riefen: „Was? Das Feuer ist so nahe?"

Der Herr von Sonnenhell aber entgegnete: „Die Häuser sind gemauert, der Schaden kann nicht so bedeutend sein, — hört mich an, ich werde weiter lesen."

Der ehemalige Soldat aber rief: „Hören Sie doch mit Ihrer Schreiberei auf, was nützt denn das immerwährende Schimpfen auf den Bonaparte, das schadet ihm ja Nichts; während er uns die Häuser

über den Köpfen anzündet, lesen Sie hier im Keller
ein Pasquill über ihn; das kommt mir gerade so
vor, wie wenn ein Spitzl*) hinter einem Zaun einem
Vorübergehenden nachbellt."

„Herr Leopold, Sie haben Recht!" rief die alte
Frau neben dem Studenten, „es wäre besser, es ginge
Jemand auf die Straße, um zu sehen, wie denn die
Sachen stehen; am Ende brennt es in der ganzen
Nachbarschaft, und wir wissen Nichts davon."

„Ja, ja, die Frau hat Recht!" riefen mehre
Stimmen.

„Wer soll aber hinausgehen?" fragte die eine
Putzmacherin, und die andere entgegnete: „Jedenfalls
ein Mann!"

„Gut," sagte der Stiefelputzer, „ich geh' rekog-
nosciren!"

„Wollt Ihr nicht die Pistole mitnehmen?" rief
der Edle.

„Zu was denn? Wen soll ich denn todt schießen? Ich brauch' keine Waffe. Will Jemand mit
mir gehen?"

„Ich!" rief der Student.

„Wie!" bat die Alte leise, „Sie wollen Ihr

---

*) Eine kleine Hundegattung.

theures Leben aufs Spiel ſetzen?" Dann ſagte ſie
laut: „Nein, Sie gehen nicht. Ihre Verwandten
haben Sie mir übergeben, ich bin für Ihr Leben
verantwortlich!"

Die Handarbeiterinnen kicherten, der ehmalige
Soldat brummte Etwas in den Bart, und der Lehr=
ling rief: „Gut, ſo geh' ich mit!"

Die Meiſterin wollte ihr früheres Manöver wie=
derholen, aber der Schelm war mit einem Sprunge
außerhalb ihrer Stoßweite, und mit einem zweiten
aus dem Keller. Der Stiefelputzer folgte ihm.
Der Hausmeiſter ging, um ihnen das Thor zu öffnen.

Die Frau Räthin, welche trotz der Lektüre ihres
Gatten nicht einſchlafen konnte, erhob ſich jetzt in
ſitzender Stellung auf ihrem Lager und ſprach zur
Köchin: „Nanette, ich mögte Etwas eſſen."

Ein paniſcher Schrecken ergriff die Angeredete,
ſie erhob ſich mit ihrem Stutzen vom Lager und ſtot=
terte: . „Gnädige Frau! Sie wiſſen ja, daß wir zu
Abend Nichts bereitet haben."

„Das weiß ich, aber ich habe Appetit."

Die Köchin kratzte ſich hinter die Ohren; der
Rath merkte ihre Verlegenheit und machte den Zwi=
ſchenmann: „Liebe Amalia," ſprach er, „Du wirſt doch
ſo billig ſein und nicht verlangen, daß die Nanette —"

„Ich verlange gar Nichts, als zu eſſen; ſei es

was es will, an einem solchen Abende kann man
nicht dificil sein."

Der Köchin fiel ein schwerer Stein vom Herzen;
sie durchflog nun im Gedanken die Vorrathskammer
und rief freudig aus: „Euer Gnaden! Befehlen Sie
Schinken?"

Wie gesagt, die Dame war nicht difficil, nickte
bejahend mit dem Kopfe und sprach: „Du kannst auch
etwas Butter mitbringen."

„Und Emmenthaler!"*) ergänzte der Rath.

„Und Brod!" setzte die Dame hinzu.

Nanette sollte sich auf den Weg machen, aber
sie zauderte noch immer.

„Nun, warum gehst Du nicht?"

„Gnädige Frau —"

„Was gibt' es?"

„Ich — ich fürchte mich allein!"

„So soll Dich Franz begleiten!" rief der Rath.

Die Dame lispelte dem Gatten rasch zu: „Nein,
ich duld' es nicht, daß Nanette und Franz allein hin=
aufgehen, es schickt sich nicht."

Dann setzte sie laut hinzu: „Hannchen, begleite
Du die Nanette!"

Die Kammerzofe, mit den Degen in der Hand,

---

*) Eine Gattung Schweizerkäse.

erhob sich, ergriff ein Licht, ging mit ihrer Gefährtin einige Schritte gegen den Ausgang, dann kamen Beide rasch zurück.

„Euer Gnaden!"

„Was gibt es schon wieder?"

„Wir fürchten uns!"

„Freilich," meinte der Rath, „Frauenzimmern, wenn auch ihrer zwei sind, kann man doch einen solchen Gang nicht zumuthen. Franz, geh Du allein hinauf —"

„Was fällt Dir bei?" lispelte die Räthin, „Du kennst seine Genäschigkeit, er ißt oben mehr auf, als er für uns herabbringt."

„Gut," sagte der Edle eben so leise, „so soll er mit den beiden Mädchen gehen."

„Das nützt wieder Nichts, „denn Nanette ist mit ihm einverstanden, und die beiden Mädchen halten zusammen wie Stahl und Eisen."

Das edle Paar befand sich ungefähr in derselben Lage, wie jener Mann, der einen Wolf, ein Schaf und einen Kohlkopf in einen Nachen überführen sollte, und die Bedingung hatte, immer nur ein Stück mit sich zu nehmen, und die Wahl so zu treffen, daß nie zwei feindliche Partheien allein zurückblieben, weil der Stärkere indessen den Schwächeren aufgezehrt hätte. Der Schlaukopf in der Fabel wußte sich zu helfen, auch die Frau Räthin glaubte ein Mittel gefunden zu haben, sie sprach laut: „Johann und Franz, Ihr Beide begleitet die Mädchen!"

„Du willst uns ohne Schutz zurücklassen?" rief jetzt der bekümmerte Gatte.

Die Dame aber, welche die Sache ganz klug herausgefunden zu haben glaubte, indem der Johann mit dem Franz nicht auf Friedensfuße stand, wodurch allem Andern vorgebeugt war, entgegnete ganz kurz: „Es bleibt, wie ich befohlen!"

Die beiden Paare machten sich auf den Weg; als sie auf der Treppe anlangten, nahm Johann Hannchen und Franz die Nanette am Arme, und der Erstere sagte: „Dem Himmel sei es gedankt! So sicher, nicht überrascht zu werden, waren wir noch nie!"

„Wir dürfen aber nicht zu lange ausbleiben!" meinte die vorsichtige Kammerzofe.

„Das werde ich schon machen!" sagte Hannchen.

Nach einer Weile kam sie allein fast athemlos in den Keller zurück und stammelte: „Euer Gnaden, die Angst tödtet mich —".

„Was gibt es?"

„Um Himmels willen! Brennt es im Hause?"

„O nein, aber ich finde den Schlüssel zur Kam=
mer nicht.“

Man begann gemeinschaftlich zu suchen; endlich
rief Hannchen:

„Da ist er, ich hab ihn schon!“

Sie zog den Schlüssel aus der Rocktasche
des Herrn Rathes heraus, und eilte von dannen.

Während nun das Ehepaar darüber delibirirte,
wie der Schlüssel dahin gekommen sein mogte, kam
nach einer Weile Franz gerannt und stammelte:
„Gnädige Frau! Der Emmenthaler liegt im Speise=
zimmer, wollen Sie mir gnädigst den Schlüssel ge=
ben, und dann läßt die Köchin fragen, ob sie von
weißem oder schwarzem Brod bringen solle?“

„Ist das eine Konfusion!“ brummte der Rath.

Die Dame gab den Schlüssel und sagte unwil=
lig: „Vom weißen!“

Der Diener war schon beim Eingange, da rief
der Rath: „He, Franz!“

Eilig, wie noch nie, stürzte er herbei.

„Bring' mir mein Rauchzeug mit.“

„Warum nicht gar?“ rief Amalia, empört über
den neuen Aufenthalt, denn eine Ahnung der Schelme=
rei durchzog ihren Kopf, „mach', daß Du fortkommst,
oder ich hole Euch alle Viere.“

Franz stürzte hinaus.

Nach einer Weile kamen beide Paare.

Johann trug das Licht, Hannchen den Schinken, Franz das Brod und Nanette den Emmenthaler.

„Allmächtige Vorsehung!" rief der Rath, „wo habt Ihr Eure Waffen?"

„Die sind oben geblieben," stammelte Johann, und Hannchen setzte schnippisch hinzu. „Befehlen Euer Gnaden, daß wir sie holen?"

„Ach nein," stotterte Nanette, „ich bin ganz athemlos, die Furcht und die Eile haben mich so echauffirt —"

Die Mamsells aus dem zweiten Stock kicherten, die alte Frau und der Student wisperten mit einander, die Räthin sprühte Feuer und Flammen, der Rath verging über seine nunmehrige schutzlose Lage in Angst; in diesem Augenblicke kam der Stiefelputzer zurück.

„Da bin ich," rief der ehmalige Soldat, „ist das ein Elend in der Stadt! Die Franzosen bombardiren fort, als ob sie dafür bezahlt würden. In der Wallnerstraße, in der Weihburggasse, im Schlossergäßchen brennt es auch schon, es sind zu wenig Feuerspritzen da, man fürchtet das Zerspringen der Granaten, deswegen ist auch die Hilfe so sparsam."

„Die Kugeln fliegen „mir Nichts, Dir Nichts" durch die Fenster, und zertrümmern, was ihnen unterkommt. Es sind auch schon mehre Menschen getödtet worden."

Diese Nachricht hatte die Aufmerksamkeit der Anwesenden wieder nach Außen gekehrt.

„Wo haben Sie denn meinen Lehrjungen gelassen?" rief jetzt der Meister.

„Ja, der Spitzbube!" entgegnete der Gefragte, „wir waren kaum auf dem Kohlmarkt, so riß er mir aus, und ich habe ihn nicht wieder zu Gesicht bekommen!"

Die Meisterin rang die Hände; eines ihrer Kinder begann zu weinen; die Hausmeisterin hutschte ihren Säugling auf den Armen, um ihn wieder einzuschläfern; die räthliche Familie ließ sich das Abendmahl schmecken; plötzlich begann es im Keller zu dunkeln, die Kerzen in den Windleuchtern waren so tief herabgebrannt, daß sie jeden Augenblick zu erlöschen drohten.

„Sollen wir Kerzen holen?" fragte Nanette.

„Nein," entgegnete die Räthin, „es brennt ja die Lampe."

Noch einige Augenblicke, die Lichter erloschen und man war auf das spärliche Licht der Lampe beschränkt.

„Herr Leopold," begann jetzt der Meister, „ich verlange von Ihnen meinen Lehrjungen zurück."

„Was geht mich Ihr Lehrjunge an? Hätten Sie ihn nicht mitgehen lassen."

„So?" rief die Frau des Schusters, „ist das die Rede eines Mannes? Warum sind Sie nicht allein gegangen? Weil Sie Sich gefürchtet haben, he?!"

„Ich mich gefürchtet?" rief erzürnt der ehmalige Soldat, „sagen Sie mir das nicht noch ein Mal, oder —"

„Nun, was oder? Was wollen Sie mit mir thun, was wollen Sie mit mir beginnen?"

„Ich mit Ihnen? Gar Nichts! Sie sind mir viel zu häßlich!"

Das zündete wie eine Französische Granate. „Ich häßlich?" keifte die Meisterin; „und das läßt Du mir in Deiner Gegenwart sagen," wendete sie sich zu ihren Gatten; „Mann, ich fordere Genugthuung!"

„Wie können Sie mein Weib häßlich nennen?"

„Gefällt Sie Ihnen? Mir ist's recht, die Gusto sind verschieden!"

„Meine Frau geht Sie gar Nichts an."

„Das ist ein Glück für die Madame, sonst hätte sie jetzt schon Ursache, sich den Rücken zu kratzen! —"

„Was?" rief der Meister, Sie unterfangen sich, meine Frau mißhandeln zu wollen?"

„O ja, warum nicht? Wenn es Noth thäte —"

Der Handwerker stand mit einem Satze vor seinem Gegner und rief: „Sie Elender —"

„Mir das?"

Im Nu lagen sie sich in den Haaren, die Frauenzimmer kreischten auf, die beiden Kämpfer rangen mit einander, stießen an die Lampe — diese erlosch.

Im Keller wird's grabesfinster.

„Licht, Licht!" rief es von mehren Seiten.

Von außen herein drang die Stimme des heranstürzenden Lehrbuben: „Es brennt — es brennt!"

Ein Schrei ertönte, und Alle waren auf den Beinen, um aus dem Keller zu stürzen.

„Franz, Johann!" rief der Rath —"

„Hannchen! Nanette!" kreischte die Räthin.

„Mein Zimmerherr!" jammerte die Alte.

Die beiden Mamsells tobten, — die Kinder schrien, der Hausmeister fluchte — es war ein Höllenlärm.

„Bist Du es, Hannchen?", flüsterte Johann.

„Ja, ich bin es!"

„Bist Du es, Franz?"

„Ja, liebe Nanette!"

„Nun schnell hinaus —“

Die Räthin schrie ohne Unterlaß.

Alles drängte, drückte.

Man gerieth aneinander, schrie auf und prallte zurück.

„Mann! Wo bist Du — nimm die Kinder!“

„Licht! Licht!“

„Amalia, meine theure Amalia! Wo steckst Du?“

Endlich flog die Thüre auf, der Lehrjunge mit einer brennenden Kerze stand am Eingange.

Welch' ein Anblick!

Die beiden Ringer lagen in der Mitte des Kellers auf dem Boden.

Die alte Frau hielt den Hausmeister umschlungen.

Die Räthin lag in den Armen des Studenten.

Der Rath steckte zwischen den beiden Mamsells.

Die beiden Paare der Dienerschaft hatten sich glücklich aus dem Staube gemacht.

Wie ein Blitz fuhren nun Alle zurück.

„Wo brennt es?“

„In der Stadt!“ entgegnete der Lehrjunge phlegmatisch.

Es war eine Scene, würdig von einem Hogarth gezeichnet zu werden.

Die Glocken verkündeten die zweite Stunde.

Das Bombardement hat bald darauf ein Ende.

Weiße Fahnen flattern von den Wällen.

*　　*　　*

Am zwölften Mai um 8 Uhr Morgens verließ eine Deputation die Stadt, um sich in das Hauptquartier des Siegers zu begeben. Diese bestand aus dem Feldmarschall-Amtsverweser Grafen von Ditrichstein, dem Erzbischofe von Wien, den Prälaten von Kloster-Neuburg und den Schotten, dem Grafen von Veterani und den Freiherren von Hahn und von Maienburg, dem Bürgermeister von Wohlleben, dem Vicebürgermeister Macher und drei Räthen. An diese schlossen sich an der Stadthauptmann Freiherr von Laderer und der Freiherr von Managetta.

Die Deputation begab sich zuerst zum General-Gouverneur Andreossi nach Mariahilf, dann zum Marschall Berthier und endlich nach Schönbrunn.

Napoleon empfing die Abgeordneten mit Ernst.

Er hörte ihre Bitte um Schonung der Stadt, aller öffentlichen Anstalten und des Privateigenthums ruhig an und entgegnete: „Das Unglück, welches die Stadt getroffen, hat mich eben so betrübt, wie vielleicht Sie selbst; aber Ihr Widerstand hat mich dazu gezwungen; man hätte das Zwecklose davon früher einsehen sollen. Sie haben auf Ihre eigenen Unterthanen geschossen, nach Mittheilung des General-Gouverneurs wurde zu Mariahilf sogar ein Mann im Bette an der Seite seines Weibes getödtet; ob das auf die Bevölkerung günstig wirkt, überlasse ich Ihrem Urtheil. Sie haben sich von der Vertheidigung der Stadt wahrscheinlich zu illusorische Vorstellungen gemacht. Nun gut, Sie sind davon geheilt. Ihre Bitte ist Ihnen gewährt; daß mir die Erhaltung Wiens aufrichtig am Herzen gelegen, das werde ich jetzt beweisen, ich werde es trotz des Vorgefallenen mit derselben Schonung und Rücksicht behandeln, wie es im Jahre 1805 der Fall war!"

Er winkte, und die Deputation war entlassen.

Während dessen erhob sich in der Stadt der Pöbel, namentlich aber der anwesende Landsturm, stürzte auf die Basteien und fing dort zu stehlen und zu rauben an. Den Kanonen wurden die Räder abgeschlagen, und das Eisen und Holzwerk nach Hause geschleppt. Die Wallsackbatterien wurden geplündert, und als Eigenthum von Privaten, die selbige nur hergeliehen hatten, auf Schubkarren fortgeführt. Auch die Kanonen wären den Räubern nicht entgangen, hätte es ihnen nicht an Einigkeit und Kraft gefehlt, sie fort zu bringen.

Andere Haufen stürzten auf das Arsenal und den Schottenhof, raubten, was ihnen unter die Hände kam, und theilten Holz, Mehl, Früchte u. s. w. unter sich. Auch das im Stadtgraben aufbewahrt gewesene Wagner- und Binderholz entging ihrer Gier nicht. Erst gegen zehn Uhr gelang es den Bürgerwachen, diesem Treiben ein Ende zu machen.

Am Mittag kehrten die Abgeordneten zurück, — am Abend wurde die Kapitulation unterzeich- net.

Am folgenden Tage zogen die Grenadiere vom Oudinot'schen Corps in Wien ein. Die Oesterreichi- sche Militairbesatzung rückte auf's Glacis, zwischen dem Burg- und Kärnthnerthore, streckte das Gewehr und gab sich kriegsgefangen.

Napoleon erließ an demselben Tage folgende Proklamation:*)

„Soldaten!

„Einen Monat später, seitdem der Feind den „Inn überschritten hat, am nämlichen Tage, in der-

---

*) Wir haben in dieser Proklamation einige schonungslose Aeußerungen über Oesterreich ausgelassen

V.

Die Französische Garde unter dem Marschall Bessieres war im Mittelpunkt der Armee in der Gegend von Schönbrunn einquartirt.

August hatte in sein Haus einen jungen Sergeanten bekommen, mit dem er vollkommen zufrieden sein konnte. George Voisin war ein würdiger Soldat der großen Armee. Muthig im Felde, friedlich im Quartiere, ohne Ansprüche, bescheiden und gutmüthig. Er sprach nur wenig Deutsch, Julie mußte daher oft zwischen ihm und August die Stelle eines Dolmetschers vertreten, wozu sie sich willig hergab, da der junge Mann sie sowohl als Rosa mit echt Französischer Galanterie behandelte.

Die Furcht der beiden Mädchen war seit dem Einrücken der Feinde verschwunden; sie hatten sich

die Sache viel gefährlicher vorgestellt, als sie wirklich
war. Die Generäle hielten auf strenge Mannszucht
und Ordnung, was auch besonders in der Nähe des
Hauptquartiers mit pünktlicher Akuratesse befolgt wur=
de. Abgesehen davon, bot auch noch die Anwesenheit
so vielen Militairs manche Zerstreuung, man sah und
hörte Neues, es war ein geräuschvolles Leben, ein
echt soldatisches Treiben.

An einem Nachmittage kam August aus der
Stadt zurück, er eilte sogleich zu den Mädchen, um
ihnen, was er immer zu thun pflegte, das Erfahrene
mitzutheilen.

Rosa empfing ihn freundlich, Julie, ihrem gefaß=
ten Vorsatz zu Folge, mit Zurückhaltung.

Der junge Gärtner erzählte von der zahlreichen
Einquartierung in der Stadt, von der Verwirrung,
die dort herrsche, welche jedoch durch Anstrengung der
Behörden bald beseitigt werden dürfte. „Das Beste
ist," fuhr er in seinem Berichte fort, „daß nun schon
wieder die Kaufleute ihre Gewölbe und Läden geöff=
net haben, und der öffentliche Verkehr in das alte
Gleis zurück zu kehren beginnt. Auch in den Thea=
tern wird wieder gespielt, und die Gast= und Kaf=
feehäuser wimmeln von Militair. Einen komischen
Auftritt habe ich in der Stadt erzählen gehört, den
ich Ihnen mittheilen muß. Als die Franzosen Neu=

lerchenfeld besetzten, war ihr Einmarsch etwas stürmischer Art, so daß Viele, von Furcht ergriffen, glaubten, das Schlimmste erwarten zu müssen. Ein Apothekergehülfe wurde von solcher Angst erfaßt, daß er spornstreichs das Haus verließ und ins Freie floh. Vor dem Orte angelangt, wußte er in der Hast nicht, wohin sich zu wenden, da fiel sein Blick auf den Friedhof. Im Nu war sein Entschluß gefaßt, er eilte dahin und stürzt in verzweifelnder Angst in ein offenes Grab, welches erst am nächsten Morgen für immer geschlossen werden sollte."

„Hier glaubte er sich sicher. Er erholt sich, kommt zu Athem und zu Besinnung, und macht sich bereit, die hereingebrochene Nacht hier zuzubringen, da hört er plötzlich in seiner Nähe ächzen."

„Er horcht."

„Nach einer Weile stöhnt es wieder."

„Er beginnt zu zittern. Neue Angst erfaßt seine Seele."

„Es stöhnt zum dritten Male."

„Das Blut erstarrt ihm in den Adern."

„Kaum den Franzosen entronnen, glaubt er sich in der Nähe eines spukenden Geistes zu befinden."

„Es ächzt und stöhnt wieder."

„Da vermag er es nicht mehr auszuhalten. Er

springt leichenblaß auf, und mit aller Faſſung, die ihm noch zu Gebote ſteht, ruft er: „Wer da?“

„Und aus dem ebenfalls offenen Nachbargrabe antwortete eine zitternde Stimme: Der Richter von Hernals!“

„Das würdige Oberhaupt der Hernalſer war in gleicher Abſicht hieher gekommen.“

„Beide brachten die Nacht in freundſchaftlichem Vereine zu, und kehrten am andern Morgen wohler= halten in ihre Wohnungen zurück.“

Die beiden Mädchen lachten über den tragiko= miſchen Fall, und Roſa ſagte: „Nicht wahr, liebe Julie, dieſen gegenüber ſind wir Beide doch Heldin= nen geweſen.“

„Sie hatten aber auch Nichts zu fürchten,“ ent= gegnete der junge Hausherr.

„Warum nicht?“ fragte Julie.

„Weil ich glaube, daß es keinen Mann geben wird, der Ihnen ein Leid zuzufügen im Stande wäre.“

Roſa verließ, einem Winke ihrer Freundin zu Folge, das Gemach.

Auguſt befand ſich mit der Zurückgebliebenen allein.

„Herr Auguſt,“ begann das Mädchen, „wollen Sie auf einige Augenblicke Platz nehmen?“

„Mit Vergnügen, mein Fräulein."

„Ich habe Ihnen eine Mittheilung zu machen."

„Wenn es nur eine angenehme ist."

„In diesem Augenblick wird sie es vielleicht nicht sein, aber in der Zukunft gewiß. Ich bin überzeugt, daß Sie nach Jahren die gegenwärtige Stunde segnen werden. Hören Sie mich an. Meine jetzige Erklärung wird Ihnen vielleicht etwas unweiblich scheinen, und sie ist dies zum Theil auch, aber die Nothwendigkeit zwingt mich dazu, und ich bin sie mir und Ihnen schuldig. Ich bin kein unerfahrnes Mädchen, ich habe mir in meinem bisherigen Leben noch Nichts vorzuwerfen, aber deshalb bin ich doch nicht ohne Erfahrungen — Erfahrungen, die ich, dem Himmel sei es gedankt! an Anderen gemacht habe. Sie sind ein Ehrenmann, und eben deshalb halte ich es sogar für meine Pflicht, jetzt schon zwischen uns eine Erklärung herbeizuführen, jetzt da es noch an der Zeit ist, wo dem Uebel vorgebeugt werden kann. Herr August! Es ist möglich, daß ich mich täusche, aber ich glaube bemerkt zu haben, daß Sie zu mir eine Neigung gefaßt, und im Stillen vielleicht der Hoffnung leben, daß diese von mir erwidert werden dürfe. O, ich bitte Sie, unterbrechen Sie mich nicht, und erschweren Sie mir die ohnedies bitteren Augenblicke nicht noch mehr. Sollte ich mich geirrt haben,

so wird mich dies sehr freuen, denn dann kann ich in
ihrem Hause ruhig bleiben, ohne mir den Vorwurf
machen zu dürfen, Sie kränken zu müssen; sollten
meine Vermuthungen sich aber bestätigen, so bliebe
mir Nichts übrig, als dies Haus zu verlassen. —"

„Wie?" unterbrach sie August, der unter Herz-
pochen und immer blässer werdend, zugehört hatte,
„Sie wollen von hier gehen?"

„Muß ich dies nicht?" fragte Julie, „glauben
Sie, ich könnte es ruhig mit ansehen, wenn Sie
Sich einer hoffnungslosen Leidenschaft hingäben, die
von Tag zu Tag wachsend, vielleicht die Ruhe Ihres
ganzen Lebens zerstörte, während ich sie nie, nie erwidern könnte?"

„Nie?" fragte der junge Mann mit einem Tone,
in welchem der ganze Schmerz seiner hoffnungslosen
Liebe lag.

„Nie!' entgegnete Julie mit Bestimmtheit, „erlassen Sie mir jede Erklärung hierüber, es schmerzt
mich unendlich, es Ihnen sagen zu müssen, aber ich
kann nie die Ihre werden!"

August sah traurig vor sich hin, seine Stirn
ruhte in der rechten Hand, er seufzte tief auf. Julie
unterbrach seine Gedanken nicht, sie gönnte ihm Zeit,
einen Entschluß zu fassen, denn der Kampf seines

Innern spiegelte sich auf dem Antlitze deutlich ab; man sah, daß er hiermit beschäftigt war.

Nach einer Weile blickte er auf und sagte: „Sie wollen also wirklich mein Haus verlassen?"

„Es fällt mir jetzt in dieser unruhigen Zeit schwer," versetzte Julie, „aber die Umstände erheischen es, und ich werde auch das zu ertragen wissen."

„Nein, nein Fräulein Julie!" rief August, „Sie können zur Kränkung nicht auch noch Schmach hinzufügen wollen! Ich bitte, ich beschwöre Sie, bleiben Sie hier! Ich war unvorsichtig in meinen Reden, jene Neigung zu verrathen, die Sie mir eingeflößt haben; vergessen Sie das Vorgefallene, und die Zukunft soll Ihnen keinen Grund mehr geben, über mich ungehalten zu sein. Bleiben Sie hier, ich werde Sie nicht mehr aufsuchen, und ich werde mich dazu zwingen, Sie nicht mehr zu sehen, ich werde mich an den Gedanken gewöhnen, daß Sie mir nie angehören können!"

„Herr August, es wird besser sein, wenn ich das Haus verlasse —"

„Nein, nein, bleiben Sie, ich bitte Sie noch ein Mal darum, ich werde den Schmerz leichter ertragen, da ich mindestens über Ihr Schicksal beruhiget sein kann."

„Sie sind ein edler Mensch, Sie verdienen die Liebe eines Weibes, und der Himmel wird Sie ein Herz finden lassen, das Ihre Gefühle zu erwidern im Stande sein wird."

Der junge Mann schüttelte ungläubig den Kopf und sprach: „Ich zweifle daran; aber wenn auch kein Herz, so wird er mich doch die Ruhe finden lassen, und darum will ich ihn bitten; Sie grollen mir also nicht mehr, Fräulein Julie?"

„Grollen? Grollen!" rief sie, „habe ich Ihnen je gegrollt? Bedauert habe ich Sie, es hat mir weh gethan, Sie leiden zu sehen, und darum geschah diese Erklärung."

„Sie thaten recht daran, besser jetzt, als später! Die Neigung wäre zur Leidenschaft geworden, und dann, entsagen! O das hätte mein ganzes Lebensglück zerstört. Wir wollen die Vergangenheit in einen dichten Schleier hüllen, und erst dann darüber sprechen, wenn Jahre verflossen sein werden, und die vollkommene Ruhe wiedergekehrt ist."

Er faßte Juliens Hand, zog sie an seine Lippen und sprach: „Vergessen Sie, auch ich werde zu vergessen suchen!"

Sie nickte ihm freundlich zu, und er verließ traurig das Gemach, in welchem er aus dem ersten jugendlichen Traume geweckt wurde, der sein Herz zu beschleichen anfing, dem er aber noch zeitlich genug entrissen wurde.

Als Rosa zu Julien zurückkehrte, warf sich diese an das Herz der Freundin und sprach: „Dem Himmel sei es gedankt! Ich habe die Last von meiner Seele. Es war eine schwere Stunde, denn mich schmerzte es sehr, ihn kränken zu müssen, und hätte ich nicht gefürchtet, daß eine Erklärung vor Ihnen ihn nicht noch mehr verletzen würde, so hätten Sie, theure Freundin —"

„Ich," rief Rosa dazwischen, „ich hätte die Worte gar nicht über meine Lippen gebracht, um dem Armen jede Hoffnung zu rauben, denn ich glaube, er liebt Sie mehr, als er vielleicht selbst ahnt, und er wird dieses jetzt erst an seinem Schmerze erkennen. Doch genug davon, kommen Sie, setzen wir uns hinaus in den Hof, in den Schatten der Nußbäume, ich will Ihnen Etwas vorlesen und der Abend soll uns angenehm verstreichen."

Julie fügte sich in den Willen der Freundin; Beide gingen in den Hof und nahmen auf einer Rasenbank Platz.

„Was wünschen Sie, daß ich lesen soll?" fragte Rosa.

Julie sann eine Weile nach, dann entgegnete sie: „Schillers Jungfrau von Orleans.

Rosa lächelte, zog aus dem Körbchen ein Buch hervor und siehe da, es war das verlangte.

„Sie sind ja eine kleine Prophetin!" rief Julie.

„Ich kenne Ihre Vorliebe für dieses Buch," lächelte Rosa, „und hätte im Voraus gewettet, daß Sie darnach verlangen werden."

Julie küßte dankbar die Freundin, und Rosa begann zu lesen.

Aber sie wurde schon in der ersten Scene unterbrochen, denn George Voisin trat in den Hof und erzählte Julien, daß draußen ein fremder Deutscher sei, welcher, der Französischen Sprache nicht vollkommen mächtig, von ihm eine Auskunft verlange, die er ihm zu ertheilen nicht im Stande sei.

Julie bat den jungen Garbesoldaten, den Fremden hereinzuführen.

Dieser willfahrte ihrem Wunsche, und ein Jüngling trat in den Hof.

Eine hübsche, schlanke Gestalt zeichnete ihn vortheilhaft aus: Seine Wangen waren voll und roth, die Lippen frisch, die Züge regelmäßig, das Auge dunkel, das Haar, welches er kurz geschnitten trug, kastanienbraun. Seinem ganzen Wesen war der Stempel der Gutmüthigkeit aufgeprägt, ein Hauch von Sanftmuth überstrahlte es, man mußte ihn im ersten Augenblicke lieb gewinnen, obwohl er in seinem Aeußern eine fast mädchenhafte Schüchternheit an den Tag legte.

Julie hatte ihn kaum erblickt, als sie erschrocken aufsprang und ihm entgegen eilte.

Der Jüngling erblaßte.

„Mein Himmel," rief er aus, „täuscht mich mein Auge nicht — Julie!"

„Sie kennen mich noch?" fragte die Jungfrau.

„Ob ich Sie kenne? Glauben Sie, Ihr Bild würde je aus meinem Gedächtnisse schwinden?"

Julie erröthete. Nach einigen Augenblicken nahm sie gefaßt das Wort und sprach: „Kommen Sie, mein Herr, in meine Wohnung und erzählen Sie mir, durch welch' einen Zufall Sie hieher kamen. Die beiden Mädchen und der junge Mann gingen in die Zimmer.

„Wie hübsch Sie hier wohnen!" rief der Letztere.

„Nicht wahr?" lächelte Julie, „es ist recht angenehm? Nehmen Sie Platz, und lassen Sie Sich durch die Anwesenheit dieses Fräuleins nicht stören, sie ist meine liebe, theure Freundin."

Der junge Mann verneigte sich und erwiderte:

„Es freut mich, Sie nicht allein zu finden, allein mitten im kriegerischen Gewühl —"

„Nun sagen Sie mir, woher kommen Sie des Weges?"

„Von Erfurt."

„Sind Sie noch immer bei Herrn Rothstein im Geschäft?"

„Jetzt nicht mehr. Ich wollte mir Wien besehen, und darum kam ich hieher."

„Sie haben aber hierzu eine ungünstige Zeit gewählt."

„Ja wohl, denn ich glaubte nach einer Deutschen Stadt zu reisen, und kam in eine Französische."

„Und wie ist es Ihnen nach meiner Entfernung von Erfurt gegangen?"

„Sie können noch fragen? Wie anders, als schlecht. Meine Freuden waren mit Ihnen fortgezogen, es schien mir, als ob ich allein in der ganzen Stadt wohne, mir war's so einsam, so unheimlich, ich fühlte mich sehr unglücklich. Dies ist der Grund meiner Entfernung."

„Wußten Sie, daß ich in Wien sei?"

„Ich wußte es, allein ich konnte Sie nicht finden, bis ein Zufall —"

„Und was zog Sie hieher in diesen entfernten Ort?"

„Ich wollte die Umgegend und namentlich Schönbrunn besichtigen, wo der Eroberer seinen Sitz auf-
schlug Ich zog deshalb bei dem Französischen Soldaten Erkundigungen ein, und er führte mich zu
Ihnen."

Die Freude lächelte dem Jünglinge aus den Augen, man sah, daß ihn dies Wiederfinden beseelige,
daß mit demselben ein heißer Wunsch seines Herzens
in Erfüllung gegangen sei. Julie, welche diese Zeichen eben auch erkennen mußte, schien sie nicht übel zu
nehmen; ihr anfangs zurückhaltendes Wesen verlor
sich nach und nach, und die Freude wurde auch in
so weit Herr über sie, daß sie sich derselben immer
mehr überließ, und Rosa Gelegenheit gab, einige
Augenblicke in ihrem Innern lesen zu lassen, was
diese auch als aufmerksame Beobachterin zu thun nicht
versäumte.

Die Unterhaltung währte bis tief in den Abend.
Der Fremde erzählte viel von Erfurt, Julie fragte nach
Bekannten und Freundinnen, und erhielt auf Alles
die gewünschte Auskunft. Als endlich die Zeit her-
ankam und der junge Mann sich entfernen mußte,
faßte er Juliens Hand und sprach: „Da mir das
Geschick so günstig war, mich Sie wieder finden zu
lassen, so werden Sie mir doch auch gestatten, Sie
öfter zu sehen?"

„Sie sollen mir willkommen sein," entgegnete Julie, „doch muß ich Sie bitten, gegen Niemanden meiner zu erwähnen, denn ich habe Gründe, mich hier so verborgen als möglich zu halten."

Der Jüngling sah ihr betroffen ins Auge, und sie fuhr fort: „Denken Sie nichts Uebles von mir; ich will Ihnen bei Ihrem nächsten Besuche mein Geschick mittheilen, und Sie werden keinen Grund mehr zum Verdacht haben."

Der Fremde wurde beruhigt. „Ich scheide von Ihnen," sprach er mit trauerndem Tone, „aber ich werde bald, recht bald wieder kommen. Sie wissen es ja noch von Erfurt her, daß ich nicht lange ohne Sie sein kann."

Julie reichte ihm zum Abschiede die Hand; er führte sie an seine Lippen, und verließ das Zimmer.

Julie setzte sich nachdenkend auf das Kanapee. Rosa verwandte kein Auge von ihr.

Die Gedanken der Tänzerin waren aufgeregt.

„Mein Gott!" sprach sie bei sich, „wer hätte ihm diese Beharrlichkeit zugemuthet? Sollte das, was ich nur für eine jugendliche Aufwallung hielt, doch ein bleibenderes, ein tieferes Gefühl sein? Er kam hieher, weil es ihn dort nach meiner Entfernung nicht mehr litt. Seine Freude, als er mich sah, sein Gefühl, welches aus jedem Blicke sprach, Alles, Alles läßt mich's erkennen, daß — —"

Sie sprach den Gedanken nicht aus, sondern warf ihren Blick auf Rosa.

Diese erhob sich, ließ sich an der Seite der Freundin nieder, faßte ihre Hand, küßte sie auf die Stirne und sagte mit leisem Vorwurf: „Julie, Sie sind gegen mich nicht so aufrichtig gewesen, wie ich gegen Sie."

„Thun Sie mir nicht unrecht, liebe Freundin! Sie werden Alles erfahren, und dann selbst gestehen, daß ich von einem Begegnisse nicht sprechen konnte, das ich bis zum jetzigen Augenblicke als ohne Folgen vorüber gegangen betrachtete. Aber heute kann ich davon nicht reden, ich bin zu aufgeregt, zu bewegt. Ich muß mich fassen, muß die Vergangenheit zu Rathe ziehen, muß jede Falte meines Herzens genau erforschen, denn ich fühle es mit jedem Pulsschlage, meine Vernunft sagt mir's, daß ich an einem Abschnitte in meinem Leben stehe, und daß der Lauf desselben eine neue Wendung nehmen werde. Ich werde mich zwingen, ruhig zu sein, und mit kalter Ueberlegenheit über mein Inneres zu urtheilen, um einen Entschluß zu fassen."

Sie erhob sich.

„Julie!" bat Rosa.

„Was wollen Sie, liebe Freundin?"

„Bevor Sie zu Bette gehen, so befriedigen Sie mindestens meine weibliche Neugierde."

„Was wünschen Sie zu wissen?"

„Wer ist der junge Mann?"

„Er ist der Sohn eines ehrwürdigen Predigers zu St. Ottmar vor Naumburg."

„Und sein Name?"

„Friedrich Staps!"

*

*   *

Ein vor einigen Tagen in Wien erschienener Befehl machte viel Aufsehen. Er bestand in fünf Punkten und lautete:

Befehl.

1. Die Miliz oder sogenannte Landwehr ist aufgelöst.

2. Ein Generalpardon wird hiermit allen Gliebern derselben bewilliget, welche sich spätestens binnen vierzehn Tagen, nach der Einrückung der Französischen Truppen in die Ortschaften, wohin sie gehören, nach Hause begeben werden.

3. Sollten Offiziere derselben in dem gegebenen Zeitraum zurück zu kehren unterlassen, so sollen ihre

Häuſer abgebrannt und ihre Möbeln oder ſonſtiges Eigenthum konfiscirt werden.

4. Die Ortſchaften, welche Mannſchaft zur Land-wehr geliefert haben, ſind gehalten, dieſelben zurück zu rufen, und die Waffen, die ſie erhalten haben, ſogleich abzuliefern.

5. Den Kommandanten der verſchiedenen Pro-vinzen iſt aufgetragen, alle gehörigen Maßregeln zur Vollziehung des gegenwärtigen Befehls zu er-greifen.

Gegeben in unſerem kaiſerlichen Lager von Schön-brunn u. ſ. w.

Napoleon!

Die anbefohlene Auflöſung der Landwehr machte anfangs die Angehörigen denſelben nicht wenig beſorgt; wohin man kam, war ſie der Inhalt des Tagsgeſpräches, aber ſie hatte keine Folgen, denn die Landwehr war das ganze Volk, und dieſe durch Gewalt noch mehr gegen ſich erzürnen, dazu war Napoleon zu klug; der Befehl war alſo nur ein Schreckſchuß, oder ſollte er ernſt gemeint geweſen ſein, ſo war er eben ſo, wie jene berüchtigte Proklamation an die Ungarn, ein Luft-ſtreich; der keine Wirkung hatte, da zu deſſen Be-folgung und Aufrechthaltung Nichts unternommen wurde.

In Milano's Kaffeehauſe auf dem Kohlmarkte,

welches jetzt das Daum'sche genannt wird, waren eine
Menge Gäste versammelt; Franzosen und Italiener,
Badner, Würtemberger und auch Oesterreicher, das
heißt, Wiener, denn sonstige Fremde mogten sich während der Invasion nicht gar Viele nach Wien gedrängt
haben.

Der wirkliche Rath, Edler von Sonnenhell, saß
mit einem Herrn in der Ecke ganz anspruchslos und
katzenbucklig, so wie ungefähr ein Esel, wenn er mit
einer Heerde muthwilliger junger Rosse auf eine und
dieselbe Weide getrieben wird.

Nicht ferne von ihnen tummelten sich Französische Offiziere, höhern und niedern Ranges, umher,
und spielten á la guerre, oder Pyramide; Viele
Schach, Andere wieder Karten.

Der Edle von Sonnenhell hielt eben die Wiener Zeitung in der Hand, es war das erste Blatt,
welches seit dem Einrücken der Franzosen ausgegeben
wurde, aber ohne Adler und unter Französischer In-
tendanz.

Der wirkliche Rath hielt also die Wiener Zeitung in der Hand und sprach zu seinen Nachbar:
„Dem Himmel sei's gedankt! Jetzt haben wir doch
wieder eine Wiener Zeitung —"

„Ja," entgegnete der Andere, „aber keine Oesterreichische."

„Das macht Nichts, mein Herr, wenn es nur eine Zeitung ist."

„Ist Ihnen dies gleichgültig?"

„Mein Himmel! Was soll man denn thun? Man muß mit dem zufrieden sein, das die oberen Mächte bescheeren —"

„Und den Mantel nach dem Winde drehen?" rief der Andere.

„Ich meine es ganz anders, ich sage, man muß politisch sein!"

„Wahrhaftig! Das scheinen Sie im höchsten Grade; denn es sind ja noch nicht sechs Tage her, und ich hörte von einer Brochure sprechen, die gegen Napoleon gerichtet, Sie zum Verfasser haben soll."

Der edle Rath wurde todtenbleich.

„Ums Himmels willen! Mein theuerster Herr," lispelte er, „sprechen Sie doch nicht so laut! Sie vergessen ja ganz, daß wir uns in der Mitte Französischer Offiziere befinden —"

„Sie haben aber doch —"

„Ich habe gar Nichts, es ist nicht wahr, es ist der Neid, Verleumdung! Meine Feinde von früher her wollen eine unedle Rache nehmen. Ich habe in Napoleon nie den großen Mann verkannt, ich bin von seinem Geiste, von seinem Genie durchdrungen —"

„Aber Sie haben doch die Brochure im Keller während des Bombardements laut vorgelesen —"

Der Edle von Sonnenhell wechselte wieder die Farbe und entgegnete: „O ja, das that ich, aber die Brochure ist erstens nicht von mir, und dann habe ich sie nur vorgelesen, um den Leuten zu zeigen, welche verkehrte Ansichten und Urtheile oft in den Tag hineingeschrieben werden. —"

Der Andere lächelte verächtlich und antwortete: „Das ist freilich etwas ganz Anderes, Sie waren also gar nicht jener Ansicht?"

„I bewahre! Aber jetzt beschwöre ich Sie, hören Sie einmal von der malitiösen Brochure zu sprechen auf; wenn uns Jemand belauschte, er könnte am Ende vielleicht glauben, ich wäre so thöricht gewesen, eine solche Idee auszuführen; hören Sie mir lieber zu, ich werde Ihnen ein Bischen aus der heutigen Wiener Zeitung vorlesen; bewundern Sie mit mir die Eleganz des Ausdruckes, den Schwung und die von der Wahrheit durchdrungene Feder!"

Er las: „Die Siege Napoleons des Großen sind „nicht nur das Wunder und der Stolz des Jahrhun„derts, sie sind auch das Glück und die Wohlfahrt der „Nationen. Von dem Augenblicke des Sieges stehen „die überwundenen Nationen unter dem Schutze des „Siegers, des Helden und des Weisen, der von der

„Vorsehung dazu bestimmt scheint, die durch Vorur-
„theile und Factionen geängstigten Völker zu beruhi-
„gen, und sie zu ihrer eigentlichen Bestimmung, zur
„höheren Stufe der Selbstständigkeit des eigenen Den-
„kens und Wirkens zu erheben.“

„Am 13. Mai, gerade einen Monat, nachdem
„der Feind —“

„Der Feind,“ murmelte der Andere unwillig,
„also so weit ist es gekommen, daß die Wiener Zeitung die Oesterreichischen Truppen Feinde nennt.“

„Aber mein schätzbarster Herr!“ unterbrach ihn
der Rath, „ich weiß nicht, was Sie immer von der armen Wiener Zeitung haben wollen? Die Wiener Zeitung
schreibt jetzt Französisch, vor zwanzig Tagen hat sie
Oesterreichisch geschrieben, dafür ist es ja eine poli-
tische Zeitung.“

„Aber eine Deutsche Feder muß dies doch geschrieben haben —“

„O, hören Sie mir mit den Deutschen Federn
auf! Um's Geld bekommt man Alles, auch Deutsche
Federn; und so viel werden Sie mir doch erlauben,
daß Napoleon mehr Geld zum Hinauswerfen hat, als
andere Leute? So lange sich die Deutschen Gänse
rupfen lassen, so lange wird es Deutsche Federn geben, und so lange es Deutsche Federn gibt, so lange
wird Napoleon auch seine Leute finden. Sehen Sie

z. B., Derjenige, der diesen Artikel schrieb, ist ein Oesterreicher, ein Wiener, er ging 1805 mit den Franzosen fort, und ist jetzt wieder mitgekommen; er ist Redacteur der Wiener Zeitung, wohnt im Eckhaus der Rauhensteingasse, und ist ein ganzer Franzose, denn er hat den Franzosen sein Glück zu verdanken."

„Der Elende!" rief der Andere.

„Warum elend? Ich finde das nicht; etwa weil er seine Feder verkauft hat? Das muß jeder Redakteur eines politischen Blattes thun, denn da drin steckt ja eben die Politik! Thut er es nicht für fremde Regierungen, so thut er es für die eigene, und das ist am Ende Alles Eins, verkauft ist verkauft."

„Das ist bei Ihnen dasselbe?"

„Lüge bleibt Lüge! Eine patriotische Lüge wird aus demselben Ofen gebacken, wie eine antipatriotische, ja ich glaube sogar, eine Lüge aus Patriotismus ist noch verwerflicher, weil man da seine eigenen Landsleute mit Unwahrheiten bedient; doch ich komme ganz von meiner Lektüre ab, hören Sie den herrlichen Aufsatz weiter an, — also: „Am 13. Mai, gerade einen „Monat, nachdem der Feind den Inn überschritten „hatte, rückte die siegreiche Französische Armee in „Wien ein. Der kurze Widerstand, den die Auffor-„derung zur Uebergabe am 11. dieses gefunden hatte,

„hätte bei jedem anderen Heere nachtheilige Folgen
„für die Stadt haben können, allein der Kaiser Na=
„poleon ist überall Vater, auch selbst Vater der Völ=
„ker, deren Heere und Fürsten er bekriegen muß; in
„allen Ländern, wohin ihn der Krieg führt, hat er
„immer seine Sorgfalt dargethan, die wehrlose Menge
„zu schützen; auch hier war es sein Wunsch, dieser
„großen und interessanten Volksmenge den Gräuel des
„Krieges zu ersparen, auch hier hat Seine Majestät
„Festigkeit mit Milde, Ernst mit Schonung zu ver=
„binden gewußt.“

„Ich habe genug!“ rief der Andere, und erhob
sich, um das Kaffeehaus zu verlassen.

Der edle Rath, froh, ihn auf eine gute Weise
los zu sein, machte ein Kompliment und las wei=
ter.

Der Emsigkeit und Andacht nach zu urtheilen,
mit welcher er jetzt die Französisch gesinnte Wiener Zei=
tung las, hätte man kaum glauben sollen, daß er derje=
nige sei, der gehofft hatte, mit einer Contra=Bona=
partistischen Brochure einen Orden zu verdienen;
aber der Edle, Herr von Sonnenhell war ein kluger
Kanzleikopf; er zog jetzt die Hörner ein, heulte mit
den Wölfen, um seine Gesundheit und sein Leben zu
schonen und dachte: „Es wird schon eine Zeit kom=
men, wo ich wieder aus einem andern Loche pfeifen

werde, aber bis dahin heißt es p o l i t i s ch sein; der
Herr, der mich eben verlassen hat, wird seinen Starr=
sinn schon bereuen; wenn er zufällig einem Erzfran=
zosen in die Hände fällt, so ist er denunzirt und kann
Bleikugeln speisen, und vor diesen möge mich der Him=
mel bewahren!"

Unter den Offizieren entstand eine Bewegung;
sie grüßten einen hereintretenden General, der in der
Interims = Uniform nicht den Rang verrieth, den er
wirklich einnahm.

Es war der Marschall Lannes.

Er erwiderte freundlich den Gruß und nahm an
einem Seitentischchen Platz.

„Ist das ein junger Mann!" murmelte der Edle
von Sonnenhell, „so jung und schon Marschall und
Herzog, und vor dreizehn Jahren noch ein unbekann=
ter Offizier, das nenn' ich Fortune machen! Bei uns
kann so Etwas nicht stattfinden, ich habe den Fall
noch nicht erlebt, daß bei uns Jemandem von zu
schnellem Aufsteigen der Athem ausgegangen wäre; o
ja, heruntersteigen und das Genick brechen, das kömmt
öfters vor."

Der Marschall war kaum einige Minuten an=
wesend, als ein junger Mann, elegant gekleidet, mit
schwarzem Haar und eben solchen Augen, hereintrat
und sich ihm näherte.

Der Herzog von Montebello erhob sich, verließ mit dem jungen Manne das Kaffeehaus, bestieg einen außen harrenden Fiaker und fuhr von bannen.

„Der Marschall inkognito?" lispelten die Offiziere unter einander, „was mag das zu bedeuten haben!"

Der Edle von Sonnenhell war darüber auch sehr neugierig geworden, und verlängerte seine Ohren, so viel als er nur vermogte, aber er vernahm Nichts, was ihn hätte befriedigen können.

Nach einer Weile kam sein Freund von vorhin zurück.

„Wie," rief ihm der Edle entgegen, „Sie sind wieder da?"

„Ja, mein Lieber, ich habe indessen ein Geschäft verrichtet."

„So, und was war das für ein Geschäft?"

„Ich habe dem Staate einen Dienst erwiesen."

Der Rath sah ihn mit einem Schafsgesicht an und lispelte: „Ich verstehe Sie nicht, mein Freund."

„Sie werden mich bald verstehen."

Der Rath erhob sich und wollte sich entfernen, in diesem Augenblicke trat ein Gendarm in die Thüre,

ein Unbekannter näherte sich dem Edlen von Sonnen=
hell und bat ihn, ihm zu folgen.

„Ich?" fragte der Erbleichende.

„Ja! Kommen Sie und machen Sie kein Auf=
sehen."

Der Zitternde nahm seinen Hut, warf einen fin=
stern Blick auf seinen Bekannten, und folgte dem
Französischen Kommissär.

Außen harrte ein Fiaker, in welchem der Arre=
tirte fortgeführt wurde.

Der Unbekannte verließ nun auch die Halle und
murmelte: „Indem ich diesen Elenden angab, habe
ich eigentlich der Oesterreichischen Regierung einen
größern Dienst erwiesen, als der unsern, denn man
wird das Subject erkennen, entlarven, und seine Ge=
sinnungslosigkeit wird bekannt werden. Doch ich muß
jetzt zu meinen beiden Fräuleins, die mit dem saubern
Herrn in einem Hause wohnen, vielleicht gelingt es
mir, etwas Näheres zu erfahren."

Frau Amalia, die Gattin des Edlen von Son=
nenhell, saß ahnungslos in ihrem Gemache — es war
gegen den Abend desselben Tages — und harrte ver=
gebens auf ihren Gatten, plötzlich kommt Eines der
Fräulein vom zweiten Stock herbeigelaufen, stürzt in
das Zimmer und stammelte: „Gnädige Frau, ich kom=
me so eben vom Kohlmarkt, Ihr Gatte wurde in

Milano's Kaffeehaus arretirt, und im Vorbeigehen
flüsterte er mir zu: Sie mögten um's Himmels
Willen die bewußte Brochure so gut als möglich
verbergen, denn es steht ihrer Wohnung eine Untersuchung bevor."

Die Frau Räthin wurde todtenbleich, verlor den
Kopf, lief hin und her und fand die Schlüssel nicht.
Endlich riß sie das Schreibepult auf, nahm die Brochure und jammerte: „Ach mein Gott! Wohin soll
ich sie nun verbergen? Was soll ich thun? Ich bin
eine unglückliche Frau! Das kommt davon, wenn
man einen diplomatischen Geschichtschreiber oder politischen Schriftsteller zum Manne hat."

Sie blickte ängstlich suchend umher, erwägend,
wohin sie die verhängnißvolle Brochure verbergen
solle, endlich fiel ihr ein Ort ein. Sie stürzte in die
Küche, öffnete die Mehltruhe und vergrub dort das
verhängnißvolle Manuscript.

Die Handarbeiterin entfernte sich, verschmitzt lächelnd; oben angelangt, wurde sie von dem Manne
aus dem Kaffeehause empfangen.

„Ist die List gelungen?"

„Vollkommen!"

„Wo befindet sich die Brochure?"

„In der Küche, in der Mehltruhe."

Der Mann lächelte, umarmte die Schöne, versprach am Abend wieder zu kommen und entfernte sich.

Nicht lange darauf erschien in der Wohnung des Edlen von Sonnenhell ein Kommissär mit Gendarmen, und forderte die Brochure; Frau Amalia leugnete standhaft. Sie that das Ihre, der Kommissär that aber auch das Seine, und die Untersuchung begann.

Um den Schein des Verraths zu beseitigen, wurde Alles durchstöbert, endlich kam man auch in die Küche über die Mehltruhe und die Brochure kam zum Vorschein.

Die Frau Räthin lag in Ohnmacht, die Kammerzofe und die Köchin standen wie zwei Seelenschnapperinnen an ihrer Seite, Franz benutzte die Gelegenheit, um in der Küche zu naschen, Johann leistete ihm Gesellschaft; die Polizei hatte sich entfernt, und im Hause begann nun erst der Lärm.

Sämmtliche Parteien liefen zusammen und bildeten einen großen Rath, dessen Präses der Hausmeister war.

„Was mögen sie nur gesucht haben?“ fragte der Schuster.

„Ich weiß es nicht,“ erwiderte der Hausmeister, „überhaupt gefällt mir die ganze Französische Manier nicht. Unsere Polizei, wenn sie in ein Haus

kommt, zieht doch früher beim Hausmeister Erkundigungen ein, das thun die Franzosen nicht; sie fallen
gerade wie die Räuber über die armen Parteien her
— das ist keine Lebensart!"

„Sie haben Recht," sagte die alte Frau, „aber bei
dem Allen wissen wir doch nicht —"

„Ich will es Ihnen sagen," begann das eine
Fräulein; „man hat den Herrn Rath eingezogen."

„Was? Eingesperrt?" rief die Schuhmachers-
gattin.

„Den guten Rath eingesperrt?" wiederholte die
Hausmeisterin, und der Student setzte sarkastisch hinzu: „Da ist guter Rath theuer!"

Der Stiefelputzer aber sprach: „Das ist die Ne-
nesis!"

„Die Nemesis!" verbesserte der Student.

„Wer ist diese Person?" fragte die alte Frau
ihren Zimmerherrn.

„Die Göttin der Rache!" lautete die Belehrung.

„Ja, dürfen denn aber die Franzosen einen wirklichen Rath arretiren?"

„Warum denn nicht! Der Bonaparte kann Alles;
er hat den Papst gefangen genommen, so kann er auch
so einen lumpigen Rath einkasteln.*)

---

*) Einsperren.

„Aber ich mögte doch wiſſen, warum?"

„Ich meine," ſagte das eine Fräulein von zwei=
ten Stock —

„Nun, was meinen Sie?"

„Wegen des Pasquill's! —"

Ein Schrei der Verwunderung — nun war das
Räthſel gelöſt, nun ging auf einmal Allen ein Licht
auf.

„Ja, das glaub' ich!" entgegnete der Mei=
ſter, „wenn der Bonaparte davon Wind bekom=
men hat, ſo wird es dem Herrn Rath nicht gut
gehen."

Der ehemalige Soldat ſagte: „Ja, Pasquillma=
chen iſt eine kitzliche Sache!" Und die alte Frau ſetzte
hinzu: „Fürchte Gott, thue recht und ſcheue Nie=
mand!"

„Jetzt mögt' ich aber doch wiſſen," begann der
Hausmeiſter, „was dem Herrn Rath eigentlich ge=
ſchehen wird?"

„Er wird kriegsgefangen!"

„Was fällt Ihnen bei!" belehrte der Student,
„er iſt ein politiſcher Gefangener, und mit denen wird
nicht ſo ſäuberlich verfahren."

„Alſo kommt er auf die Feſtung!" meinte der
Fußbekleidungsreiniger —

„Das könnte ſein."

„Auf den Spielberg?"

„Was fällt Ihnen bei, der Spielberg ist ja noch kaiserlich, Oesterreichisch —"

„Ja, wohin denn sonst?"

„Vielleicht auf die Bastille. — "

Alle schlugen die Hände zusammen, und der Student perorirte gravitätisch:

> „Weil er gemacht hat ein Pasquill,
> Muß wandern er auf die Bastill!"

„Nein, das macht im Kriege zu viel Umstände!" begann der ehemalige Soldat, „da wird nicht so viel Federlesens gemacht, ich glaube —"

„Nun, was glauben Sie?" fragte der sämmtliche Rath einstimmig.

Der Erstere streckte die linke Hand steif vor sich hin, zog die Rechte in einem spitzen Winkel gegen das Antlitz, drückte das rechte Auge zu und blieb in dieser Stellung.

„Was? Erschießen?" rief die alte Frau und riß den Mund auf.

Der ehemalige Soldat nickte bejahend und sagte: „Das geht am schnellsten — eine Kugel in den Kopf —"

„Was? In den Kopf?" jammerte die Schuhmachers-Gattin.

14*

„Oder," verbesserte der Sprecher, „wenn kein Kopf da ist, in die Brust —"

„Ach," wehklagte die Hausmeisterin, „der arme Herr Rath, seine Brust wird schön zerschossen werden!"

„Also erschossen!" war nun das einstimmige Votum, und dabei blieb es auch.

Der Hausmeister sprach: „Mir thut es leid um den Armen, aber ich kann ihm nicht helfen."

„Ich auch nicht!" entgegnete die Alte, und setzte dann, zu ihren Zimmerherrn gewendet, hinzu: „Kommen Sie, es fängt an kühl zu werden, die kühle Abendluft könnte uns schaden."

Sie ging voran, der Student folgte ihr.

Der ehmalige Soldat zog sich auch in sein Apartement zurück. Hinter ihren Rücken stieß die Schuhmachersgattin die Hausmeisterin und sagte: „Wie gefällt Ihnen die Alte? Die kühle Abendluft könnte ihr schaden! Ha, ha, ha!"

„Deswegen geht sie mit dem Studenten hinauf —"

„Ja, ja! Ein junger Zimmerherr ist viel Geld werth."

„Ich glaub's! Man findet ihn nicht alle Tage auf der Straße."

Die beiden Fräuleins kicherten, die beiden Frauen schüttelten die Köpfe, und die beiden Männer brummten. „Was geht das Euch an," wandte sich der Schuhmacher zu den Weibern.

„Jeder kehrt vor seiner Thüre!" setzte der Hausmeister hinzu.

„Recht gesprochen! Ich sehe nicht ein, warum eine alte Frau nicht einen jungen Zimmerherrn haben sollte!"

„Weil es sich nicht schickt!" platzte die Hausmeisterin heraus.

„Paperlapa!" rief ihr Ehemann, „es schickt sich Vieles nicht, und geschieht doch; deshalb gönnen wir der Alten ihre Freude. Das eine Fräulein meinte: „Es wäre schon Alles recht, aber mir scheint, die Alte ist die Betrogene."

Jetzt zupfte das andere Fräulein verstohlen ihre Freundin und sagte: „Geh, komm' hinauf, was kümmert Dich das alberne Verhältniß! Wenn die Alte von den jungen Menschen betrogen wird, so geschieht ihr's ganz recht, gleich und gleich gesellt sich gern, gleich und ungleich bleibe fern!"

Nach diesem schönen Spruche entfernten sich die Fräuleins. Die beiden Ehepaare sahen ihnen schweigend nach.

„Haben's was g'merkt?" begann die Hausmeisterin zur Andern.

„O!" entgegnete die Schuhmachersgattin, „es ist
mir nicht umsonst aufg'fallen —"

„Was denn — was denn?"

„Daß der Student öfters — nein, ich sage Nichts
mehr. Was ich gesehen habe, bleibt mein Geheimniß, aber so viel ist gewiß, die Alte ist die Betrogene."

Der Schuhmacher nahm jetzt seine Ehehälfte, der
Hausmeister die seinige am Arme und der Erstere
sagte: „Jetzt komm hinein und schau dazu, daß ich
Etwas zum Nachtmahl bekomme!" Der Andere aber
rief: „Jetzt mach', Alte, daß Du hineinkommst, sonst
nimmt der Plaudermarkt heute noch kein Ende."

Und damit war der große Rath zu Ende.

*
*

Am Abende desselben Tages.

Es war am zwanzigsten Mai.

Da hielt um die zehnte Stunde ein Fiaker vor
dem Hause der Tröblerin Konrad.

Charles Delour trat aus der Thüre, bestieg den
Wagen und fuhr in die Kärnthnerstraße.

Dort wurde vor einem Hause angehalten, der junge Mann eilte über die Treppe in den ersten Stock, wo er von einem jungen Mädchen empfangen wurde.

„Nun, liebes Kind," begann der Angekommene, „sahen Sie uns heute vorüberfahren? —"

„Ja, der Militair an Ihrer Seite —"

„War Er. Ich habe ihn von Milano's Kaffee= hause am Kohlmarkt abgeholt."

„Er sah im Vorüberfahren herauf. —"

„Weil ich ihn avisirte, deshalb wurde durch diese Straße auch langsamer gefahren. Wie gefällt er Ihnen?"

„Er scheint ein scharmanter Mann zu sein —"

„Wann darf er so frei sein?"

„Um zehn Uhr."

Charles küßte ihr die Hand, und entfern= te sich.

Um zehn Uhr hielt vor demselben Hause ein Fiaker, ein Mann stieg aus und ging ins Haus.

Die Nacht verstrich.

Erst gegen Morgen verließ derselbe Mann wie= der das Haus, bestieg den harrenden Wagen und fuhr über den Rennweg nach Simmering, dort stieg er vor einem ansehnlichen Hause ab, eilte in seine Gemächer, warf sich eilig in die Marschallsuni=

form, bestieg das Pferd und sprengte nach Ebers=
dorf, von dort in die Lobau auf das Schlacht=
feld!

Heute war der 21. Mai.

Der Mann war der Marschall Lannes!

VI.

Wien war gewonnen, allein Napoleon wußte zu gut, daß noch immer kein entscheidender Schlag herbeigeführt sei, denn am jenseitigen Ufer stand das Oesterreichische Heer mit seinem ruhmvollen Feldherrn, ein Heer, das, wenn auch nicht wie das seine sieggewohnt, so doch kampfmuthig und von heiliger Begeisterung durchglüht war; eine Begeisterung, deren Wirkung er freilich erst einige Tage später kennen lernen sollte.

Ihm lag jetzt also daran, die Donau zu überschreiten und das linke Ufer des Riesenstromes zu gewinnen.

Ein, von Nußdorf gegen die schwarze Lacken-Aue versuchter Uebergang wurde durch den General Nordmann vereitelt, wobei ein Französisches Bataillon größten Theils gefangen wurde.

Ein zweiter Punkt unterhalb Fischamend, wo die Donau nur einen Arm bildet, kam ebenfalls in Vorschlag, allein das kriegskundige Auge Napoleons entschied sich bald für die Insel Lobau, gegenüber von Kaiser-Ebersdorf und er beschloß, hier den Uebergang zu bewerkstelligen.

Um den Oesterreichischen Generalissimus über sein Unternehmen zu täuschen, ließ Napoleon bei Nußdorf einen zweiten Uebergang zu fingiren, während mit um so größerer Eile gegen die Lobau gearbeitet wurde.

Erzherzog Karl ließ sich indessen durch die Nachricht von der Uebergabe Wiens im Vorrücken nicht aufhalten; er besetzte mit seinen ermüdeten Truppen den Bisamberg, bezog das Hauptquartier in Großebersdorf, und gewährte der Armee einige Ruhetage. Die Oesterreichische Vorpostenkette dehnte sich links bis an die March und rechts bis gegen Krems aus.

Beide Feldherrn standen also an der Donau. Napoleon, im Begriff, über sie zu setzen, der Erzherzog Karl, bereit, ihn beim Uebergange zu überfallen und ihm jedes Vorrücken streitig zu machen.

Der Donaustrom ist zwischen Kaiser-Ebersdorf und Albera in mehre Arme getheilt. Zwei dieser Arme umspannen die Insel Lobau, welche gegen zwei

Stunden lang, und über eine Stunde breit ist; der Arm auf der feindlichen Seite, gegen Kaiser-Ebersdorf zu, bildet den Hauptstrom, und ist durch eine kleine Insel in zwei Theile getrennt, von denen der erste bei 240, der zweite bei 130 Klaftern breit ist; der nördliche Arm gegen das Marchfeld zu ist hingegen nur bei 200 Schritte breit, und bietet keine Schwierigkeiten dar. Es mußten daher feindlicher Seits, um auf das linke Ufer zu gelangen, drei Brücken geschlagen werden; zu diesem Zwecke wurden alle Schiffe verwendet, die in der Umgegend Wiens nur aufgefunden werden konnten. Am 18. Nachmittags um vier Uhr, setzte die Division Molitor auf Ruderschiffen in die Lobau über, und die Generale Bertrand und Perutti begannen den Brückenschlag. Die Inseln dienten zum Schutz der einzelnen Brücken, die Schiffe wurden mit Pfählen und Tauen aneinander befestigt, und bei dem Umstande, daß hier die Donau weniger tief und reißend ist, war am folgenden Tage die Verbindung zwischen dem rechten Ufer und der Lobau hergestellt. Von hier aus wurde am zwanzigsten von dem Artillerie-Obersten Aubry in Gegenwart Napoleons die letzte Brücke mit funfzehn Pontons in drei Stunden vollendet, und die beiden Donauufer waren somit vollkommen verbunden. Noch an denselben Tage begann die Besetzung der Lobau.

Schon am neunzehnten verlegte Napoleon sein Hauptquartier nach Kaiser-Ebersdorf, und zwar in den sogenannten Thürmel- oder Schlegelhof.

Ehe ich mit diesem Gemählde fortfahre, halte ich es für meine Pflicht, über einen Punkt zu sprechen, der von allen diesen Kriegsvorfällen am Meisten besprochen, und im allgemeinen Publikum gewissermaßen am Populärsten geworden ist. Ich bemerke jedoch, daß ich hier keine militairische Abhandlung schreibe, wozu ich weder den Beruf noch die Lust besitze, sondern daß ich meine Leser, welche jene Kriegsvorfälle nur vom Hörensagen kennen, auf die erwähnte Streitfrage aufmerksam mache.

Die Insel Lobau ist ein natürlicher Waffenplatz, der, wenn er vom Marchfelde herüber hinlänglich mit Truppen und Geschütz besetzt worden wäre, auch dem kühnsten Feinde im Angesicht eines schlagfertigen Heeres den Uebergang verwehrt haben würde. Es fragt sich nun, war die Nichtbenutzung dieser natürlichen Vortheile eine Unterlassungssünde von Seite des Generalissimus, oder geschah dies absichtlich, um Napoleon zu dem verwegenen Uebergange zu verleiten, und ihn dann anzugreifen?

Wir Deutsche haben den unverzeihlichen Fehler, von unseren eigenen Angelegenheiten immer lieber das Schlimmste zu denken, und alles das, was von uns

kommt, zu bekritteln und in den Staub zu ziehen,
während wir im Gegentheile straks bei der Hand
sind, das Fremde zu beloben, zu erheben, wenn auch
zu unserem eigenen Nachtheile und Schaden. Hätte
Napoleon in diesem Falle so gehandelt, wie es Erzherzog Karl that, so würden Tausend Federn über
die energische Kriegslist gejubelt haben, weil es aber
vom Erzherzog, von einem Deutschen und namentlich von einem Oeerreicher ausging, da begannen Zweifel rege zu werden, denn wir denken
von uns immer lieber das Nachtheilige als das
Bessere! Die Absicht des Generalissimus, den Feind
herüber zu lassen, und ihn dann durch Zerstörung der
Brücke vom rechten Ufer abzuschneiden, geht aus
den Maßregeln, welche getroffen wurden, hinlänglich hervor, und die Ausführung hat es hinlänglich
bestätigt.

Die letzte Brücke war kaum vollendet, als sogleich die Französische leichte Reiterei über dieselbe de-
filirte, um sich in der Ebene vorwärts auszubreiten,
der am eingehenden Bogen des letzten Donauarms
angelegte Brückenkopf schützte den Marsch in die Ebene.

Nun entspann sich ein heftiges Vorposten-Ge-
fecht bei der links gelegenen Mühlau. Die feindliche
Reiterei wurde mehrmals zurückgeworfen, endlich er-
hielten die Oesterreichischen Vortruppen den Befehl,

sich zurückzuziehen, und dem Feind den Uebergang zu
gestatten.

Die beiden Divisionen Molitor und Boudet be=
setzten Aspern und Eßlingen noch in der Nacht.

Am folgenden Vormittage, es war der 21. Mai
— marschirte wieder ein Theil aus der Lobau, die
Division Cara St. Cyr nahm zwischen Eßlingen und
der Donau, die Division Legrand zwischen Aspern
und der Donau Position, zwischen den beiden Dör=
fern kam die Kavallerie zu stehen, und zwar die Di=
visionen Espange, Lasalle, St. Germain und Arrighi
und dann die Baden'schen und Würtembergischen
Truppen. Den rechten Flügel bei Eßlingen befeh=
ligte der Marschall Lannes, den linken bei Aspern
Massena, die Reiterei im Centrum der Marschall
Bessieres.

Die Oesterreichische Armee, auf der sanften An=
höhe von Gerasdorf zwischen dem Bisamberge und
dem Nußbache aufmarschirt, bildete zwei Treffen in
fünf Kolonnen. Die erste unter Hiller, es war das
sechste Armeecorps, stand bei Jedlersee; die zweite
unter Bellegarde, das erste Armeecorps, zwischen
Jedlersdorf und Gerasdorf, dazu gehörte die Ka=
vallerie=Brigade. Die dritte unter Hohenzollern,
das zweite Armeecorps bei Gerasdorf, die vierte
unter Rosenberg, ein Theil des vierten Armee=

corps bei Deutsch = Wagram, der Rest dieses Corps zwischen Wagram und Purkersdorf bildete endlich die fünfte Kolonne. Das Husaren = Regiment Erzherzog Ferdinand deckte die äußerste Linke. Die Kavallerie = Reserve unter dem Fürsten Lichtenstein bildete eine eigene Colonne, und stand zwischen Hohenzollern und Rosenberg, hinter Süßenbrunn in der Nähe der Stallinger = Hütte im Centrum des großen Bogens. Rückwärts bei Seyring befand sich eine Grenadier = reserve.

Napoleon, weit von dem Gedanken entfernt, daß er selbst angegriffen werde, sondern mit dem Plane eines von ihm vorzunehmenden Angriffes beschäftiget, wartete auf die Ankunft eines Theils seiner Armee, die noch immer im Anrücken war.

Es war ein herrlicher, milder Frühlingsmorgen, der Wind strich erquickend von dem Gebirge herab, die unabsehbare Ebene des Marchfeldes lag wie ein grüner Teppich da, der ausgebreitet schien, um die Opfer des bevorstehenden Kampfes aufzunehmen. Und an welch' einem Tage!

Es war am 21. Mai 1809! Es war der Pfingst = sonntag!

Welche Erinnerungen für die Krieger!

An einem so heiligen Festtage standen sie in Waffen, unter Gottes freiem Himmel, und sahen in

weiter Ferne das Blitzen feindlicher Gewehre, und
hören, auf dem Boden liegend, von der Lobau das
dumpfe Rasseln fahrender Kanonen und dachten:
„Heute wird es einen heißen Tag geben!"

Die Glocken in Wien verkünden die neunte Vor=
mittagsstunde.

Der Erzherzog läßt bei der Infanterie die Ge=
wehre in Pyramiden stellen, die Kavallerie muß ab=
sitzen — die Truppen lagern sich ruhig und unbekümmert
und erhalten den Befehl zum Abkochen.

Bald steigen in dem riesigen Bogen von Jedler=
see bis hinter Wagram die Rauchsäulen der Menage=
Feuer auf, und bieten dem Feinde das untrüglichste
Zeichen von der Nähe der Oesterreicher.

Napoleon, von dem unerwartet schnellen Anrük=
ken des Erzherzogs überrascht, durch das plötzliche An=
schwellen der Donau um seine Kommunication mit
dem rechten Ufer besorgt, und durch die Meldung,
daß die Brücke über den großen Arm wirklich beschä=
digt sei, beunruhigt, hatte schon beschlossen, seine
Truppen in die Lobau zurückzuziehen und nur den
äußersten Brückenkopf zu vertheidigen; aber in dem
Augenblicke, als er dieses Manöver ausführen wollte,
wurde ihm die Nachricht von der Herstellung der
Brücke hinterbracht, und er beschloß, seine Position
zwischen Aspern und Eßlingen so lange zu vertheidi=

gen, bis der Rest seiner Armee den Strom überschritten, und ihn in die Verfassung gesetzt haben würde, angriffsweise vorzugehen.

Die Oesterreichische Armee hat indessen abgekocht und menagirt.

Sie tritt wieder unter's Gewehr. Die Linien bilden sich, der Erzherzog durchfliegt aufmunternd die Reihen.

Es ist zwölf Uhr Mittags. Die Tamboure schlagen zum Gebet. Nur wenige Augenblicke sind dem Himmel geweiht, aber die Andacht kommt vom Herzen.

Noch ist der letzte Glockenschlag der zwölften Stunde nicht verhallt, als sich sämmtliche Kolonnen in Bewegung setzen.

Die Fahnen flattern, die Musik der Regimenter ertönt auf allen Linien, Kriegslieder erschallen aus den Reihen.

„Hoch Oesterreich! Hoch der Erzherzog Karl!" jubeln Tausende von Stimmen.

So geht es gegen den Feind.

Der erste Schlachttag von Aspern wird eröffnet!

*　　　　*

General Nordmann führte die Avantgarde der

erften Kolonne. Er formirte feine Truppen am Spitz,
bei der durch den Erzherzog Maximilian zerftör=
ten Taborbrücke, und zog nun längs der Do=
nau, Kagran und Hirfchftetten links laffend, gegen
Afpern.

Um zwei Uhr Nachmittags ftieß der Vortrab vor
Stablau auf feindliche Pikets, die fich nach und nach
zurückzogen; Maffena ftand nahe vor Afpern, hatte
zur Deckung feiner Fronte alle Ackergräben benutzt,
und lehnte feinen linken Flügel an einen Ausgußgra=
ben der Donau, während fein rechter bei dem Orte
durch eine Batterie gefchützt war. Trotz diefer vor=
theilhaften Stellung drang die Avantgarde unter Nord=
mann vor, ein Bataillon Giulay drang in die Au,
ein zweites paffirte in Kolonnen die Brücke, welche
über den Graben führte, ging mit gefälltem Bajonet
auf den Feind los, und nahm nach einem nicht an-
haltenden Widerftande zum erften Male das Dorf.
Nun rückte Maffena mit der Division Molitor vor,
griff mit Ungeftüm an, die Oefterreicher wichen, die
Franzofen befetzten die Kirche, den mit einer Mauer
umgebenen Friedhof, ebenfo alle mit Mauern umge=
benen Gebäude, die links liegende Au, und machten
Miene, fich hier fefthalten zu wollen. Indeffen hatte
die unter Hiller anrückende Kolonne fich zum Theil
entwickelt; Giulay griff auf's Neue an und drängte

den Feind bis ans Ende des Dorfes. Ein fürchterlicher Kampf entbrannte, denn beide Theile erkannten
die Wichtigkeit des Punktes. Die Kirche, der Friedhof, der Thurm, jedes Haus wird wie ein Fort
vertheidigt, hinter jeder Mauer starren Bajonette hervor, aus jedem Fenster wird geschossen, Böden und
Keller werden zu Waffenplätzen, man verbarrikabirt
die Eingänge durch Eggen und Pflüge, selbst des
Landmannes friedliche Werkzeuge werden zu Kriegs-
geräthen umgewandelt; von den Bäumen herab fallen
Schüsse, als ob sie der liebe Himmel in diesem Jahre
mit Bleikugeln befruchtet hätte. Die Franzosen dringen wieder vor und zwingen die Oesterreicher, den
Ort zu verlassen. Aber diese greifen von Neuem an,
die Ungarischen Bataillone werden von Deutschen ab-
gelöst, die Wiener Freiwilligen rücken zur Unterstützung
an. Mit einem wüthenden „Halloh!" werfen sie sich
auf Aspern, noch ein Mal wird das Dorf erobert
und noch ein Mal verloren; Alle wetteifern in Muth
und Ausdauer, — jetzt rückt die zweite Kolonne unter Bellegarde an. Erzherzog Karl befindet sich an
ihrer Spitze.

Das Regiment Reuß-Plauen stürmt in die
rechte Flanke des Dorfes heran, es wird zurückgeschlagen.

Die Regimenter Rainer und Vogelsang rücken vor.

15 *

„Das Dorf muß genommen werden!" ertönt der Befehl. „Wir werden es nehmen!" hallt es von Bataillon zu Bataillon.

General Vaquant ergreift die Fahne des Regiments Vogelsang.

„Mir nach, Kameraden!" ruft er, und die Begeisterten stürzen mit gefällten Bajonetten in's Dorf.

Der feindliche Kartätschenhagel wüthet in ihren Reihen.

Vergebens! sie bringen vor!

12,000 Mann der auserlesensten Truppen vertheidigen Aspern.

Vergebens! sie bringen vor!

Hauptmann Muremann führt das erste Bataillon Rainer gegen den Friedhof.

Der Erzherzog sprengt heran.

„Muthig vorwärts — es gilt fürs Vaterland!" ruft er den Bataillonen zu.

„Tausend Leben für den Erzherzog! Mir nach, Kameraden!" rief der tapfere Hauptmann Muremann.

„Wohlan, Herr Major!" entgegnete der Erzherzog, „führen Sie Ihr Bataillon zum Sieg!"

Der neue Major erstürmt den Friedhof.

Der verwundete Muremann erhält noch auf dem

Schlachtfelde das Theresienkreuz aus den Händen seines Feldherrn.

Indessen marschirt die dritte Kolonne unter Hohenzollern dem feindlichen Centrum gegenüber auf.

Die vierte und fünfte Kolonne unter Rosenberg
greifen Eßlingen an.

Die Kavallerie unter Lichtenstein rückt in die
Linie.

Eßlingen mit seinem aus Quadersteinen erbau-
ten, drei Stock hohen crenaillirten Speicher, den einige Hundert Mann besetzt hatten, wird zwei Mal
vergebens gestürmt. Die Verheerung unter dem Feind
ist fürchterlich, aber Lannes, der Roland des Französischen Heeres, wich nicht, Eßlingen konnte nicht
erobert werden!

Während des ganzen Nachmittages wüthet eine
ununterbrochene Kanonade, die Batterien der zweiten
und dritten Kolonne kreuzten sich im Centrum des
Feindes. Napoleon, die drohende Gefahr erkennend,
befiehlt dem Marschall, mit der ganzen Kavallerie des
Centrums die Kolonne zu werfen und sich des ver-
heerenden Geschützes zu bemeistern.

„En avant!" ruft der Französische Kaiser seinen geharnischten Reitern zu, „nehmt die Batterien!"

Die Oesterreichische Infanterie formirt rasch Quar-

re's, der Oberst Smola von der Artillerie konzentrirt die Batterien von allen Punkten der Schlachtordnung in eine furchtbare Feuerlinie.

Der Erzherzog, von seinem Generalstabe umgeben, sprengt zum Artillerie-Kommandanten.

„Hoffen Sie zu widerstehen, Herr Oberst?"

„Kaiserliche Hoheit! Ich bürge mit meinem
Kopfe!" erwiderte der tapfere Smola.

Es war gegen sechs Uhr Abends!

Diese Stunde, dieser Tag wird in der Oesterreichischen Kriegsgeschichte ewig denkwürdig bleiben.

Zwei feindliche Infanteriekolonnen, dazwischen
zwölf Küraffier-Regimenter, darunter das schwere
Geschwader der eisernen Männer, rückten an.

Die Kavallerie-Regimenter Klenau und Vincent wurden geworfen, der Feind bringt auf die Infanterie.

Die koloffalen Reitermaffen stürmen heran.

Der Boden erdröhnt unter den Hufen der
Roffe. An diesem Augenblicke hängt das Schick-
fal des Tages, vielleicht der ganzen Monarchie.

Das Oesterreichische Fußvolk steht wie eine
Mauer mit geschultertem Gewehr und regt sich
nicht.

Die Kanonen schweigen.

„Keinen Schuß!" hat der Generalissimus befohlen, „bis das Kommando erfolgt."

Der Feind bringt näher. Noch kein Schuß.

Er prallt bis auf vierzig Schritte vor! Noch kein Schuß!

Er hält staunend vor dieser Leichenruhe.

Diese ruhige Entschlossenheit flößt ihm Ehrfurcht ein.

Einzelne feindliche Offiziere sprengen vor.

„Ergebt Euch!" rufen sie, „streckt die Waffen!"

„Holt sie Euch!" ist die Antwort.

Gegen den Befehl fallen einzelne Schüsse, und mehrere von den Unterhändlern stürzen zu Boden.

Nun stürmen sie heran!

„Jetzt Feuer!"

Die Quarre's entladen sich, die Batterien donnern, die Reihen der geharnischten Küraffiere stürzen. Sie weichen. Der Kartätschenhagel wüthet fort.

Jetzt stürmt Vecsay mit der Kavallerie heran, die feindliche Reiterei flieht und reißt auch die Infanterie mit sich fort.

„O Schmach! Die bewaffneten Schaaren des Xerres, wie Napoleon die Oesterreichischen Truppen in seiner Proklamation vor einigen Wochen nannte, haben die Schaaren Cäsars geschlagen.

Der furchtbare Wahn von der Unüberwindlichkeit der geharnischten Reiter war geschwunden, denn 3000 Küraffiere lagen auf dem Schlachtfelde und wurden die Beute des Siegers.

Das Trugbild wich aus den Seelen der Oesterreichischen Krieger, ein höheres Selbstvertrauen gewann Raum in ihren Herzen und steigerte den Muth und die Begeisterung.

In eben solchem Maße stieg aber auch das Vertrauen zu ihrem Führer, und die ältesten erfahrensten Offiziere gestanden: Daß es unter allen Oesterreichischen Feldherrn der starken Hand des Erzherzogs Carl allein möglich gewesen sei, die Gefahr dieser Stunde zu beschwören.

Diese Stunde ist eine der denkwürdigsten aus seinem Leben!

Nun weiter in unserm Schlachtgemälde! —

Napoleon selbst, der Zeuge des furchtbaren Angriffes sein wollte, kam in Gefahr; einige Schritte vor ihm wurden die Generale Fouler und Durosnel gefangen; und der General Espagne, von einer Kugel getroffen, fiel auf dem Schlachtfelde.

Der Abend rückt heran und noch wüthet der Kampf auf allen Seiten fort. Aspern und Eßlingen

stehen in Flammen, aber die Flammen kühlen nicht
die Kampfeswuth! Endlich bricht die Nacht heran
und endet den Kampf. Hoch lodern die brennenden
Dörfer, und das Geschrei der Verwundeten in den
flammenden Häusern bringt herzzerreißend heraus —
ermüdet, von der Blutarbeit des Tages erschöpft,
rafft sich mancher Krieger auf, um die Aermsten zu
retten. — Ein Gemeiner von Rainer Infanterie, dem
Herzen nach ist er ein Edler, hat schon zwei Verwundete, einen Oesterreicher und einen Franzo-
zosen aus einem brennenden Hause getragen; er
will zum dritten Mal hinein, doch der ernste Befehl seines Hauptmanns macht ihn auf die Gefahr
aufmerksam, im nächsten Augenblicke stürzt auch schon
das ganze Gebäude zusammen, welches ihn ohnfehlbar
unter seinen Trümmern begraben hätte.

Der tapfere Soldat, Kuflik war sein Name,
erhielt die goldene Medaille.

Der Erzherzog hätte ihm auch die Bürgerkrone
verliehen, wäre die schöne Sitte der Alten, menschli-
che Handlungen auf diese Art zu belohnen, auf uns
übergegangen.

Wer wollte diese einzelnen Züge des Heldenmu-
thes und der Menschlichkeit schildern, die hier vorfie-
len? Gemeine retteten mit Gefahr ihres Lebens Offiziere, Unteroffiziere erboten sich in Behauptung

einzelner Posten, Offiziere kämpften wie ihre Soldaten in den Reihen mit Gewehren von gefallenen Un-
tergebenen, es war im ganzen Heere Ein Gedanke,
Ein Herzensschlag! Erst die Finsterniß der Nacht
machte dem Kampf ein Ende. General Vaquant mit
8 Bataillonen hielt die Kirche und den westlichen
Theil von Aspern besetzt. Hiller mit der ersten Kolonne zog sich hinter diesen Ort zurück, brachte seine
Truppen wieder in Schlachtordnung, und bivouakirte
unter dem Gewehr. Eßlingen blieb von den Franzosen besetzt.

Die anderen Oesterreichischen Kolonnen standen
im Bogen vor Aspern und Eßlingen. Die feindlichen
Divisionen ebenfalls zwischen den Oertern, aber weiter rückwärts gegen den Brückenkopf zu.

Das Hauptquartier des Generalissimus war in
Breitenlee, Napoleon blieb in der Lobau.

Beide Armeen brachten die Nacht unterm Gewehr
auf dem Schlachtfelde zu.

Die brennenden Dörfer erleuchteten im großen
Umkreise die Gegend, die Luft strich feuerwarm gegen
die grünen Donau-Auen; der reine blaue Himmel
hing in ungetrübter Schönheit über dem großen Lei-
chenfelde; Sterne, gleichsam die Sterbenden tröstend,
funkelten an der azurnen Himmelsdecke.

Der Pfingstsonntag war zu Ende.

Der Einundzwanzigfte des Wonne = Monats
— o Ironie! — hatte der Nacht Platz gemacht.

Dies ist der erste Tag der Schlacht
von Aspern!

*

*

Benutzen wir die Ruhe der Nacht, die Bataillone unserer alten Bekannten, der Wiener Freiwilligen, aufzusuchen. Wir waren Zeugen, wie sie ihre
Fahnen geweiht empfingen, wir sahen ihren Ausmarsch, wir haben ihren ersten Heldenkampf bei Ebelsberg geschildert, wir fanden sie auch heute bei dem
Sturm auf Aspern, und siehe da, der altersgraue
Thurm von St. Stefan, der bei jener Scene in Wien
wie ein ehrwürdiger Zeuge vor Gericht stand; er
sah auch heute herüber auf das Wahlfeld, und fand
die Bestätigung, daß jener Jubel kein gemachter,
daß jene Gefühle nicht falsch, nicht erzwungen waren.

Die Wiener Freiwilligen haben ihren Eid reblich
erfüllt!

Die erste Kolonne hinter Hiller brachte die
Nacht zwischen Aspern und Stablau nahe an der Donau zu.

Die Truppen lagerten auf der Erde, die Torni-

ster unterm Kopfe, das Gewehr an der Seite. Die
Bataillone hatten sich in Kompagnien, diese wieder in
Züge abgesondert.

Die Soldaten sind ermüdet. Viele schlummern,
Andere ruhen wachend aus und sprechen mit einan=
der; wieder Andere sind mit ihren Waffen beschäf=
tigt, um sie für den nächsten Tag in Stand zu
setzen.

Egidius Brenner sitzt auf dem Boden. Zwischen
den Füßen hat er seinen Hut stehen; quer über die
Schenkeln liegt das Gewehr, an dem er herumarbei=
tet. Hermann Duschel kommt eben daher und setzt sich
an seine Seite.

„Was machen Sie da, lieber Brenner?"

„Ich muß meinem Hahn einen neuen Zahn ein=
setzen," antwortete Servatia's Zukünftiger, „der Stein
ist heute ganz stumpf geworden, ich will einen frischen
einschrauben!"

„Haben auch Sie so viel Patronen verschos=
sen?"

„Du lieber Himmel! Was will man denn ma=
chen? Wenn Alles schießt, thut man's halt auch
mit, so lange es geht. Aufrichtig gesprochen, mich
ärgert dieses Knallen in den Wind hinein. Das erste,
zweite Mal heißt es: „Feuer!" Gut, da laß ich mir's
gefallen, da sieht man doch, wohin man schießt;

also in Gottes Namen: „Feuer!" — Bald steht man aber mitten im Rauch drinnen, und nun beginnt die Knallerei, rechts, links, hinten, vorn, da geht es nur aufs Geradewohl, — man ladet, schießt, dann ladet man wieder, schießt, und geräth dabei so in Eifer, daß man am Ende die Gefahr ganz vergäße, wenn nicht hie und da Einer zu Boden fiele, und sein Schmerzensruf die Brust erschütterte. Dann heißt es wieder: „Angeschlossen!" die Lücke ist ausgefüllt, und kein Hahn kräht mehr um den Gefallenen, höchstens die Pflasterschmierer und Schmerzenmacher hinter der Fronte, wenn's gerade nicht so gefährlich ist."

„Ich muß Ihnen aber aufrichtig gestehen, lieber Brenner, daß ich Ihnen nicht so viel Muth zuge-traut hätte, Ihnen, der Sie früher vor dem Krie-ge eine so große Abneigung an den Tag legten."

„Pah! Muth? Bin ich vielleicht gar ein Eisen-fresser?"

„Das nicht, aber Sie stellen Ihren Mann!"

„Ich hab' mir die ganze Sache überlegt und ge-dacht, da ich doch einmal da bin und die Lumpen-kerle von Franzosen auf mich schießen lasse, so will ich ihnen Nichts schenken und auch auf sie schießen; hab ich Recht oder nicht?"

„Freilich, haben Sie Recht."

„Und sehen Sie, lieber Hermann! Was mich

anbelangt, so bin ich im ganzen Feldzuge noch nicht geschlagen worden; für meine Person bin ich also noch
immer der Sieger, und die Franzosen, die ich erschossen und erstochen habe, sind die Besiegten. Sehen
Sie, zum Beispiel heute beim dritten Sturm im Dorf;
ich dringe in ein Haus, es waren schon einige von
uns hinter mir. Ich stoß' die Thüre eines Stübchens
ein. Ein Franzose schießt auf mich, ich parire, sein
Gewehr geht los, ohne mich zu treffen, das meine
ist — aber noch geladen. Jetzt bist Du mein! ruf'
ich und lege an, bitte um Pardon. — Der Franzose
ruft: „Pardon!" — Ich aber erwidere: Bei Gott ist
Pardon! — Paff — er liegt im Blute!"

„Sie sind ja ein Tiger geworden!"

„Hätt' ich den armen Schelm sollen gefangen
nehmen? Das werde ich bleiben lassen, denn er war
ein Riese gegen mich und hätte mich zermalmt; aber
das Pulver, das ist eine köstliche Sache; thut mir
leid, daß ich es nicht erfunden habe."

Hermann lächelte, Egidius legte jetzt seine Muskete bei Seite, und fuhr fort: „So, jetzt wär' ich
mit der Arbeit fertig."

„Wollen Sie vielleicht schlafen?"

„Bewahre! Es ist ja noch nicht eilf Uhr, und
wenn ich drei Stunden schlafe, habe ich mehr als genug, — aber ich mögte etwas Anderes."

„Nun, was denn?"

„Essen und trinken!"

„Haben Sie Hunger?"

„Das will ich meinen! Ich hätte freilich noch
ein Stückchen Brod im Sacke, aber Brod allein
schmeckt selbst dem Papst nicht, er will auch Wein
dazu, oder sonst was."

In der Nähe lag die Bedienung eines Geschü-
zes von der Batterie, die bei der Brigade eingetheilt
war.

Einer der Kanoniere erhob sich und kam herbei:
„Haben Sie wirklich solch ein Verlangen nach einen
Trunk Wein?" fragte er theilnehmend.

„Ach, mein schätzbarster Herr Ober-Kanonier
und Vormeister," rief Egidius, „wie können Sie nur
fragen? Wir sind ja jetzt schon lange genug beisammen — Sie müssen wissen, daß ich nie rede, bis
nicht die Noth am höchsten ist. Mein Magen ist
schon so voll Wasser, daß er mir vorkommt, wie
ein alter Pantoffel, der sechs Tage in der Donau
lag."

Da sprach der Kanonier: „Halten Sie mir meinen Zweispitz, meinen Säbel und das Besteck,*) ich
werde gleich wieder da sein."

---

*) Ein Behältniß, in welchem jeder Oberkanonier Zeichnen-
requisiten und einen messingenen Zollmaßstab hat.

Er enfernte ſich.

„Bei meiner armen Seele!" murmelte der Landwehrmann, „ich glaube gar, der herrliche Kanonenbän-
diger hat irgendwo einen Schaß verborgen!"

„Es iſt leicht möglich!" verſetzte Hermann, „die
Kanoniere leiden nie Mangel; ſie haben mehr Gelegenheit Etwas mitzuführen."

Der Artilleriſt kam ſchwer beladen zurück. Er
ſetzte ſich zu den beiden Landwehrmännern und ſprach:
„Nur leiſe, ſonſt bekommen wir zu viele Gäſte und
es bleibt für uns Nichts übrig."

„Da haben Sie ganz recht, Herr Vormeiſter!"
wiſperte Egidius, und zog jetzt ſein Brod und ein
Taſchenmeſſer hervor.

„Aber alle Wetter! Was haben Sie denn da?"
fragte Hermann.

„Das iſt ein Torniſter zum Zutragen der Stück-
patronen."

„Sie werden uns doch nicht mit Patronen be-
wirthen?" meinte Egidius erſchrocken.

„Warten Sie nur," lächelte der Zögling des
herrlichen Kolleredo, „Sie werden es gleich ſehn."

Hierauf zog er ein Stück aus dem Torniſter.

„Was iſt das?"

„Käſe!"

„Donnerwetter! Der ist hart, aber 's macht Nichts, wie haben gute Zähne."

Dann kam wieder Etwas zum Vorschein.

„Was ist das?"

„Gedörrte Zwetschen!"

Egidius sah ihn staunend an und schüttelte den Kopf.

Dann kam wieder Etwas.

„Was ist das?"

„Ein geräuchertes Züngelchen!"

Egidius gerieth in Entzücken. „Sind Sie noch nicht fertig?" rief er verwundert.

„Die Hauptsache kommt erst!" entgegnete der Kanonier.

„Mein Gott, was ist denn das?"

„Ein kleines Fäßchen mit Wein!"

„Wein?"

„Nur zwei Maas!"

„O Du göttlicher Patronstornister! Komm' her in meine Arme und laß Dich küssen; Du bist mir jetzt lieber, als alle anderen Patronen, selbst die Heiligen nicht ausgenommen."

Man begann zu essen.

„Aber, mein schätzbarster Herr Vormeister," nahm Egidius das Wort, „wie soll ich es denn anstellen, um aus dem Fäßchen zu trinken? Es ist kein Glas dä, und so, fürchte ich, dürfte es nicht leicht möglich sein."

„Geben Sie mein Besteck her."

Der Kanonier öffnete den Deckel desselben und zog ein zusammengefaltetes Stück Leder heraus, als er dieses auseinanderschlug, hatte es die Form eines Bechers.

„O Du heiliger Kanonengott!" rief Egidius, „sind Sie eingerichtet! So laß' ich mir's gefallen, das heißt doch leben; ich bitte Sie, lieber Hermann, essen Sie von der Zunge, die ist delikat, wenn wir nur ein Bischen Salz da hätten."

„Geben Sie eine Patrone her!" sagte der Kanonier; Egidius sah ihn staunend an und überreichte ihm das Verlangte.

Der Artillerist öffnete sie, nahm ein Bischen Pulver heraus, streuete es auf die geräucherte Zunge und sagte: „So, jetzt ist auch Salz darauf!"

Egidius schüttelte den großen Kopf und der Kanonier sagte: „Essen Sie nur, beim Pulver ist Salpeter, das ist salzig und kühlt den Magen!"

Der Landwehrist war hiermit nicht ganz einverstanden. „Mein schätzbarster Herr Vormeister," meinte er, „Sie sind zwar ein alter Soldat und müssen das Alles besser wissen, als ich, aber ich habe ein sehr feuriges Temperament, — und das Pulver dazu —"

„O, fürchten Sie Sich nicht; Sie werden nicht in die Luft gehen. —"

„Glauben Sie?"

„Da, nehmen Sie den Becher, ich will Ihnen wieder einschenken."

„In Gottes Namen, die Artillerie soll leben!"

„Und die Landwehr darneben!"

„Bravo, das ist recht, so ist's gut kampiren!"

„Trinken auch Sie, Herr Duschel."

„Auf Ihr Wohlsein!"

„Schönen Dank!"

„Jetzt kommt das gedörrte Obst an die Reihe, das ist unser Konfect."

„Da, essen Sie Käse dazu."

„Was? Zwetschen und Käse?"

„O, das ist recht gut; es schmeckt so, wie Böhmische Dalken mit Minestra."

Hermann lachte und Egidius brummte: „Hören Sie mir auf, das ist ja ein abscheuliches Durcheinander, ich esse erst das Obst und dann den Käse."

„Im Magen kommen sie doch zusammen, sagte der Kanonier, und Brenner entgegnete: „Da mögen sie es mit einander ausmachen, wie sie wollen, ich mag ihr Advokat nicht sein. Geben Sie mir gefälligst etwas Wein, ich hoffe, der wird ein wirksamer Mittelmann werden; am Ende spricht die geräucherte Zunge auch noch ein Wörtchen drein, — nun das kann eine hübsche Wirthschaft geben."

Nachdem er getrunken hatte, fuhr er fort: „Aber jetzt, mein hochverehrtester Herr Vormeister, sagen Sie mir doch, woher Sie dies Alles haben?"

„Woher? Wie können Sie nur fragen? Ich hab's gekauft und in meinem Karren aufbewahrt."

„Ja, brauchen Sie denn den Tornister nicht?"

„Das ist ja ein Reserve=Tornister."

„Ja die Reserve, das ist eine herrliche Sache! Haben Sie keine Reserven mehr?"

„O ja, wir führen bei jedem Geschütz zwei Reserve = Tornister und einen Reserve=Protzbaum mit."

„Wozu gehört denn der Reserve=Protzbaum?"

„Der dient dazu, um Denjenigen niederzuschlagen, der mit dem einen Tornister nicht genug hat. Wollen Sie vielleicht noch Etwas?"

„O ich danke, danke, ich habe wirklich schon genug."

Der Kanonier hing Säbel und Besteck um, setzte seinen Zweispitz auf, that das leere Fäßchen in den Tornister, nahm diesen unter den Arm und sagte: „So, meine Herren Landwehristen, jetzt gute Nacht!"

„Gute Nacht, Herr Kanonier."

„Schönen Dank für die Reserve."

Er ging zu seinen Kameraden, warf sich nieder auf die Erde, legte den Tornister unter den Kopf und war bald entschlafen.

Nach seiner Entfernung sagte Egidius zu Hermann: „Ein guter Kerl, der Kanonier, aber etwas grob; doch das kommt von seinem Geschütze, — hab' ich Recht oder nicht. Jetzt kommen Sie, mein Freund, wir wollen uns auch ein Bischen niederlegen."

Sie streckten sich der Länge nach aus und Egidius sagte: „Sehen Sie, lieber Hermann, wenn ich mich nicht irre, muß da gerade die Krieg-Aue sein, dann kommt ein schmaler Arm, dann der Prater, und dann das liebe Wien. So nahe und doch so ferne. Ach! Was gäbe ich d'rum, wenn ich nur ein Stündchen in Mariahilf sein könnte."

Hermann lächelte und entgegnete: „Es könnte nicht schaden."

„Was wird meine arme Servatia machen! Welche Angst wird Sie heute meinetwegen ausgestanden haben, denn das Donnern den ganzen Nachmittag hindurch wird man doch gewiß auch in Wien gehört haben."

„Ohne Zweifel, und die Angst dort wird jedenfalls größer gewesen sein, wie bei uns."

„Ja, das glaub' ich auch; ach, wenn die Ge=
schichte nur bald ein Ende nähme!"

„Vielleicht wird es der morgende Tag entschei=
den."

„Glauben Sie, daß es morgen wieder losgehen
wird?"

„Ohne Zweifel."

„In Gottes Namen!"

„Und das vielleicht schon recht zeitlich."

„So? Dann gute Nacht! Ich will mich an's
Schlafen machen; nur drei Stündchen und ich stehe
dann wieder zu Diensten, meine Herrn Franzosen.
Gute Nacht, Herr Hermann!"

„Gute Nacht!"

Egidius entschlief bald.

Der junge Mann blieb noch eine Weile wach,
seine Gedanken weilten in dem traulichen Stüb=
chen in der Schmalzhofgasse, vor ihm stand die
Geliebte mit dem süßen Lächeln, mit dem sanf=
ten Blicke, mit der reizenden Gestalt; sie sah ihm
wieder so fromm und mild in das Auge, wie es oft
ihre Gewohnheit war, wenn sie ihn umfaßt hielt,
und an seinem Herzen ruhte. Er faltete die Hände,
lispelte ein innig Gebet, seufzte leise auf und entschlief
sanft, als ob er auf schwellendem Lager mitten im
Frieden, von keiner Gefahr bedroht wäre. — — —

Aspern und Eßlingen brennen noch immer.

Die Verwundeten jammern hier und dort.

Die Nacht verrinnt.

Der Himmel ist heiter und blau.

Im Osten bricht ein leises Dämmern hervor, das Zeichen von dem Werden des jungen Tages.

Es ist Zeit!

Die Oesterreichische Armee muß auf zum Kampf!

*

Der zweiundzwanzigste Mai ist herangebrochen. Der zweite Pfingsttag.

Mit dem ersten Grauen ertönt ein Kanonenschuß.

Der Kampf wird auf der ganzen Linie erneuert. Die erste und zweite Kolonne greifen Aspern, die vierte und fünfte Eßlingen an; die dritte Kolonne, so wie die in der Nacht herbeigezogene Grenadier-Reserve bilden das Centrum im zweiten Treffen.

Der Hauptmann Friedrich Magdeburg vom Generalstab hatte den Befehl erhalten, in der Gegend von Nußdorf schwer beladene Flöße und Schiffe auszulassen, damit sie von der Strömung des angeschwollenen Flusses mit Gewalt gegen die feindliche Brücke getrieben, diese durchbrechen und so die Verbindung des Feindes mit dem rechten Ufer zerstören sollten.

Es ist vier Uhr Morgens.

Die Franzosen suchen Aspern wieder zu erobern, die Oesterreicher stürmen Eßlingen.

Massena an der Spitze der Division Cara St. Cyr stürzt ins Dorf und wirft die Oesterreicher zurück, aber frische Bataillone, darunter das Regiment Klebeck, greifen neuerdings an und erobern es zum fünften Mal.

Das in Flammen stehende Aspern wird vierzehn Mal erobert — und vierzehn Mal verloren. Das Gemetzel ist entsetzlich, Grausen erregend!

Endlich gelingt es dem Regimente Benjowsky, den Friedhof zu erstürmen; die Mauer, auf der dem Feinde abgewandten Seite niedergerissen, gewährt bequemen Ausgang, und raubt den Feind die Deckung, der Friedhof ist für die Oesterreicher eine Schanze geworden. Von nun an behauptet sich die erste Kolonne in der linken Flanke des Feindes.

Die Stürme auf Eßlingen scheitern an der Kaltblütigkeit Lannes, und wenn auch oft augenblickliche Vortheile errungen werden, so gehen sie durch die ebenfalls bewunderungswürdige Tapferkeit der Franzosen wieder verloren.

Napoleon, den Gedanken eines Angriffes auf's

Centrum noch immer im Kopf tragend, beschließt die=
sen auszuführen.

Marschall Davoust ist eben über Kaiser=Ebers=
dorf im Anmarsch.

Lannes stellt sich an die Spitze der Division St.
Hilaire, links von ihm sind die Grenadiere von Ou=
dinot, rechts die Division Boudet, Massena bei Aspern,
und Bessieres mit der ganzen Kavallerie im Centrum,
so geht es die sanfte Anhöhe hinan, auf deren Rücken
die Oesterreichische Mitte kämpft.

Der Generalissimus stürzt, die Gefahr erkennend,
zur bedrohten dritten Kolonne, zieht einen Theil der
zweiten herbei, ordnet die vierte und stellt rückwärts
einige Regimenter am rechten Flügel seiner Kavallerie
im dritten Treffen auf. Der Artillerie=Obrist Smola
entwickelt eine furchtbare Artillerie, so gerüstet erwar=
tet man den feindlichen Angriff.

Lannes, von Napoleons Gegenwart noch mehr
begeistert, stürmt heran.

Ueber vier Hundert Feuerschlünde sind auf bei=
den Seiten aufgepflanzt und beginnen ihr fürchterliches
Spiel.

Seit der Erfindung des Pulvers war eine solche
Masse von Kanonen noch auf keinem Schlachtfelde ge=
standen.

Der Kampf wälzt sich über das ganze March=

feld, die Erde zittert, und die ohnedies hochwogende Donau bäumt sich in schäumenden Wellen.

Lannes wirft sich auf die dritte Kolonne. Küraffiermaffen rasen heran, die Oefterreichische Mitte schwankt, wird durchbrochen und weicht bis Breitenlee zurück. Schon lösen sich mehre Bataillone auf, schon ist die Ordnung der Linie zerstört, vergebens stehen die Generäle selbst an den Spitzen, ihre Aufmunterungen verhallen, ihr Beispiel geht verloren. In diesem Augenblicke der höchsten Gefahr stürzt Erzherzog Karl auf das weichende Regiment Jach, ergreift die Fahne des ersten Bataillons und ruft: „Mir nach!" und stürmt voraus.

Das Regiment, ergriffen, begeistert, formirt sich und folgt dem erhabenen Führer.

Der Generalissimus mit seinem Stabe steht im dichtesten Kugelregen, Pulverdampf umwogt ihn, mehre seiner Adjutanten werden verwundet, er steht, wankt nicht, die Grenadiere folgen, der verlorne Raum wird wieder genommen.

Der Kampf wogt eben so fürchterlich, wie früher, aber unentschieden fort.

Der Generalissimus hatte das wankende Geschick des Tages wieder hergestellt.

Es war der zweite erhabene Moment in dieser Riefen=Schlacht.

Jetzt sprengt ein Adjutant von der Lobau zu Napoleon.

„Sire! —"

„Was gibt es?" fragte der Kaiser, den die Ahnung einer Hiobspost beschlich.

„Die große Brücke über den Donauarm ist zerstört, Marschall Davoust ist abgeschnitten!"

„Sie muß hergestellt werden."

„General Bertrand bedarf hiezu mindestens eine Frist von fünf Stunden."

„Fünf Stunden!" ruft der Kaiser mit eisig kaltem Tone und sieht einen Augenblick lang düster gegen den Strom, dann setzte er gefaßt hinzu: „Wohlan! — er soll sich beeilen!"

Der Adjutant sprengte fort.

Napoleon eilte hinter seine Linien.

„Soldaten!" ruft er, „die Brücke hinter Euch ist zerstört, es geschah auf meinen Befehl, um Euch keine andere Wahl als Sieg oder Tod zu lassen."

Die Nachricht läuft durch das kämpfende Heer, aber der Sieg hat seinen Liebling verlassen.

Bald sind die Französischen Kolonnen bis auf ihre schützenden Stellung zwischen Aspern und Eßlingen zurückgedrängt, die Oesterreicher können jetzt wieder angreifen.

Dies geschieht auch. Drei Bataillone und die

ganze Grenadierreserve, unterstützt von der Reserve-
kavallerie bringen gegen die feindliche Mitte, in den
schwachbesetzten Raum zwischen Lannes und Massena.
Napoleon, den Augenblick der Gefahr erfassend, läßt
Bessieres mit der ganzen Kavallerie einhauen, nicht
um zu siegen, sondern nur um die Armee zu retten.
Indessen bringt Feldmarschall-Lieutenant d'Aspre mit
vier Grenadier-Bataillonen, ohne einen Schuß zu thun,
bis unter die Kanonen von Eßlingen, wurde aber
durch ein mörderisches Feuer zurückgetrieben; noch
fünf Mal wurde Eßlingen gestürmt, einige Mal gewonnen und doch wieder verloren; endlich behauptete
es der Feind mit Heldenmuth, im verzweiflungsvoll-
sten Widerstand, denn es galt, den beschlossenen
Rückzug seiner Armee nach der Insel Lobau zu
decken.

Dieser begann gegen vier Uhr Nachmittags, über-
schüttet von Kugeln, marschirte er trotzdem geordnet
in seine feste Stellung zurück; dies dauerte bis tief in
die Nacht hinein.

Bei einem der letzten Angriffe auf Eßlingen steigt
der Marschall Lannes auf einige Augenblicke vom
Pferde, um auszuruhen, da saust eine Kugel daher —
und reißt ihm beide Schenkel ab.

Er stürzt zusammen.

Grenadiere von der Garde tragen ihn in die Lobau.

Marschall Massena hielt jetzt mit der alten Garde Eßlingen und den östlichen Theil von Aspern, und zog sich erst am nächsten Tage ungefährdet in die Lobau zurück.

Dies ist der zweite Tag der Schlacht bei Aspern.

Aus dem beiderseitigen Verluste mag man auf die Erbitterung schließen, mit der gekämpft wurde. 7000 todte, 20,000 verwundete Franzosen, 5000 todte und 15,000 verwundete Oesterreicher deckten das Schlachtfeld.

3 Kanonen, 17,000 Gewehre und 3000 Küraffe blieben die Beute des Siegers.

Achtzehn Stunden waren die meisten Truppen im Feuer gestanden, und hatten mit nicht ermüdender Ausdauer gekämpft; sie ertrugen Entbehrungen und Mühseligkeiten, und bewiesen eine Todesverachtung, die selbst dem Feinde Ehrfurcht einflößte. Der Generalissimus, gerührt von einer solchen aufopfernden Tapferkeit, bekannte selbst: Daß bei einem solchen Wettstreit der höchsten Kriegertugenden es unmöglich sei, die Tapfersten zu bezeichnen, daher alle Soldaten, welche bei Aspern gefochten, der öffentlichen Dankbarkeit würdig seien.

Diese zweitägige Schlacht von Aspern unter dem Erzherzog Karl und Napoleon ist eine der

blutigſten, hartnäckigſten, welche ſeit dem Ausbruch
der Franzöſiſchen Revolution gefochten wurde; ſo lange die Weltgeſchichte beſtehen wird, ſo lange wird
dieſe Schlacht auch merkwürdig bleiben, ſo lange
Oeſterreichs Heere beſtehen, ſo lange werden ſie mit
Stolz auf Aſpern hinweiſen, denn ſo wie dort gefochten wurde, ſo können nur Helden fechten. Dieſe
zweitägige Schlacht von Aſpern iſt die erſte,
in welcher Napoleon perſönlich beſiegt wurde.

Der Sieger war der Erzherzog Karl!

Zwei Reden bewahrt die Geſchichte, die aus dem
Munde des Franzöſiſchen Kaiſers kamen, und die
merkwürdig genug ſind, um auch hier aufgezeichnet zu
werden. Die Eine: „Ihr habt die Oeſterreicher bei Aſpern nicht geſehn, alſo habt Ihr
gar Nichts geſehen!" Die Andere: „Es iſt
wahrhaftig doch nicht ſo befremdlich, daß
man einmal **eine** Schlacht verliert, nachdem man vierzig gewonnen hat!"

*

*   *

Die Scene iſt auf der Inſel Lobau.

Der Abend iſt herangebrochen.

Es iſt derſelbe Abend des zweiten Schlachttages
von Aſpern!

Der Moment iſt ein welthiſtoriſcher.

Die Französischen Divisionen marschiren vom Schlachtfelde auf die Insel. Ihre Reihen sind gelichtet, die stolze Haltung verloren. Unweit der Brücke, von Strauchwerk gedeckt, sitzt auf einem Baumstamme Napoleon. Er hat seine linke Hand auf den aufgestellten Fuß gestemmt, in der Rechten eine Reitgerte, mit der er Charaktere auf den Boden schlägt. Sein Blick ist düster, sein Mienenspiel lebhaft wie noch nie.

Die vorüberziehenden Truppen bemerken ihn nicht, aber er sieht ihre pulvergeschwärzten Gesichter, ihre dampfzerwühlten Bärte, er sieht die gebeugten Massen, die schwer getroffenen Reihen, hört endlich die Verwünschungen, die sie ausstoßen, die Flüche, welche dem Unglücke des Tages gelten, die Schmähungen, die selbst ihn, den Kaiser nicht schonen.

„So ist es also wirklich wahr," tönt es leise in seinem Innern, „bin ich wirklich besiegt? Sie sagen es, es muß also wahr sein! Wird es die Welt glauben, und welche Wirkung wird es auf die öffentliche Meinung haben? Nein, nein, ich bin nicht überwunden — ich habe noch nicht gesiegt, das ist das Ganze! Bei Aspern da ging es freilich schlecht, aber bei Eßlingen ist der Feind nur einen Schritt weit vorgedrungen; mag er sich immerhin mit dem Gedanken an Aspern brüsten, ich will mich an Eßlingen halten, — es war nicht die Schlacht bei Aspern, nein, nein, es war die Schlacht bei Eßlingen, und so soll sie auch heißen!*) —"

Er blickte auf, die Truppen zogen noch immer vorüber, die Nacht war hereingebrochen.

Napoleon erhebt sich, er blickt umher, ein Gedanke erhebt ihn.

„Schnell," ruft er dem nächsten Offiziere zu, „holen Sie mir Bertrand!"

Der Kaiser verfolgt indessen stillschweigend seine Gedanken.

Der Gerufene erscheint.

Der Kaiser winkte ihn zu sich.

„Unsere Lage ist keine beneidenswerthe!" beginnt der Kaiser.

„In der That nicht!" entgegnete der General.

„Wohlan! So soll sie es werden. Die Verwundeten werden auf Fahrzeugen nach Wien und die Umgebung gebracht, die weniger Getroffenen können noch weiter gebracht werden. Wir sind vom rechten Ufer abgeschnitten, die Verbindung muß hergestellt werden. Sorgen Sie für Ramm = Maschinen zum Einschlagen der Brückenpfeiler, ich will ein Werk voll=

---

*) Die Schlacht erhielt auch wirklich von den Franzosen den Namen: die Schlacht bei Eßlingen.

bringen, das, die Kürze der Zeit in Berücksichtigung gezogen, die Welt in Staunen setzen soll. Der tückische Strom hat sich gegen uns verschworen, er ist untreu geworden, wohlan! Es soll für uns keine Donau mehr sein, es muß, ich will es! Vor der Brücke werden erneuerte Schanzen angelegt, die Lobau soll uneinnehmbar werden, ich will zum Staunen der Welt vor den Thoren Wiens eine Französische Festung entstehen lassen, durch die uns der Strom und seine Ufer dienstbar werden müssen."

In diesem Augenblicke bemerkte man ein Stocken in den Reihen der marschirenden Soldaten, die Rotten drückten sich auf eine Seite, um einem, von hinten kommenden Haufen Platz zu machen."

„Was gibt es da?" fragte der Kaiser, und Bertrand eilte hin, um Erkundigungen einzuziehen.

Schon nach einigen Minuten kehrte er zurück.

„Nun?" fragte der Kaiser ungeduldig —

„Sire, man bringt den Marschall Lannes."

„Lannes!" rief der Kaiser bewegt, „mein armer Lannes!"

Er eilte dem Marschall bis zur Brücke entgegen.

Auf einer Tragbahre ruhend, von zwei Aerzten gefolgt, von Garden getragen, so kam der Held in die Lobau zurück.

„Lannes!" rief Napoleon.

„Mein Kaiser!" hauchte der Verwundete, und Beide lagen sich in den Armen.

Die Bahre war herabgelassen, Napoleon kniete an derselben und hielt den Verwundeten in den Armen.

Dieser hatte für den Augenblick allen Schmerz vergessen, er ruhte an dem Herzen seines Kaisers. Die Aerzte standen betrübt da, bärtige Krieger wischten sich die Augen, Generale schluchzten, Lannes weinte und Napoleon zerfloß in Thränen.

Es war ein erschütternder Auftritt!

„Lannes, mein Lannes!" rief der Kaiser im Uebermaße seines Schmerzes, „so mußt Du meinetwegen so viel leiden!"

„Sire! Jetzt in diesem Augenblicke leide ich nicht —"

„O ich weiß es, Du warst mein, immer mein!"

„Mit ganzem Herzen! — Sire! Sie werden in wenigen Stunden den verloren haben, der mit dem Ruhm und dem Bewußtsein stirbt: Ihr bester Freund gewesen zu sein!"

„O ich weiß es, ich fühle es! Aber mußte mich denn an diesem Tage ein so schrecklicher Schlag treffen, um mich an noch etwas Anderes denken zu lassen, als an die Armee?"

Todesschweigen trat ein. Der Kaiser erhob sich.

„Schnell, Bertrand! Laß meinen Freund nach
Ebersdorf bringen. Ihnen, meine Herren," wandte
er sich zu den Aerzten, „übergebe ich vor der
Hand den Kranken; es ist der Marschall Lannes, den der Französische Soldat seinen Roland
nennt, mehr brauche ich Ihnen nicht zu sagen!"

Der Verwundete, von Aufregung ergriffen, war
erschöpt zurückgesunken.

Die Grenadiere eilten mit ihm gegen den
Fluß.

Napoleon wendete sich zu Berthier, und indem
er auf die sich entfernende Truppe deutete, sagte
er: „Er war auf dem Wege, ein sehr großer Mann
zu werden! Ich habe ihn als Zwerg gefunden, und
muß in ihm einen Riesen verlieren!"

„Massena übernimmt die Sorge fürs Heer!"
herrschte er einem Adjutanten zu, der allsogleich mit
dem Befehle davon eilte.

Die Sorge war aber nicht gering, denn das
Heer auf der Lobau befand sich abgeschnitten vom
rechten Ufer, ohne Munition, ohne Lebensmittel,
auf feuchtem Boden, ermattet, von Hunger und Durst
gequält, mißmuthig über die verlorne Schlacht und
nur durch das Vertrauen auf seinen Kaiser noch in
Etwas aufrecht gehalten.

Dieser schiffte in einem Kahn spät in der Nacht nach Ebersdorf, eilte in sein Gemach, warf sich erschöpft auf das Lager und schlief bis spät in den folgenden Tag hinein.

VII.

In Wien herrschte indessen ein ängstliches Bangen. Aus allen Anstalten, die feindlicher Seits getroffen wurden, konnte man auf eine bevorstehende Schlacht schließen; häufige Truppendurchmärsche, die schon einige Tage früher stattfanden, und die alle gegen Kaiser=Ebersdorf gingen, zeigten deutlich an, daß Napoleon dort seine Hauptmacht zusammenziehe und einen Uebergang beabsichtige. Als endlich am Pfingstsonntage gegen 2000 Küraffiere aus der Leopoldstadt durch die Stadt zum Kärnthnerthore hinaus, über den Rennweg und Simmering gegen Ebersdorf zogen, da griff eine noch größere Angst um sich, die sich besonders Derjenigen bemächtigte, welche jenseits der Donau beim kaiserlichen Heere Verwandte und Freunde hatten, für deren Leben sie zittern mußten. Es

war ein Tag der Unruhe, des Bangens und des
Schreckens!

Nachmittags, als außen auf dem Marchfelde die
Schlacht begann, tönte der Kanonendonner in die
nahe Stadt. Ein wirres Rennen und Laufen herrscht
in den Straßen. Man will auf die Thürme, aber
mehre derselben, unter ihnen der Stephansthurm und
die Sternwarte, sind von den Franzosen besetzt, die
Niemandem Zutritt gestatten. Alles strömt nun auf
die Basteien beim Rothenthurm und Stubenthor, man
erkletterte Dächer, um das nie gesehene, schreckliche
Schauspiel zu betrachten. Allein bald umhüllte eine
undurchdringliche Rauchwolke die Ebene jenseits der
Donau, und verhüllte die kämpfenden Armeen, man
sah also Nichts und mußte sich blos aufs Gehör be-
schränken; dieses wurde nun freilich hinlänglich beschäftiget, denn der Donner währte bis tief in die
Nacht, ohne sich zu nähern oder zu entfernen.

Endlich verstummte er.

Welch eine Nacht der Ungewißheit, des Hoffens
und Bangens für die armen Wiener.

Am andern Morgen dasselbe Schauspiel!

Aber schon beginnen die Transporte der verwundeten Franzosen, welche, von der Lobau auf Kähnen
überschifft, nach Wien gebracht wurden.

Das Militair-Hauptspital in der Währinger-
gasse, das Trattnerische Gebäude in Alt-Lerchenfeld
werden mit blessirten Franzosen belegt. Die Kasernen
in der Alsergasse, in Gumpendorf und auf dem Renn-
wege werden in Spitäler verwandelt. Aber die Masse
der Verwundeten kam erst nach vier Tagen an, nachdem die beschädigte große Brücke über den Donauarm hergestellt war. Nun mußten auch die Sappeurs-
kasernen, das Transporthaus auf den Wieden, die
Kaserne auf dem Getreidemarkt und die fürstlich Esterhazy'sche Reitschule zu Krankenhäusern verwendet werden. Allein alle diese Anstalten reichten nicht hin, die
große Anzahl zu fassen, die Minderblessirten wurden
daher bei Privaten einquartiert. Später bestimmte
man auch noch das Kloster der Augustiner auf der
Landstraße, die Kavallerie-Kaserne in der Leopoldstadt, das ehemalige kaiserliche Lustschloß zu Ebersdorf, und das Schloß in Hetzendorf zur Aufnahme
für Verwundete; zu diesen kamen noch die Gebäude
der Ungarischen Garde, das Arbeitshaus auf der
Laimgrube u. a. m., es bestanden in Wien allein gegen 20 große Spitäler!

Die schwer Verwundeten wurden auf Wägen in
die Stadt gebracht, die Minderblessirten schleppten sich
mühselig daher und stürzten oft auf dem Wege zusammen, wo sie hülflos liegen blieben, bis sich mit-

leibige Bürger oder Landleute ihrer erbarmten, und
sie in das nächste Spital brachten.

Die Franzosen verübten indessen in der Umge=
gend Wiens manche Gräuel; die Bedrängnisse der
Wiener nahmen von Tag zu Tag zu, der Mangel be=
gann einzureißen; die zahlreichen Verwundeten in der
Stadt, die Bevölkerung und die Einquartierung, der
Bedarf war zu groß, um auszureichen, dazu kam
noch der Wucher der Bäcker, die jede Satzung als
aufgehoben betrachteten, und ganz nach niederträchtiger
Willkühr schalteten, ja es gab deren Einige, die so=
gar ihr Brod, statt es den Bürgern zu verkaufen,
lieber bei den Marketendern der feindlichen Armee ab=
setzten, wahrscheinlich, weil diese nicht so sehr auf das
vollständige Gewicht sahen.

Wir finden leider nirgends aufgezeichnet, daß
man diese Schändlichen nach eingetretenem Frieden ei=
ner verdienten Züchtigung unterzogen hat; Pranger
und Verlust des Gewerbes wäre eine noch zu gnä=
dige Strafe gewesen.

Wenn man all diese Kundmachungen und Dro=
hungen liest, die damals nur über die Bäcker ergin=
gen; wenn man erwäget, daß sie sogar zu einer sol=
chen Zeit der öffentlichen Noth und der Drangsale
ihrem Wucher ohne jede Rücksicht freien Lauf ließen,
so muß man fast bedauern, daß kein Gesetz besteht,

welches solche Verbrechen, so wie beim Militair den Kameradschaftsdiebstahl, auf die strengste Weise zu züchtigen befiehlt.

Mittwoch Nachmittags fuhr bei der St. Marrer-Linie ein langer Wagen mit Verwundeten herein. Es waren Oesterreicher, von denen auch mehre Tausend nach und nach in die Stadt geschafft, und in den vier Spitälern, bei den Minoriten, Serviten, Augustinern und im Judenspital untergebracht wurden. Als der erwähnte Wagen in der Nähe des Burgthores anlangte, erhob sich einer der Blessirten und bat, abgesetzt zu werden. Der Bauer hob ihn vom Wagen und da gerade einige Bürger vorbeigingen und sich um ihn sammelten, so ersuchte er sie, ihn nach der Mariahilfer Hauptstraße zu bringen. Da seine Montur ihn als einen der Wiener-Freiwilligen erkennen ließ, so waren gleich mehre der Anwesenden bereit, nahmen ihn auf die Arme und trugen ihn, sich von Zeit zu Zeit ablösend, die Straße hinauf. Die Franzosen hatten so viele Wagen requirirt, daß kein Fiaker zu bekommen war, ja sogar die Landleute, welche Lebensmittel in die Stadt führten, wurden zum Transportiren der Verwundeten gezwungen.

Die Bürger langten mit dem Verwundeten vor Servatia's Trödlerladen an, und die Dame, nicht ahnend, welch ein Gast im Anzuge sei, kam neugierig heraus, hatte jedoch die Gruppe kaum erblickt, so schrie sie auch schon: „Egidi!" und stürzte auf den Verwundeten los.

Der Arme sah wirklich ganz jämmerlich aus. Er trug im Schenkel eine Schußwunde, die Kugel war durch's Fleisch gedrungen, und darin stecken geblieben. Ein Feldarzt hatte ihn draußen nur zur Noth verbunden, damit keine Verblutung einträte und der Brand nicht hinzukomme, das war die ganze ärztliche Hülfe, die ihm seit 48 Stunden zu Theil geworden war. Er sah todtenbleich, mit Staub bedeckt und verstört aus, kaum daß er noch das Bewußtsein erhalten hatte, nur die Hoffnung auf eine sorgsame Pflege erhielt ihn aufrecht.

Die Bürger zogen die jammernde Trödlerin von seiner Seite, trugen ihn in die Stube, entkleideten ihn, labten ihn mit einem frischen Trunk und legten ihn aufs Bett. Einer lief sogleich nach dem Bezirksarzte, und die Anderen, nachdem sie den Dank der Dame empfangen hatten, entfernten sich. Egidius war matt; trotz der Schmerzen, die ihm die Wunde verursachte, versank er gleich in einen leisen Schlummer. Frau Servatia hatte jetzt Gelegenheit, sich zu sammeln, — sie stand vor dem Lager des Verwundeten und lauschte seinen Athemzügen.

„Ist das ein Wiedersehen?" klagte sie ohne Unterlaß in ihrem Innern.

Jetzt erschien der Arzt, er besichtigte die Wunde, und die Trödlerin sah mit Angst auf seine Mienen.

„Kann er noch gerettet werden?" fragte sie unter aufrichtigen Thränen.

„Ich hoffe es," entgegnete der Doctor, „es war aber die höchste Zeit!"

Er reinigte die Wunde, ließ zwei Gehülfen aus der nächsten Chirurgischen Officin holen und machte sich daran, die Kugel aus der Wunde zu schaffen.

Egidius ertrug mit Standhaftigkeit die Operation, als sie endlich zu Ende war, sank er in Ohnmacht, und das Wundfieber wurde heftiger.

Während dieser ganzen Scene saß Schani im Laden und zupfte Charpie, denn schon am vorigen Tage erging an die Bewohner Wiens von Seite der Landesregierung eine Aufforderung, für die vielen Verwundeten Beiträge an Leinwandstücken und Fasern zu liefern; und die menschenfreundlichen Wiener thaten auch hierin, was in ihren Kräften stand.

Frau Konrad jammerte: „Wer hätte vor einer Stunde gedacht, daß ich das, was für die Franzosen bestimmt war, für meinen Egidi nöthig haben werde?!"

Nachdem der Arzt die Wunde verbunden hatte, sagte er zur Dame: „Wenn das Wundfieber glücklich vorüber geht, so ist die Rettung gewiß."

Aber noch ein Gedanke quälte die ehrenwerthe Dame; als sie den Doctor bis zur Thüre begleitete, sagte sie: „Herr Doctor, verzeihen Sie mir noch eine Frage, wenn mein Egidi davon kommt, wird er seine geraden Glieder haben, oder vielleicht gar ein Krüppel —"

„Warum nicht gar. Es ist eine Fleischwunde, der Knochen ist nicht lädirt, daher kann das Bein vollkommen hergestellt werden; höchstens, daß er bei jedem Witterungswechsel eine kleine Mahnung fühlen wird, und das hat nicht so viel auf sich, er erspart dann einen Barometer."

Frau Servatia war mit der erhaltenen Auskunft ganz zufrieden.

„Wenn er nur wieder gesund wird und kein Krüppel bleibt," seufzte sie im Stillen, als der Doctor fort war; „das ist die Hauptsache; der arme Egidi! Ein so rüstiger Mann und ein Krüppel! Nein, nein, das Unglück wäre zu groß! Schani! Sei fleißig," wendete sie sich dann zu ihrem Majoratsherrn,

„damit wir für den Herrn Papa recht viel Charpie in Vorrath bekommen."

„Gehört das nicht für die Franzosen, Mama?" fragte der Knabe.

„Nein, für den Herrn Papa gehört es."

„Der braucht nicht so viel!"

„Schani, sei still, oder ich vergreif' mich; was ich sage, wird geschehn."

„Mama!" — „Was willst Du?"

„Was fehlt Herrn Egidi?" — „Wie sagst Du?"

„Dem Herrn Papa—will ich sagen." — „Er hat einen Schuß bekommen."

„Wo?" — „Im Fuß."

„Von wem?" — „Von einem Franzosen."

„Seit wenn?" — „Seit vorgestern."

„Mit was?"—„Mit dem Gewehr."

„Warum denn nicht mit einer Kanone?"

„Schani, wirst Du still sein?"

Der Knabe hörte endlich zu fragen auf, und Frau Konrad ging zu ihrem Kranken in die Stube.

Das Fieber ließ am zweiten Tage schon nach, und verlor sich endlich ganz, die Wunde befand sich, wie der Arzt sagte, im Normalzustande; obwohl nun die Tröblerin diesen Ausbruck nicht verstand, wurde sie durch denselben doch sehr beruhigt. Der Kranke erholte sich auch zusehends, so daß er bald zum völ-

ligen Bewußtsein gelangte, und der Tröblerin die
Wonne zu Theil wurde, von ihm erkannt zu werden.
Er lächelte sie, sie lächelte ihn an.

„Geht es Dir besser, lieber Egidi?" fragte sie
theilnehmend.

Er nickte bejahend und sie fuhr fort: „Bleibe
nur ruhig und sprich nicht viel, der Herr Doctor
sagte, Du befändest Dich schon auf dem Wege der
Besserung; aber Du darfst Dich nicht anstrengen, da=
mit Du wieder zu Kräften kommst."

Dies geschah denn auch, und der Patient war
in zwei Tagen schon so weit vorgeschritten, daß er
nach Belieben sprechen und sich mit seiner Zukünftigen
unterhalten konnte.

Die Nachricht von Brenners Anwesenheit ver=
breitete sich wie ein Lauffeuer bei seinen Bekannten.
Man kam, ihn zu besuchen, und der alte Kanonier
war keiner der Letzten.

Am Nachmittage stiefelte er in den Laden.

„Guten Abend, Frau Konrad!"

„Guten Abend!" entgegnete sie mit eisiger
Kälte.

„Ich gratulire, Frau Konrad!"

„Wozu, Herr Eiche?"

„Zu dem Patienten!"

„Eine saubere Gratulation! Sie haben aber ein

Recht dazu, denn Ihnen verdanken wir ja die ganze Geschichte."

„Frau Konrad, moderiren Sie Sich, oder, bei meiner armen Seele! ich nehme mein Wort zurück und komme nicht zu Ihrer Hochzeit."

„Wäre bald aus gewesen mit der ganzen Hoch=zeit; zum größten Glück ist die Wunde nur im Schenkel, — um eine Spanne höher und das Unglück war fertig."

Eiche brach in ein lautes Gelächter aus. „Das wäre freilich fatal gewesen," rief er, „aber jetzt hö=ren Sie mir mit Ihrer Lamentation auf, und seinen Sie stolz darauf, einen Mann zu bekommen, der auf dem Felde der Ehre geblutet hat —"

„Hören Sie mir lieber mit Ihrem Felde der Ehre auf! Der Egidi ist jetzt schon lange genug auf dem Feld der Ehre gelegen."

„Seien Sie froh, daß es so gut abgelau=fen ist —"

„Freilich bin ich froh und danke meinem lieben Herrgott dafür; ach, wer hätte geglaubt, als wir den letzten Nachmittage so gemüthlich beisammen waren, der Himmel verzeih mir meine Sünden! daß wir uns so bald wiedersehen würden; aber jetzt kommen Sie zum Kranken und trösten Sie ihn, wenn Sie es an=ders im Stande sind."

Der ehemalige Artillerist wurde von Egidi freundlich empfangen.

„Nun, wie geht es, Herr Brenner?"

„Jetzt gut —"

„Nach Leid kommt Freud! Nicht wahr, das ist
ein Leben im Felde, wie im Paradies?"

„O ja, nur zweifle ich, daß im Paradiese so viel
Pulver verschossen wurde. Ach lieber Herr Eiche, das
war eine Kracherei, die ich in meinem Leben nicht
vergessen werde."

„O, ich kenne das!"

„Den Teufel kennen Sie, Sie waren gegen die
Türken, wo man alle Stund einen Eßlöffel voll Pulver nahm; da geht es jetzt anders her! Ein Fran-
zosenkrieg ist ein ganz anderes Ding: Schuß auf
Schuß, Knall auf Knall, mitunter das Bajonet gefällt und vorwärts gelaufen, dann wieder
zurück."

„Alle Wetter! Sie werden doch nicht retirirt
sein?" rief der Kanonier.

„Nein," entgegnete Brenner, „ich habe mich nur
zurückgezogen, und das hübsch weit, — von Baiern
bis nach Wien; aber ich bin nicht geschlagen worden,
ich habe immer gesiegt, bis am zweiten Tage bei
Aspern, da hab' ich eine Niederlage erlitten."

„Und wie ist das gekommen?"

„Wie? Ich will's Ihnen gleich erzählen. Am zweiten Schlachttage gegen ein Uhr war ich noch kerngesund. Etwas matt und hungrig, das war Alles, sonst frisch und wohlauf, der Hermann Duschel in meiner Nähe, ruft mir zu: „Wie gehts, lieber Brenner?"

„Gut, und Ihnen?"

„Auch!"

„Das freut mich."

„In diesem Augenblicke heißt es: Kameraden! Wollt Ihr Aspern ganz haben?".

„Der so sprach, war unser Obristlieutenant Küssel; wir hatten den einen Theil des Dorfes, und unten in den letzten Häusern, die eine Quergasse bilden, standen die Franzosen."

„Wir wollen! rufen wir, ich meine nämlich, wir Wiener drei Bataillone."

„Gut, sagte der Kommandant, kommt mit mir, ladet, aber Niemand schießt, außer auf zehn Schritte Distanz."

„Hallo! riefen wir, zehn Schritt — voran Kameraden! Zehn Schritt — wir wollen Aspern ganz haben!"

„Noch einige Bataillone mit uns, die Trommeln rasseln; hallo, ho! Sturm — auf — marsch! So rufen Tausend Stimmen, das Bajonet ist gefällt, und nun gehts los."

„Wir prallen vor — zehn Schritt — Feuer — die Kanonen sekundiren — da kommen die Franzosen, ein General an der Spitze."

„Das ist der Marschall Massena! ruft einer unserer Offiziere —"

„Das wär' ein fetter Bissen, dacht ich mir, kannst Du nicht den Bonaparte, auf den ich ohnedem ein Auge habe, herabputzen, so willst Du mit dem Massena zufrieden sein!"

„Gut — wir bringen vor — ich laß den Massena nicht aus — die Feinde bringen auch auf uns ein — das Gefecht wird mörderisch; wir müssen uns langsam zurückziehen, die Franzosen nach, der Teufelsmensch immer voran. Jetzt hab' ich meine Muskete geladen, leg' auf ihn an, der Schuß versagt, ich hatte in der Eile kein Pulver auf die Pfanne geschüttet; das war ein großer Fehler, denn ich hatte den Marschall so scharf aufs Korn genommen, daß er mir gar nicht davongekommen wäre. In diesem Augenblick reitet der Massena zurück, er mogte es gemerkt haben, daß ich es nur auf ihn absah, denn er kam so bald nicht wieder zum Vorschein, aber seine Rache blieb nicht aus — nach einer Weile spür ich am linken Schenkel ein gewisses Streifen, in der Hitze achtete ich nicht darauf, aber in wenigen Sekunden empfand ich glühenden Schmerz — das Bein versagt mir den Dienst, ich stürze, der Hermann Duschel und der Baber Franz fassen mich und schleppen mich zurück. Der Marschall hatte sein Ziel erreicht; ich war kampfunfähig, und er gerettet! Als ich wieder zu mir kam, lag ich in der Au, neben mir Todte und Verwundete in Ueberzahl, ich hörte wimmern, ächzen, stöhnen, klagen, es war ein gräulicher Aufenthalt. Ein Arzt hatte eben meine Wunde verbunden und sagte mir: „Gieß nur fleißig frisch Waffer auf den Lappen, ich muß zu den Andern." Ich blieb liegen. Die Schlacht war zu Ende, aber das Kanoniren dauerte fort. In der Nacht kam der Hermann zu mir, gab mir Brod, füllte meine Feldflasche mit Waffer, reinigte den Verband meiner Wunde; dann mußte er fort, denn der Dienst rief ihn. Wie es mir in jener Nacht und den folgenden Tag hindurch ging, das werde ich in meinem Leben nicht vergessen. Der Schmerz folterte mich, Grausen und Schrecken umgaben mich. Mich wundert es nur, daß ich noch bei Sinnen blieb, ich muß ein sehr starkes Naturell haben."

„Freilich," unterbrach ihn die andächtig zuhörende Frau Konrad, „freilich hast Du ein sehr starkes Naturell, und das war Dein Glück."

„Endlich kamen die Franzosen, um aufzuräumen; eine Menge Bauern wurden hergetrieben, welche die Gefallenen begraben mußten; wie es dabei zuging, das war über alle Maßen. Die armen Soldaten wurden in die Gruben hineingeworfen, so wie die Kohlköpfe, es war Mancher darunter, der noch athmete, aber das wurde nicht berücksichtigt. „Es thuts nicht mehr mit ihm!" sagten die Bauern, das war das Ganze. All diese Gräuel haben mich fast mehr angegriffen, wie meine Wunde; endlich kam die Stunde der Erlösung. Die Bauern nahmen am Abend mehre leicht verwundete Oesterreicher, legten uns in einen Kahn, brachten uns nach Ebersdorf, wo wir die Nacht zubrachten, und am zweiten Tage auf einen Wagen hieher geführt wurden."

„Sie haben sich also recht wacker gehalten!" sagte der alte Kanonier mit sichtbarer Zufriedenheit, „das freut mich, Frau Konrad kann stolz auf Sie sein."

„Das bin ich auch!" entgegnete die Tröblerin, „aber sag' mir doch, lieber Egidi! Hast Du denn gar keine Angst gehabt?"

„Angst? Nie!" antwortete der Blessirte, „zum ersten Mal, bei Ebersberg, da hätt' es mir bald angefangen, ein Bischen kalt zu werden, aber das verging wohl, denn die Kameraden haben mich bald in

die Hitze gebracht; beim ersten Schuß hat mir die
Hand ein Wenig gezittert, aber beim zweiten, dritten
gings schon besser, und als ich am Ende sah, daß
nicht alle Kugeln treffen, da bekam ich Courage und
habe meinen Mann gestellt!"

„Aber wissen Sie, lieber Herr Brenner, was ich
gehört habe?" ·

„Nun, was denn, Herr Eiche?"

„Daß der Kaiser Napoleon sehr böse auf Sie ist."

„Auf mich, warum denn?"

„Weil Sie Derjenige sein sollen, der, von Aspern
aus, den Marschall Lannes bei Eßlingen verwundet hat."

„Scherzen Sie nur," erwiderte Egidius, „hätte
ich Pulver auf der Pfanne gehabt, so wäre mir der
Massena nicht leer ausgegangen. Uebrigens haben
schon mehr Leute auf solche Herrn geschossen, und sie
nicht getroffen. Da war ein Kanonier bei unserer
Batterie, der hat mir erzählt, daß er bei St. Bono-
faci in Italien mit seiner Kanone auf einer Anhöhe
gestanden ist, und zwei Tage lang auf den Bonaparte
geschossen hat, ohne ihn zu treffen, dann aber fing die
ganze Batterie an zu retiriren, und retirirte drei Tage
lang am Schleppseil."

Der alte Artillerist, der diesen Ausbruck verstand, brach in einen herzlichen Jubel aus! „Das

war ein sauberer Held, Ihr Kanonier!" rief er, „wenn er sich nicht einmal Zeit zum Aufprotzen genommen hat."

„Da soll der Henker aufprotzen, wenn man die feindlichen Bajonette im Rücken hat."

„Das verstehen Sie nicht, lieber Egidi, das muß ich besser wissen. Uebrigens hat Ihnen Ihr Kanonier sicherlich einen Bären aufgebunden. Doch jetzt muß ich fort; wenn ich wiederkomme, müssen Sie mir abermals einen Abschnitt aus Ihrem Soldatenleben mittheilen. —"

„Herr Eiche, ich habe eine Bitte an Sie —"

„Lassen Sie hören."

„Kommen Sie vielleicht in die Nähe vom Spittelberg?"

„O ja!"

„Dann seien Sie so gut und senden mir den Schreinermeister Peter Thell her, ich muß nothwendig mit ihm sprechen."

„Es soll geschehn. Jetzt leben Sie wohl, auf baldiges Wiedersehen! Adieu, Frau Konrad! —"

„Behüt' Gott! Herr Eiche!"

Er verließ das Haus.

Am andern Vormittage trat Peter Thell in das Haus des Gärtners in Penzing. Dieser war eben im Hofe beschäftigt, als der Schreiner auf ihn losging.

„Sind die Fräulein zu Hause?"

„Ja, Herr Thell." — Dieser eilte hinein.

Die Mädchen empfingen ihn mit sichtbarer Freude.

„Seien Sie uns herzlich willkommen!" rief Julie.

„Was bringen Sie Neues?" setzte Rosa hinzu.

„Freudige Botschaft für Sie."

„Für mich?" rief Rosa, „o schnell, schnell, lassen Sie hören."

„Einen Gruß von Hermann; er hat die Schlacht glücklich überstanden, und befindet sich recht wohl."

Sie brach in Freudenthränen aus. „Also hat der Himmel mein Gebet erhört, und ist ihm ein göttlicher Schützer gewesen! O mein theurer Freund, Sie haben eine Zentnerlast von meiner Brust gewälzt!"

„Nehmen Sie auch meinen Dank," sprach Julie, „Sie haben mir die Freundin erheitert, die in den letzten Tagen ihrer namenlosen Angst fast unterlegen wäre."

„Aber wer hat Ihnen diese Nachricht überbracht?" fragte Rosa.

Thell erzählte nun, wie er von Brenner zur
Trödlerin Konrad beschieden, von diesem die frohe
Botschaft erhalten hatte.

Auf Rosa's Bitten mußte er nun Alles wiederholen, was ihm der Landwehrmann mitgetheilt; sie
bestürmte ihn mit Fragen über Einzelnheiten, die er
aber nicht beantworten konnte; in der Hauptsache jedoch beruhigt, dankte sie im Stillen der gütigen Vorsehung, die ihr den Geliebten erhalten, und überließ
sich ganz dem Entzücken, welches durch diese Nachricht
hervorgezaubert, ihr Herz wie mit Sonnenschimmer
erleuchtete.

Nachdem sich der Freund entfernt hatte, näherte sie
sich Julien und sagte: „Liebe Julie, ich habe eine
Bitte an Sie —“

Diese sah sie fragend an, und Rosa fuhr fort:
„Ich will Nachmittag in die Stadt —“

Julie staunte. —

„Ich muß selbst mit dem Herrn Brenner sprechen. —“

„Aber liebe Rosa, was fällt Ihnen ein? —“

„Ich muß, es drängt mich hin, ich will dies
Alles von ihm selbst hören; dies und noch vieles
Andere, was mir Thell nicht zu sagen vermogte.“

„Aber bedenken Sie — die Gefahr!“

„Es müßte ein außergewöhnlicher Zufall sein,

wenn ich gerade auf dem einen Gang meinen Verfolger treffen sollte. Ich bin jetzt schon so lange hier,
wer weiß, ob er mich nicht schon längst vergessen
hat, und ob er überhaupt noch in Wien ist."

Julie erschöpfte sich in Einwendungen, allein Rosa
blieb beharrlich bei ihrem Vorsatze.

Als Julie das Vergebliche ihrer Mühe einsah,
gab sie nach. Der Mittag nahte heran, aber das
Mahl blieb von Rosa's Seite unberührt; die Freude
hatte sie so ergriffen, daß jedes andere Bedürfniß verstummte, mit hastiger Ungeduld eilte sie, nach Tische ihre einfache Toilette zu machen, und als
sie dieselbe beendet hatte, umarmte sie die Freundin.

„Halt!" rief Julie, „ich habe im letzten Augenblick einen guten Vorschlag; ich kann Sie nicht allein fort lassen, — eine bange Sorge um Sie hat
sich meiner bemeistert, wir wollen Herrn August ersuchen, daß er Sie begleite."

Rosa willigte ein; als man jedoch hinüberging,
war der Gärtner nicht mehr zu Hause.

„Sehen Sie," rief Rosa lachend, „Ihre Sorge
ist leere Furcht, ich muß schon allein gehen. Die
Vorsehung will es so! Leben Sie wohl, ehe drei
Stunden vergehen, sehen Sie mich wieder."

Julie blieb allein.

Um die einsamen Stunden zu kürzen, nahm sie ein Buch und ging in den Garten, aber bald trat Friedrich Staps in den Hof und eilte, als er sie im Hintergrunde der Laube erblickte, auf sie zu.

Julie bewillkommte ihn freudig, lächelte ihm zu und bot ihm an ihrer Seite einen Platz an.

„Welch ein Wunder," begann der Jüngling, „Sie sind heute allein?"

„Wie Sie sehen, ganz allein. Rosa ging in die Stadt, um einen blessirten Waffengefährten ihres Geliebten zu besuchen; begegneten Sie ihr nicht auf dem Wege?"

„Nein, ich kam über Meidling her, und liebe es, so oft ich zu Ihnen auf Besuch komme, jedes Mal einen andern Weg zu nehmen, um die Gegend kennen zu lernen."

„Die Umgebungen der Residenz sind sehr hübsch."

„Schade, daß der verwüstende Tritt des Krieges die schöne Flur zerwühlt, und mit grimmen Hufen die Saat des Landmanns zerstampft; aber dies ist das Loos aller jener Länder, die der korsische Eroberer mit seinem Fuße betritt. Armes Deutschland! Wie viel hast Du schon durch den Französischen Attila gelitten!"

„Sie haben Recht, lieber Friedrich, unser Vaterland wird noch lange an den Wunden bluten, die

ihm von Napoleon's eisernem Arme geschlagen wur=
den, und besonders das arme Oesterreich."

„Aber Letzteres hat blutige Rache genommen!"
rief Staps aufgeregt; „der Held Karl hat ihm bei
Aspern den stolzen Nacken gebeugt; ich schöpfe Hoff=
nung für unser geknechtetes Vaterland und harre
mit Sehnsucht des Augenblickes, wo die Fesseln sprin=
gen, der Deutsche frei und der Rhein wieder ein
Deutscher Strom sein wird."

„Glauben Sie, daß wir dies bald erleben wer=
den?"

„Ob ich es glaube?" rief Staps; „wie können
Sie nur noch fragen, theure Julie? Ich sehe der
Stunde mit Zuversicht entgegen; ich könnte mein
Leben verwetten, daß sie nicht ausbleiben, ja daß sie
sehr bald schlagen werde."

„Gäbe der Himmeel, daß Sie wahr sprä=
chen!"

„Sehen Sie, der Sieg bei Aspern ist der An=
fang dazu, der Eroberer hat zum ersten Mal die
Wucht des Deutschen Armes empfunden, aber der
Koloß war zu riesig, um ihn mit Einem Schlage zu
vernichten; darum noch eine Schlacht, — und sein
gebeugtes Haupt wird zu Boden geschmettert sein! Und
wenn dann der Sieg erfochten sein wird, wem haben
wir ihn zu danken? Den Oesterreichern allein! Preu=

ßen steht unschlüssig, und die übrigen Deutschen Für=
sten gefallen sich in der tiefsten Erniedrigung und
lassen ihre Söldner gegen Deutsche fechten; o Schmach
und Schande, o Zeit der Uneinigkeit und der Zer=
splitterung! Doch wir ereifern uns hier über Dinge,
die außerhalb unseres Wirkungskreises liegen, und
vergessen ganz jene, die uns angehen; wir ma=
chen es so wie die Astronomen, die immer gegen den
Himmel schauen und nicht wissen, wie es auf der
Erde zugeht. Doch mein Gleichniß sinkt, so wie je=
des andere, denn der Gegenstand unseres Gespräches
war Erde, irdische Macht, auf was wir aber zu
sprechen vergaßen, das ist unser Inneres, der Him=
mel, der in unserem Herzen ruht."

Julie sah ihn lächelnd an.

Es gefiel ihr, so exaltirt, so schwärmerisch auf=
geregt sprechen zu hören; es gefiel ihr, den sanften
Jüngling, im Feuer der Rede sich ganz vergessend,
anzustaunen, wenn er mit einer gewissen Energie und
Beharrlichkeit seine Ideen verfolgte und durchführte,
wie man dies von seinem Alter kaum hätte erwarten
sollen.

Julie kannte ihn jetzt bereits ein Jahr lang, und
obwohl seine Jugend sie anfangs von ihm scheuchte,
so wußte er doch durch seine männliche Ausdauer ihre
Furcht zu bezwingen, und sie zu bewegen, daß sie

sich zu ihm hinneigte, — er war ihr nicht mehr gleichgültig. Was er in Erfurt — wo sie ihn kennen lernte — begonnen, wurde in Wien fortgesetzt. Julie sah ein, daß nur die Liebe zu ihr ihn bestimmt haben konnte, nach Wien zu kommen, und wo wäre ein weibliches Herz, das solche Beweise gleichgültig hinnähme?

Auf sein Verlangen hatte sie ihm ihr Geschick in Wien mitgetheilt, und Friedrich erfreute sich von ganzer Seele ihrer ehrenvollen Handlungsweise.

Ohne daß er ihr ein Geständniß seiner Liebe abgelegt hatte, glaubte sie schon an dieselbe; und er, wenn er die Art und Weise sah, wie sie ihn jedes Mal empfing und entließ, war weit entfernt, an ihrer Gegenliebe zu zweifeln. So gestaltete sich zwischen den jungen Leuten ein vertrautes Verhältniß, welches, bevor sie es noch ahnten, so weit vorschritt, daß sie sich schon mit ganzer Seele angehörten, bevor sich noch ihre Gefühle in Worten Bahn gebrochen hatten. Er nannte sie: „Theure Julie!" sie ihn: „Lieber Friedrich!" Er küßte sie auf die Stirne, sie duldete es und lächelte, er war glücklich, sie nicht minder.

„Also wir wollen von unserm Himmel sprechen!" antwortete Julie auf Friedrichs obige Rede und er sagte lächelnd: „Oder tragen Sie vielleicht keinen Himmel in Ihrem Busen?"

„Etwa die Hölle?" fragte Julie scherzend.

„Wir wollen es einmal untersuchen."

„Ich bin neugierig, wie Sie dabei zu Werke gehen werden."

„O, Sie sollen es gleich wissen, liebe Julie! Sagen Sie mir, was haben Sie hier in der linken Seite?"

„Mein Herz!"

„Gut, das haben Ihnen die Anatomen gesagt. Kennen Sie dieses Herz?"

„O ja."

„Das heißt, Sie machen sich eine Vorstellung davon, denn gesehen haben Sie es noch nicht; eben so ist's mit dem Himmel, wir sehen ihn nicht, denn was wir sehen, ist nur Luft, aber wir denken ihn uns; doch ganz so geht es uns auch mit der Hölle, daher kann das Herz eben so gut ein Himmel, als eine Hölle sein. Darum weiter: Ist es in Ihrem Herzen ruhig? Seien Sie aufrichtig, liebe Julie!"

„Nicht ganz. Es lebt und pocht."

„Auch das entscheidet Nichts! Im Himmel und in der Hölle herrscht Leben, dort das ewige Leben der Freude, hier das ewige Leben der Qual, oben sind Engel, unten Teufel! Also weiter, Ihr Herz ist also nicht leer? Was fühlen Sie?"

„Das weiß ich nicht so genau anzugeben —"

„Haben Sie für die Zukunft Wünsche?"

„Ja!"

„O weh! Das ist ein Stückchen Hölle, denn wo der Himmel ist, dort bleibt Nichts zu wünschen übrig —"

„Ich hoffe —"

„Auch das vermindert jenes Symptom nicht, denn auch die Verdammten hoffen, daß sie erlöset werden."

„Ich fühle aber keine Qual —"

„Weiter!"

„Ich bin ruhig —"

„Ruhe ist ein Gut des Himmels! —"

„Ich glaube!"

„Sie glauben?" rief Friedrich freudig ergriffen, „das löscht alles Andere aus. Wer glaubt, der trägt den Himmel in seiner Brust; der Glaube beschwört die bösen Wünsche, der Glaube läßt das Unglück uns ertragen, er ist der Leitstern, der durch die Wüstenei der Erde führt; der Glaube träufelt das Manna der Zufriedenheit auf uns herab, läßt uns ruhig leben und lehrt uns, fromm zu sterben; der Glaube klammert sich an Gott, Gott aber ist der

der Himmel! Sie glauben, Sie tragen also den Himmel in Ihrem Busen!"

Julie lächelte ihn an, seine Worte flossen wie Honigtropfen in ihr Herz, ein unnennbarer Zauber zog sie zu ihm hin; in Augenblicken, wo er so sprach, lag eine heilige Weihe über ihn ausgegossen, wie über den Priester, der den Segen am Altare spricht; sie horchte mit Wonne seiner Rede, sie hätte ihn immer-fort anhören mögen, er schwieg schon lange, sie lauschte noch immer.

Er zog sie an sich, sah ihr in das liebe Auge und sprach: „Und hätt' ich dies Alles nicht gewußt, hätt' ich nur Einen Blick in diesen klaren Seelenspie-gel geworfen, so würde ich dasselbe entdeckt haben. Dieser reine, lichte, ungetrübte Kristall, er kann nur der Wiederschein einer eben so reinen Seele, eines eben so geläuterten Herzens sein."

„Sie schwärmen, lieber Friedrich."

„Schwärmen heißt Luftgebilde schaffen — Schwär-merei ist ein Gedankenflug durch weite Ferne, ist das Ausmalen einer seligen Zukunft, ist eine Frucht der Phantasie; ich aber spreche von dem, was ich sehe, fühle, und das ist Wahrheit und keine Schwärmerei! Sehen Sie, liebe Julie, ich habe mir von jenem Au-genblicke an, wo ich Sie in Erfurt zum ersten Male sah, ein Bild von Ihrem geistigen Wesen entworfen;

„Wünschen Sie noch eine Antwort?" fragte Julie, sich fest an ihn drückend.

„O ja," rief er ganz selig, „noch Millionen Mal, denn Ihre Antworten sind so süß!"

Der Nachmittag verfloß den Liebenden wie ein süßer Traum, und als Friedrich sich aufmachte, um den Weg in die Stadt anzutreten, sagte er: „Ich gehe heute mit leichterem Herzen von Ihnen, als ich gekommen bin, denn was ich früher nur gewünscht und gehofft habe, das ist nun zur Wirklichkeit geworden; ich nehme die Gewißheit Ihrer Liebe mit mir. —"

„Und ich behalte das Bewußtsein der Ihren —"

„So hat also Plato nicht Unrecht, wenn er behauptet, die Seele eines Verliebten wohne immer in dem Körper des geliebten Gegenstandes —"

„Das hat ein Griechischer Weiser gesprochen, er muß also auch die Liebe gekannt haben."

„Es wäre ein schlechtes Compliment für die beseligende Leidenschaft, wenn sie nur von Narren gekannt sein sollte. Im Lieben sind alle Menschen gleich, der Weiseste wie der Dümmste, Fürst und Bürger, reich und arm, schön und häßlich, Einer liebt wie der Andere; die Liebe ist ein Gemeingut der Menschen so wie die Sonne, so wie der Himmel, und sein Glaube! Jetzt gute Nacht, meine Julie —"

19 *

„Gute Nacht, mein Friedrich!"

Sie schieden.

Julie blieb allein und schwelgte in dem Andenken der seligsten Stunden ihres bisherigen Lebens.

Das eben ist die Zaubermacht der Liebe, daß
sie nicht nur die Gegenwart in ein Paradies umwan-
belt, sondern daß sie auch die Macht besitzt, diese
Gegenwart, wenn sie zur Vergangenheit geworden, in
voller Kraft zu erhalten, daß die Erinnerung an sie
fast eben so süß ist, wie selbst die Wirklichkeit gewesen; die Liebe ist wie die Sonne, die, wenn auch untergegangen, noch den Mond und die Sterne mit ihrem Lichte übergießt, daß sie uns leuchten mögen durch
die Nacht des Lebens.

*

*   *

Rosa war mit ungeduldiger Hast gegen das Haus
der Tröblerin Konrad geeilt. Als sie in der Nähe
desselben anlangte, sah eben ein Mann aus einem
Fenster des ersten Stockes herab und erkannte sie.

In demselben Augenblicke trat sie ins Haus.

„Sie ist es!" rief Charles Delour, der frühere und gegenwärtige Miethsmann des Quartiers;
„welch ein glücklicher Zufall führte sie hieher? Nun

soll mir die Wiedergefundene nicht mehr entge=
hen."

Er warf sich rasch in die Kleider, eilte hinab
auf die Straße, stellte sich unfern auf die Lauer, um
ihre Rückkunft abzuwarten.

Dies währte sehr lange, denn Herr Brenner
konnte nicht genug erzählen und Rosa kam mit ihren
Fragen nicht zu Ende.

Indessen ersann der junge Mann auf der Straße
einen Plan.

„Wenn ich ihr folge," dachte er, „so erfahre ich
wohl ihren Aufenthalt; allein wer weiß, ob dieser
Gelegenheit bietet, mich in ihren Besitz zu setzen, und
dies muß geschehen; jetzt in dieser Verwirrung sind
die Umstände am günstigsten, — wer weiß, wie bald
sich die Verhältnisse anders gestalten, und dann wäre
sie für mich verloren. — Sie kam die Straße herab;
sie muß also entweder in einer dieser entlegenen Stra=
ßen, oder vielleicht gar vor der Linie wohnen. Wenn
es mir gelänge, sie gleich jetzt festzunehmen? — Aber
wohin bringe ich sie? —"

Er sann eine Weile nach: „Das Häuschen in
Erdberg wäre wohl abgelegen genug, allein dort ar=
beiten jetzt unsere Sappeure — halt — was fällt mir
ein — welch ein herrlicher Gedanke — der Ort kann
kein besserer sein, ich selbst war ja dort eini=

ge Tage lang verborgen — die Alte kennt mich und thut Alles fürs Geld — aber wie sie dahin bringen?"

Er sann wieder nach und faßte rasch einen Entschluß.

Er blickte umher, gewahrte einen Gendarm, zog eine Karte aus der Tasche und winkte ihn zu sich.

„Kennt Ihr diese Karte?" fragte er.

„Sie befehlen, Herr Kommissär?"

„Bleibt auf diesem Punkte stehen und behaltet jenes Thor im Auge. Aus demselben wird ein Mädchen treten, mittlerer Größe, mit rothen Wangen, dunkeln Augen und braunem Haar. Sie trägt ein lichtblaues Kleid und einen Strohhut. Sobald sie heraus kommt, so folgt ihr aus der Ferne nach und merkt Euch das Haus, wohin sie geht. Die Antwort bringt ihr mir morgen früh in den ersten Stock eben jenes Hauses, aus welchem sie jetzt kommen soll. Ich hoffe aber früher hier zu sein, bevor sie das Haus verlassen haben wird."

Der Gensdarm bezog den Posten. Charles eilte fort.

Nach einer Stunde rollte ein geschloſſner Wagen daher.

Ein Livreebedienter sprang vom Bock, eilte zu

dem Gensdarm und fragte: „Ist sie schon heraus?"

„Noch nicht, Herr Kommissär."

„Gut, jetzt setzt Euch in die Kalesche."

Der Andere stieg ein und befand sich an der Seite eines dritten Herrn in Civilkleidern.

Der Wagen blieb ruhig auf der Stelle.

Nahe gegen den Abend trat Rosa endlich aus dem Hause und ging ganz vergnügt gegen die Mariahilfer-Linie.

Der Wagen folgte ihr rasch nach.

Vor der Linie fuhr er vor.

Der Civilist und der Gensdarm sprangen aus der Kutsche, und als Rosa heran kam, hielt sie der Erstere mit den Worten an: „Mein Fräulein, Sie sind meine Gefangene."

Ehe die Jungfrau noch antworten konnte, war sie schon gefaßt und in den Wagen gehoben.

Arretirungen auf offner Straße waren damals so häufig, daß dieses Verfahren nicht auffiel.

Die Kalesche bog nach rechts ein und rollte fort.

Nach einigen Minuten hielt sie, — die beiden Männer stiegen aus und der verkappte Charles nahm ihren Platz ein.

Rosa, kaum bei Sinnen, todtenblaß, wußte nicht, was mit ihr vorging.

Charles verrieth sich durch keine Silbe, ließ die Rouletten an den Fenstern herab, und fort ging's im raschen Trabe.

VIII.

Um auch die auswärtigen Kriegsbegebenheiten gleichzeitig vorzuführen, um die Staffage unseres Gemäldes nicht zu vernachläffigen, so wenden wir abermals unsere Blicke in die Ferne.

In Tirol!

Der Einnahme Innsbrucks folgte die Insurgirung des Etschthales. Der Unglückstag bei Sacile zwang den Französischen General Baraguay d'Hilliers zum Rückzuge von Trient, und die Insurgenten zogen siegreich dort ein.

Aber bald drang die Nachricht nach Tirol, daß der Herzog von Danzig, Marschall Lefebre und der General Wrede an der Spitze einer Armee über

Salzburg herbei eilten, um Tirol abermals zu be=
zwingen.

Chasteler und Hormayr, statt vorzurücken, schmie=
beten in Insbruck matte Proklamationen, um das be=
reits eroberte Salzburgische zu alarmiren; endlich
brach Ersterer am 11. Mai Nachmittags von Inns=
bruck nach Rattenberg auf; dort erfuhr er, daß der
Paß Strub von Deroy nach einem zwölfstündigen,
heldenmüthigen Kampfe erstürmt worden, und Gene=
ral Lenner im Rückzuge begriffen sei. Statt in der
festen Stellung bei Rattenberg zu bleiben, rückte er
nun bis Wörgel vor.

Am 13. Mai fand das unglückliche Treffen statt,
in welchem Chasteler trotz der größten Anstrengung
geschlagen und beinahe selbst gefangen worden wäre,
er, der ohnedem von Napoleon als Insurgentenchef in
die Acht erklärt war, und allsogleich erschossen wor=
den wäre.

Der Feind drang nun vor, bei Schwatz stellte
sich ihm der Obristlieutenant Taris mit einer Abthei=
lung entgegen, es kam zu einem lebhaften Treffen,
wobei die Oesterreicher geschlagen wurden und der
Ort in Flammen aufging.

Die Gräuelscenen dieses Tages übertrafen, wie
selbst der Herzog von Danzig gestand, jene von Bur=
gos, Bilbao und Valladolid.

Die Baiern erschienen nun am 18. Mai vor Innsbruck, Wrede zeigte sich zum Unterhandeln geneigt, in der Stadt waren die Meinungen getheilt, die Bürger wollten Unterwerfung, die Landleute Widerstand.

Die Oesterreichischen Generale hatten am Tage vorher auf dem Brenner Kriegsrath gehalten und beschlossen, besonders das südliche Tirol zu vertheidigen, aber ein Befehl des Erzherzogs Johann an Chasteler, sich mit sämmtlichen Truppen durchzudrängen und an ihn anzuschließen, änderte das Vorhaben.

Innsbruck wurde übergeben, die Baiern zogen am 19. dort ein.

Chasteler erhielt auf seinem Rückzuge bei Brunnecken durch einen Kourier die Nachricht, daß der Erzherzog Johann den höchst wichtigen Punkt bei Villach nicht habe behaupten können, daher von einem Anschließen an ihn keine Rede mehr sein könne, er sei daher neuerdings ermächtigt, ja befehligt, Tirol als eine selbstständige Festung auf's Aeußerste zu vertheidigen.

Chasteler rückte also wieder auf Mühlbach vor, und besetzte neuerdings die Höhen von Schabs.

Die Uneinigkeit zwischen Landmann und Militair

hatte indeſſen immer mehr und mehr um ſich gegrif=
fen. Ein Brief des Erzherzogs Johann an Hormayr
enthält unter Anderem folgende Zeilen: — „Die Be=
„merkung, die ich machte, daß Zwietracht unter den
„Anführern herrſcht, gibt mir wahrlich ein ſehr un=
„angenehmes Gefühl. Man traut dem General=
„Marſchall nicht. Man will den Obriſtlieutenant
„Grafen Leiningen zum Anführer in Welſchtirol.
„Der Sandwirth will unter ihm mit den Seinigen
„frei operiren und verlangt von mir die hiezu nöthige
„Vollmacht u. ſ. w.“

Hofer und Speckbacher riefen indeſſen die Tiroler
wieder unter die Waffen und beſchloſſen, den Feind auf
dem Berge Iſel anzugreifen. Deroy, den der nach
Salzburg gezogene Herzog von Danzig zurückgelaſſen
hatte, erſtaunte, das kaum unterworfene Land wieder
in vollen Flammen zu ſehen, und ſah ſich gezwungen,
ein Treffen zu liefern.

Dies geſchah am 29. Mai und endete mit einer
ſolchen Niederlage feindlicher Seits, daß die fliehen=
ben Baiern bis Roſenhain nicht einmal abkochen
konnten.

Ihr Rückzug geſchah in der Nacht ſo heimlich,
daß die Tiroler am folgenden Morgen vergebens den
Feind ſuchten, und dann in maßloſem Jubel ihren

zweiten Einzug in Innsbruck hielten. Um 9 Uhr Vormittags marschirte Hofer, mit dem tapfern Kapuziner Haspinger, an der Spitze der Passeyer, in der Stadt ein. Die Freude der Landleute war unermeßlich.

Der Feind war zum zweiten Mal aus dem „Landl" vertrieben!

In Italien!

Der Vicekönig hatte kaum den Rückzug des Erzherzogs Johann bemerkt, als er sich auch schon eiligst aufmachte, um ihn zu verfolgen. Am 8. Mai erreichte er ihn an der Piave bei Campano, griff ihn an und brachte ihm einen Verlust von 7 — 8000 Todten und Verwundeten bei, worauf Rückzug und Verfolgung fortgesetzt wurden. Nach einigen Gefechten am Tagliamento und an der Fella, überschritten die Franzosen den Isonzo und standen wieder auf Deutschem Boden.

Um den Rückzug zu decken, und den Feinden einen Vorsprung abzugewinnen, wurden die Blockhäuser bei Malborghetto an der Klagenfurter und jenes aus dem Predill an der Laibacher Straße eiligst in den Stand gesetzt und armirt. Dort befehligte Haupt-

mann Henſel, hier Hauptmann Hermann. Beide
vom Genie=Corps, Beide Helden, würdig in der
Geſchichte verewigt zu werden. Drei Tage werden
die Forts vergebens geſtürmt; Malborghetto fällt durch
Verrath, indem ein Bauer den Feind einen rückwär=
tigen Weg über die Berge zeigt, Predill geht in Flam=
men auf. Henſel wird nach einem furchtbaren Ge=
metzel von einem Offizier niedergeſtochen, und ſein letz=
tes Röcheln fordert noch ſeine Leute zur muthigen
Gegenwehr auf; Hermann ſtürzt ſich aus dem flam=
menden Blockhauſe in den ſtürmenden Feind und er=
ringt den Lorbeer der Unſterblichkeit, indem er den Tod
des Helden ſtirbt.

Dort kam von der ganzen Beſatzung nur der
Oberfeuerwerker Rauch*) mit einigen Kanonieren
durch Einſchreiten des Vicekönigs mit dem Leben da=
von; hier war es ein Feldwebel mit 4 Mann, die mit
Hilfe der Nacht Rettung fanden.

Die Vertheidigung dieſer Forts iſt zwar nur eine Epi=
ſode des heldenmüthigen, aber unglücksreichen Jahres
1809, aber ſie erinnert zu ſehr an den antiken Geiſt der
Heroen der Vorzeit, und Malborghetto und Predill

---

*) War zur Zeit, als der Verfaſſer im k. k. Bombardier=
Corps diente, Major daſelbſt.

müssen mit Recht die „Thermopylen Oesterreichs" genannt werden.

Unaufhaltsam drang nun der Feind vor. — Triest wurde besetzt, Laibach fiel durch die schmachvolle Kapitulation eines 85jährigen Greises, am 23. Mai hatte der Feind schon die Steiermärkische Grenze erreicht.

Am 24. war der Erzherzog Johann in Grätz, und wollte daselbst den aus Tirol heranrückenden Jelachich erwarten; aber dieser verlor gegen Serras das Treffen bei St. Michael, und verlor so viel, daß er dem Erzherzoge nicht mehr als 2000 übel zugerichtete Mann zuführte.

Dies bestimmte Diesen, in Eile den Marsch nach Körmend anzutreten, wo er auch am 1. Juni anlangte.

Der Vicekönig rückte nun in völliger Sicherheit gegen Wien vor, um sich seinem Kaiser anzuschließen.

*   *

Prinz Eugen, der Vicekönig von Italien, langte am 29. Mai in Wien an.

Napoleon begrüßte die Italienische Armee mit folgender Proklamation:

„Soldaten der Armee von Italien!"

„Ihr habt glorreich den Zweck erreicht, den ich
„Euch vorgezeichnet hatte. Der Simmering war Au=
„genzeuge Eurer Vereinigung mit der großen Armee!
„ — Seid mir willkommen! Ich bin mit Euch zufrie=
„den!! Vom Feinde überrascht, bevor Euere Kolon=
„nen versammelt waren, habt Ihr Euch bis an die
„Etsch zurückziehen müssen. Aber bevor Ihr den Be=
„fehl erhieltet, vorwärts zu gehen, waret Ihr auf den
„denkwürdigen Feldern von Arcole, und dort habt
„Ihr bei den Manen unserer Helden geschworen, zu
„siegen! Ihr habt Wort gehalten, in der Schlacht an
„der Piave, in den Gefechten von St. Daniele, von
„Tarvis, von Görz. Ihr habt die Forts bei Mal=
„borghetto und Predill stürmend genommen, und habt
„die feindliche, in Laibach verschanzte Division zu ka=
„pituliren gezwungen.

„Ihr hattet die Drau noch nicht passirt, und
„schon haben 25,000 Gefangene, 60 Kanonen, 10
„Fahnen Euren Muth bewiesen. Die Save und die
„Mur haben Euern Marsch keinen Augenblick lang
„aufhalten können. Die Oesterreichische Kolonne von
„Jelachich ist, umringt in St. Michael, unter Euern
„Bajonetten gefallen!

„Soldaten! Diese Oesterreichische Armee von
„Italien, die einen Augenblick lang meine Provinzen

„mit ihrer Gegenwart befleckte, die die Dreistigkeit
„hatte, meine eiserne Krone zertrümmern zu wollen,
„diese Armee geschlagen, zerstreut und vernichtet, wird,
„Dank Euch! die Wahrheit des Wahlspruches bestä-
„tigen: Gott hat sie mir gegeben, Verderben dem, der
„sie berührt!"

Trotz diesem erwünschten Ergebnisse des Eintref-
fens der Italienischen Armee herrschte im Französischen Hauptquartiere zu Kaiser=Ebersdorf doch tiefe
Trauer. Der Marschall Lannes, der ritterliche Held,
der tapfere Heerführer lag auf dem Krankenbette, von
dem wieder empor zu kommen, wenig oder gar keine
Hoffnung war. Man hatte ihm bereits beide Füße
amputirt; er hatte den Schmerz überwunden und gab
die Hoffnung an's Leben nicht auf.

In seiner Wohnung zu Simmering herrschte
Trauer und Bestürzung.

Adjutanten standen zu Diensten, berittene Garden
waren in Bereitschaft, um jeden Wunsch des Kranken
zu erfüllen.

Der unglückliche Feldherr lag erschöpft auf seinem
Lager, Todtenblässe mit Fieberroth deckte sein Antlitz,
die Augen, sonst in Muth und Lebenslust erglühend,
waren geschlossen.

Zwei Aerzte der Französischen Armee, deren

Pflege er übergeben war, standen nicht fern von ihm und sprachen leise miteinander. .

„Die Schwäche nimmt von Tag zu Tag zu," sagte der Eine, „das Wundfieber währt fort —"

„Mich wundert es, daß der Körper noch die Kräfte hat, Alles zu ertragen —"

„Es wird nimmer lange währen —"

„Er muß unterliegen —"

Der Marschall schlug die Augen auf, eine Glüh-röthe übergoß seine Wangen.

Er hatte die letzten Worte gehört.

„Saint-Mars!" rief er, so laut als er ver-mogte.

Der Adjutant eilte herbei. .

„Schnell, reiten Sie ins Hauptquartier, ich lasse den Kaiser bitten, mir seine Gegenwart zu schenken."

Der Oberst eilte fort.

Die beiden Aerzte sahen sich mit fragenden Blik-ken an.

Als Napoleon später ins Gemach trat, verließen es die Andern.

Der Kaiser drückte dem Kranken die Hand.

„Wie geht es Dir, mein theurer Lannes?" fragte er mit einer Stimme, die seine Rührung nicht verber-gen konnte.

„Ich fühle mich schwach, Sire!" sprach der Kranke, „aber ich habe eine Bitte an Sie, — ich wünsche einen andern Doctor."

„Und warum dies, lieber Lannes?"

„Weil ich den beiden Schurken nicht traue, Sire! Nehmen S i e Sich meiner an; diese Aerzte haben sich gröblich an mir vergangen, mich zum Krüppel gemacht, mich, einen Marschall der großen Armee! Lassen Sie die Elenden aufknüpfen, sie sprachen mir das Leben ab, zweifeln an meinem Aufkommen, ich aber will noch leben, will kämpfen! —"

Der Kaiser, den Zustand des Kranken erkennend, antwortete beruhigend: „Ich werde die Sache streng untersuchen und die Schuldigen bestrafen. Du aber mußt Geduld haben, lieber Lannes! Dich nicht erzürnen und Deine Genesung ruhig abwarten. Ich habe, bevor ich hieher kam, nach Wien nach den Doctor F r a n k gesendet, er muß bald hier sein, er wird Dich von nun an in die Behandlung nehmen."

„O, ich werde gewiß gesunden und Sie nicht verlassen, Sire! Ach, es sind kaum einige Jahre, daß ich unter Ihren Augen fechte."

„Erinnerst Du Dich noch daran, wie wir uns fanden? —"

20*

„Ob ich mich erinnere!" antwortete der kranke Marschall, „wer wird einen solchen Tag vergessen! Es war nach der Schlacht von Millesimo,*) gerade am andern Tage; Dego war von einer Division Oesterreichischer Grenadiere besetzt, und wir hatten es zu nehmen. Ich war Chef eines Bataillons und focht unter dem General Chausse. Es war eine zweistündige Blutarbeit, und Dego war unser. Ich stand mit meinen Soldaten auf dem Platze, da kamen Sie, Sire! damals noch General der Armee, auf mich zu geritten und sprachen: Wie heißen Sie, Herr Oberst?"

„Ich bin es noch nicht, Herr General."

„Von heute an sind Sie es."

„Ich heiße Lannes."

„Ich gratuliere, Herr Oberst Lannes! Wir werden uns noch öfters sehen."

„So es Gott beliebt und Ihnen, Herr General! antwortete ich, und wir haben uns wirklich noch oft gesehen."

Napoleon sah den Kranken mit einem wehmüthigen Blicke an und faßte seine Hand; sie war glühend heiß, das Antlitz des Marschalls war von Fieberhitze übergossen und die Hand zuckte oft in der seinen, aber

---

*) Am 14. April 1796.

troß dieser Nervenschwäche konnte der Kranke doch
lange und anhaltend sprechen; er schien besonders
im Delirium von einer eigenen Kraft gestärkt zu
sein.

Der durch Napoleon aus Wien beschiedene Doctor Frank wurde angemeldet.

„Nur herein!" rief der Kaiser.

Und der Arzt trat ein.

„Doctor!" wendete sich Napoleon zu ihm, „ich
habe Ihre Kunst rühmen gehört und Sie hieher beschieden, um Ihnen meinen blessirten Freund zu empfehlen. Es ist der Marschall Lannes, thun Sie,
was Sie können und fordern Sie dann, was
Sie wollen. Nun Adieu, lieber Lannes! Ich
will Dich mit Deinem Arzte allein lassen. Nach dieser Visite, Doctor! Erwarte ich Sie bei mir. Saint-
Mars —" wendete er sich zu dem Adjutanten des
Marschalls, — „so oft Lannes mich zu sprechen wünscht,
und wäre es auch um Mitternacht, so will ich augenblicklich davon avisirt sein."

Er nickte dem Kranken noch ein Mal freundlich
zu und verließ das Gemach.

Doctor Frank blieb mit dem Patienten zurück
und bald darauf, auf sein Ersuchen, mit ihm allein.

Napoleon, von dem Anblicke ergriffen, langte in
Thürmelhof an; in sein Gemach angekommen, schleu-

derte er in gewohnter Weise Hut, Degen, Rock und
Binde von sich auf den Boden, und der treue Constant konnte kaum folgen, die einzelnen Stücke so
schnell nach einander aufzuheben, als sie hingeworfen
wurden.

„Rapp!" herrschte er dem Diener zu, und dieser
eilte, den General zu holen.

Der Kaiser durchmaß, die Hände auf dem
Rücken, so lange das Gemach, bis der General hereintrat.

„Euer Majestät haben befohlen —"

„Komm' her — ich bin angegriffen, mein Ge-
müth ist bewegt — ich mag nicht allein sein! Ich war
bei Lannes, — der Arme leidet unendlich, aber mehr
durch die Furcht vor dem Sterben, als durch seine
Wunden."

„Sire! Der Marschall Lannes wird von der
ganzen Armee bedauert; er war anerkannt einer der
Tapfersten und sollte, wie Eure Majestät selbst gestehen, den Tod fürchten?"

„Es ist so! Ich habe oft gehört, daß es Wunden gäbe, die den Tod wünschenswerther als das Leben machen. Lannes hat beide Beine verloren, er
war der Tapferste aller Tapferen, hat Hundert Mal
im dichtesten Kugelregen gestanden — und will doch
nicht sterben. Welch ein Räthsel! Es ist also doch

wahr, daß man in dem Augenblicke, wenn man vom Leben scheiden soll, mit um so größerer Gier an demselben hängt, daß man sich mit ganzer Gewalt an dasselbe klammert, und von ihm nicht lassen will. Das Leben ist wie ein trauter Freund, man erkennt seinen Werth erst, wenn man ihn verlieren soll. Der unglückliche Lannes, — ich kann ihn nicht sehen, ohne im Innersten ergriffen zu werden! Sein Anblick regt mich auf, und doch kann ich ihm die Freude, mich zu sehen, nicht versagen. Er hängt mit ganzer Seele an mir, er vergißt Frau und Kinder und klammert sich nur an mich."

„Sire! Frankreich verliert in dem Marschall einen treuen Sohn —"

„Und ich Einen von Denen, auf die ich am Meisten zählen konnte!" rief der Kaiser; „ach, was gäbe ich darum, wenn er mir erhalten würde! Ich bin überzeugt, Lannes würde das Beispiel liefern, daß man auch ohne Beine Schlachten gewinnen kann."

„Sehr wahrscheinlich, Sire! Torstensohn hat ja auch, in einer Sänfte sitzend —"

Napoleon ließ ihn nicht ausreden: „Hören Sie mir mit jenen Feldherrn und jenen Soldaten auf! Damals und jetzt — welch ein Unterschied! Unsere Art Krieg zu führen, ist eine ganz andere; damals, wo man in einer Stunde sechs Schüsse aus einem Ge=

schätze that, und jetzt in einer Minute so viel. Die
damaligen Bewegungen und die heutigen verhalten sich
gegen einander wie Eins und Zehn. Sehen Sie die
Oesterreichische Armee noch heute an; hat sie jene Mo=
bilität, wie ich sie meinen Soldaten zu geben ver=
stand? Und doch, was ist seit damals nicht schon Al=
les geschehen, — was hat namentlich der Prinz Karl
nicht schon geändert und verbessert! Meine Soldaten
haben nicht Unrecht, wenn sie behaupten, daß ich zum
Kriegführen mehr ihrer Beine als ihrer Arme bedarf.
Ich mögte den Kommandanten sehen, der jetzt in einer
Sänfte säße und nur Eine Division ins Feuer führ=
te; ich glaube die Soldaten, und selbst wenn es Ei=
ner ihrer geliebtesten Feldherrn wäre, würden die Sa=
che eher von der komischen als von der ernsten Seite
nehmen. Es widerstrebt den Gefühlen und den Be=
griffen, die wir jetzt vom Kriege und seinen Jüngern
haben.“

„Ich kann Euer Majestät nur beipflichten,“ nahm
Rapp das Wort, als der Kaiser inne hielt; „der Fran=
zösische Soldat ist es jetzt schon gewohnt, den General
an der Spitze zu sehen. Führe uns, und wir folgen!
scheint in der Stille ihr Losungswort zu sein. Die
Armee ist, unter Ihren Händen, Sire! eine andere
geworden.“

Napoleon nickte. „Ich habe,“ sprach er, „der

Französischen Nation Etwas gegeben, was sie früher
nicht gekannt hat. Ich habe das von der Revolution
trunkene Volk von seinen Gräueln abgelenkt, indem
ich ihm dieses Etwas zeigte, und es darnach begierig
machte. Der Franzose griff mit Hast nach dem vol=
len Becher und berauschte sich an dem süßen Tranke,
seitdem ist die Französische Nation ruhmtrunken
geworden, und unser Soldat ist der beste in der gan=
zen Welt!"

„Ich glaube auch, daß dies allerseits anerkannt
wird."

„Sie irren sich, lieber Rapp, und machen sich
vielleicht keine Vorstellung davon, was die alten, ein=
gefleischten Perücken und Zöpfe für Begriffe von ei=
nem Soldaten haben. So war in den neunziger Jah=
ren während meines Successes in Italien ein Oester=
reichischer Stabsoffizier, — daß er alt war, brauche
ich nicht hinzuzufügen, denn ich habe dort noch keinen
jungen gesehen, außer denn er wäre ein Prinz, oder
irgend ein Fürst gewesen, — dieser Offizier hatte sich
ordentlich beklagt, daß man einen so jungen Gelb=
schnabel, er meinte mich, gegen sie ins Feld schicke,
mit dem es nicht auszuhalten sei, indem er das ganze
edle Kriegshandwerk zu Grunde richte."

Der Kaiser brach hier über seine eigenen Worte
in lautes Lachen aus, und Rapp antwortete: „Sire!

Ich muß den guten Oesterreicher in Schutz nehmen,
und auf eine zwar negative Weise vertheidigen, indem
ich noch eine andere Aeußerung gehört habe, die jene
weit übertrifft; sie ist um so merkwürdiger, da sie in
der neuesten Zeit und noch dazu von einem Franzosen
kam. In den Zirkeln von Paris ist ein alter Royalist bekannt, ein echtes Exemplar aus der Zeit Ludwig XIV., ja er trägt sogar noch die Kleider von
damals. Dieser Herr ärgerte sich gewaltig, so oft
eines Ihrer Bülletins vom Rhein, von Ulm, oder von
Jena kam; er behauptete ebenfalls, daß Sie das
Handwerk von Grund aus verderbten. Ich habe, sagte
er ein Mal, die Feldzüge des Marschalls von Sachsen mitgemacht, das war ein Kriegszug, da hat man
Wunderthaten sehen können! Die Nachwelt wird sie
erst zu würdigen verstehen. Damals war Kriegführen
eine Kunst, heut zu Tage, pah! Was ist es? Nichts!
Zu jener Zeit führten wir Krieg mit Anstand und
Decenz, wir hatten unsern Maulesel, unser Flaschen-
futter war immer zur Hand, wir hielten auserlesene
Mahlzeiten und hatten sogar ein Schauspiel im Haupt-

lassenheit, man nahm beiderseits gute Positionen, man
lieferte gemächlich eine Schlacht, belagerte zuweilen
eine Festung, bezog im Herbst die Winterquartiere und
fing im Frühjahr wieder an.“

Der Kaiser konnte sich jetzt schon des Lachens nicht enthalten und Rapp fuhr fort: „Das nenne ich, bemerkte unser Royalist mit einer gewissen Selbstzufriedenheit, Kriegführen; jetzt verschwindet eine Armee in einer einzigen Schlacht, und eine Monarchie wird umgestürzt; jetzt legt man in zehn Tagen einen Weg von Hundert Stunden zurück, es schlafe, wer da kann und esse, wer Etwas findet. Bei meinem Heil! Wenn Ihr das Genie nennt, so bleibt mein Verstand stehen, und ich muß Euch bemitleiden, wenn ich höre, daß Ihr ihn, — er meinte nämlich Euer Majestät — einen großen Mann nennt."

Napoleon entgegnete heiter: „Ich habe den armen Leuten des **Regime ancienne** wirklich viel Herzweh gemacht."

„Werden es Euer Majestät glauben," fuhr Rapp fort, „daß ich vor der Zeit von Ulm und Austerlitz einen ehemaligen Kavallerie-Kapitain sagen hörte: Ich komme von der Ebene von Sablon, wo ich unseren Ostrogothen manövriren sah — er meinte Euer Majestät!"

Napoleon lachte hell auf und rief: „Nur weiter, mein Lieber!"

„Er hatte zwei oder drei Regimenter," fuhr der Kapitain fort, „die er auf einander warf, bis sich Alles im Gebüsche verlor; mit funfzig Mai-

tres *) hätte ich ihn und seine Leute gefangen genom=
men. Ich sage Euch, er hat einen usurpirten Ruf.
Es soll bald mit Oesterreich Krieg geben. Moreau
sagte immer, er wolle ihn nur ein Mal in Deutsch=
land sehen, und wir werden sehen, wie er wegkommt,
aber dann wird man uns Gerechtigkeit widerfahren
lassen! — Der Krieg brach aus, in wenigen Tagen
erschienen die Bülletins von Ulm und Austerlitz. Nun,
Kapitain, fragte Einer, wo sind Ihre 50 Maitres?
Ach, hört mir auf, man versteht jetzt Nichts mehr;
dieser Mensch setzt Alles in Unordnung und verdutzt
die Köpfe durch sein Glück; und dann diese Oester=
reicher, wie sind die so schwerfällig, so —"

„Der Doctor Frank, Sire!" meldete Constant.

Napoleon winkte, der Doctor trat ein; Rapp zog
sich in das Nebengemach zurück.

„Nun, Doctor!" wendete sich der Kaiser erst zu
diesem, „was bringen Sie mir für Nachricht — haben
Sie Hoffnung?"

„Euer Majestät! Der Arzt soll die Hoffnung nie
aufgeben, wenn er seine eigene Kunst nicht er=
niedrigen will. Die Wunde des Herrn Marschalls
befindet sich im guten Zustande, aber das Fieber ist
im Zunehmen, ich fürchte, daß es ihm an Kraft ge=
brechen wird; der Blutverlust und —"

---

*) Ehemalige königliche Reiter.

Doctor Frank stockte —

„Nun, Doctor! Heraus mit der Sprache, ver=
schweigen Sie mir Nichts, ich will, ich muß Alles
wissen!“

„Der Herr Marschall hat sich selbst sehr ge=
schwächt; da ich nach allen Nebendingen forschte, so
gestand mir der Kranke, daß er die Nacht vor der
Schlacht in Wien, und zwar nicht allein zugebracht
hat. Ohne hierauf Etwas zu sich genommen zu ha=
ben, machte er den ersten Schlachttag mit; hiezu kam
dann die Anstrengung des zweiten Tages — und Eure
Majestät können leicht ermessen, in welch’ erschlafftem
Zustande sich der Körper befand, als er die Wunde
empfing. Die durch obigen Prozeß absorbirten Kräfte
mangeln nun und dürften ihn die gefährliche Krisis
nicht überstehen lassen; indessen, wie gesagt, darf
der Arzt die Hoffnung nicht aufgeben, ich that mein
Möglichstes und werde ein wachsames Auge auf ihn
haben.“

Napoleon nickte und antwortete: „Ich verlasse
mich auf Sie, Doctor, und hege die Ueberzeugung,
daß Sie zu seiner Rettung Nichts unversucht lassen
werden; möge der Himmel Ihre Bemühungen mit ei=
nen glücklichen Erfolge krönen!“

Doctor Frank war entlassen und Rapp trat wie=
der ein.

„Der Arzt thut," nahm Napoleon das Wort, „was alle seine Zunftgenossen thun: er h o f f t! Da haſt Du wieder eine Rechtfertigung meines Unglaubens an die Arzneiwiſſenſchaft; die Wunden ſtehen gut, an dem chirurgiſchen Theil iſt alſo Nichts auszuſetzen; aber das Fieber macht ihm Kopfzerbrechen, und das gehört in die Medizin. Ich bin ein Feind aller Arzneimittel, da ſie die Körpermaſchine lähmen; eine innere Krankheit heilen, heißt an einem geſtörten Räderwerk mit verbundenen Augen herumarbeiten; in dieſer Beziehung lobe ich mir die Heilmethode der alten Babylonier. Dieſe ſetzten ihre Kranken vor die Hausthüre und Einer der Verwandten nahm daneben Platz und frug jeden Vorübergehenden, ob er je von einem ähnlichen Uebel behaftet geweſen ſei, und was ihm dagegen geholfen habe? Bei dieſer Art von Rathſchlägen hatte man wenigſtens die Gewißheit, diejenigen zu vermeiden, welche durch Arzneimittel unter die Erde gekommen waren."

Der Marſchall Maſſena und der General Bertrand wurden gemeldet; der Kaiſer ließ ſie vor und ging mit ihnen und Rapp in ſein Arbeitsgemach.

— — — — — — Das Fieber des kranken Lannes verſchlimmerte ſich mit jeder Stunde, am Abend des 30. Mai kam ein Adjutant ins Hauptquartier und melbete dem Kaiser, daß ihn der Kranke um seinen Besuch bitte.

Napoleon begab sich nach Simmering.

Dies geschah schon sehr oft, denn Lannes verlangte häufig nach seinem geliebten Kaiser und dieser versäumte nie, zu kommen.

Lannes sah ihm mit verlangenden Blicken entgegen; er horchte auf ihn wie auf einen Schutzengel, von dem allein er seine Rettung erwarte.

Napoleon eilte auf ihn zu.

„Mein Kaiser!" lispelte er und preßte seine Hand, „mein geliebter Kaiser!"

„Der Doctor," sprach Napoleon, „hat mir beruhigende Nachricht gebracht; er wird Dich herstellen — bist Du mit ihm zufrieden?"

Der Kranke nickte und entgegnete: „Er allein kann mir nicht helfen. Sie müssen es, Sire! Sie können es, Ihr Anblick macht mich stark, Ihr Blick bringt mir ins Herz und macht mich neu aufleben. Nicht wahr, Sire! Ich werde leben, fortleben? Wenn Sie wollen, so wird es geschehen, Ihr Wille ist allvermögend — allmächtig!"

Die Fieberhitze machte seine Wangen glühen. Napoleon betrachtete ihn genau und bemerkte jenes Zucken an den Schläfen, welches ein Zeichen überhandnehmender Schwäche, die letzte Anstrengung der thätigen Nerven ist. Die Augen waren eingesunken, die Backenknochen stemmten sich an die Haut, dicke Schweißtropfen standen auf der Stirne.

Der Kaiser gestand sich, daß er an der Seite eines Sterbenden sitze.

Der Marschall schloß die Augen, die Lider fielen kraftlos zu, seine Hand öffnete sich und der Kaiser zog die seine zurück.

Der Athem wurde schwer.

„Armer Lannes!" flüsterte Napoleon.

Welch eine wunderbare Wirkung! Der Kranke riß die Augen auf, man sah die Anstrengung, welche ihm dies kostete, aber Napoleons Wort rief ihn ins Leben.

„Sie da, mein Kaiser!" sprach er, „ich glaubte Sie auf dem Schlachtfelde, wir waren ja so eben bei Eßlingen, der Speicher hält sich — nur zu, meine Braven — laßt sie stürmen, — laßt donnern ihre Kanonen, aber haltet Euch, der Kaiser wills, unser Kaiser! Division, mir nach, en avant! Noch sechs Piecen vor, so — hinein in die Reihen — vive l'Empereur! — Der Sieg — Sieg! —"

Er verstummte — Napoleon regte sich nicht — die Fieberphantasie des Helden malte ihm in trügerischem Hohne noch ein Mal den letzten Tag seines Kriegerlebens.

Nach einer Weile blickte der Kranke den Kaiser an und fuhr fort: „Sire! Ich bin krank, ich kann nicht mit Ihnen, ich werde nicht mehr unter Ihren Augen fechten, der treue Lannes wird Ihnen nicht mehr zur Seite stehen —"

Napoleon machte eine Bewegung —

„Sie wollen fort? O, mein Gott! Bleiben Sie noch, verlassen Sie mich nicht, ich bin ja ohne Sie allein, ganz allein! Sie sind mein Schutzgeist, Sie müssen mich bewachen, hören Sie, Sire! Sie müssen — müssen —"

„O könnte ich!" seufzte Napoleon leise.

Auch diese Worte hörte der Kranke, aber nur den Ton der Stimme, er verstand sie nicht.

„O, ich weiß es," fuhr er im Delirium fort, „Sie sind gut, Sie lieben mich und bedauern mich — aber helfen Sie mir auch — ich muß ja bei Ihnen bleiben, es kommen schwere Tage, Sie werden mein bedürfen. Dort die weite Ebene wimmelt von Truppen — Aspern — Eßlingen — dort das Schlachtfeld — schnell Sire! Lassen Sie uns von Neuem hinstürzen, aber ohne Säumen, über den Strom, eine neue Schlacht — bei Eßlingen, das war Nichts — kein Sieg — kein Schlag — aber nun — so — nur hinüber — mit ganzer Macht — mehr Kano-

nen — noch mehr — noch mehr — jetzt — so —
das Spiel geht an —"

Napoleon horchte wie einer Verkündigung, kein
Laut ging ihm verloren —

Der Kranke lag mit offenen Augen da, sah ihn
mit stierem Blicke an und fuhr fort: „Das Spiel geht
an — sechs Brücken — hinüber — Alles auf ein Mal
— der Sturm wüthet — der Strom rauscht — fort
hinüber — Napoleon — rasch, mein Kaiser! Laß die
Wogen strömen, das ist gut — sie hören uns nicht —
jetzt Donner — Kanonen vor — heran zum Sturm —
der Große siegt — sie fliehen — die Schlacht ist unser — Oesterreich verloren!"

„Das gebe Gott!" lispelte Napoleon.

Lannes hielt inne, aber er verwandte keinen Blick
von seinen Gebieter. Er machte eine Bewegung gegen das Glas, welches an seiner Seite stand, der
Kaiser reichte ihm dasselbe, und der Kranke schlürfte
mit vollen Zügen das Wasser.

„Labt Dich der Trunk?" fragte Napoleon.

„O ja, Sire!"

„Schmerzt Dich die Wunde?"

„Nein, aber hier brennt es, hier in der Gegend
des Herzens, und mein Kopf ist so schwer."

Jetzt schloß er die Augen und blieb regungslos
liegen.

Die Nacht war herangebrochen, die Kerzen brannten auf dem Tische — Napoleon war in tiefe Trauer versunken.

Nach einer Weile erhob er sich.

Lannes öffnete die Augen.

„Gehen Sie nun, Sire!" sagte er nun selbst, „Sie müssen schlafen, Sie arbeiten angestrengt, und bedürfen der Ruhe."

„Gute Nacht — Lannes! —"

„Gute Nacht, Sire! —"

„Der Himmel nehme Dich in seinen Schutz!"

Der Kranke seufzte.

Als Napoleon fortging, folgte ihm sein Blick. —

An der Thüre blieb der Kaiser noch ein Mal stehen.

„Mein Kaiser!" schrie der Kranke jetzt mit erschütternder Stimme, als ob sein letzter Trost von ihm scheide.

Dieser eilte noch ein Mal zurück, warf sich unter Thränen an Lannes Brust und drückte einen Kuß auf seine Lippen.

Dann stürzte er aus dem Gemache.

Von diesem Augenblicke an versank der Marschall in eine geistige Apathie — er sprach nicht mehr und blieb kraftlos auf dem Lager — das Fieber zehrte an dem letzten Rest seiner Kräfte; gegen 5 Uhr Morgens

— es war der 31. Mai — schied die Seele des Französischen Rolands aus dem zerstümmelten Körper, und flog ihrer Heimath zu.

Vier Tage später verlegte Napoleon sein Hauptquartier wieder nach Schönbrunn.

IX.

Der erste Juni brach an.

Es ist ein Donnerstag — Der Tag des heiligen Frohnleichnamsfestes!

Wer kennt nicht die Pracht, mit welcher dies schöne Fest alljährlich in Wien gefeiert wird.

Die Straßen wimmeln von festlich gepußten Menschen, die in die Stadt strömen.

Bunte Blumen zieren die Fenster; grüne Bäume, an die Häuferreihen gelehnt, bilden eine Blätterzeile, deren duftiger Odem mit jenem der ausgestreuten Gräser sich mengend, die Luft schwängert; Guirlanden schlingen sich um die Einfahrten der Gebäude, und Teppiche hängen an den Fenstern herab.

Der Anblick der so gezierten Straßen ist ein heiterer, ein wohlthuender.

Hie und da ist ein prachtvoller Altar errichtet, Blumenkränze umwinden die Säulen und das große Altarbild; kostbare Kandelaber belasten den rosenbestreuten Tisch, und Teppiche decken die hinanführenden Stufen.

Blumengeschmückte Kinder, die geweiheten Kerzen in der Hand, wallen dem Dome zu, um sich dem Zuge anzuschließen.

Die Bürger sind in Parade ausgerückt, sie stellen Wachen zu den Altären und stehen in geschlossenen Reihen auf den Plätzen.

Der ganze Hofstaat ist in größter Galla, die Garden sind in Parade; wer all diesen Schmuck, all diese Diamanten, dies Gold und Silber sammelte, ich glaube, er könnte damit die Dürftigen eines ganzen Landes wohlhabend machen!

Jetzt beginnt der Gottesdienst; die Glockenklänge wallen festlich und einladend durch die Lüfte, der Zug ordnet sich zum Umgang, die Fenster füllen sich mit Damen und Herrn, mit blühenden Jungfrauen.

Die Glocken hallen fort, ein Drängen und Drücken in der Umgebung des Domes wird bemerkbar und der Umgang beginnt.

Bald wird dem Volke der erste Segen ertheilt, Salven ertönen, von den Wällen donnern die Kanonen der bürgerlichen Artillerie, Mufikchöre erklingen, die Glocken öffnen wieder den metallenen Mund und die Feierlichkeit nimmt ihren Fortgang.

Die katholische Kirche zeigt sich in ihrer ganzen, Auffehen erregenden Herrlichkeit!

Von dem Allen war aber dies Mal keine Spur.

Der Kaiser und die Kaiserin waren nicht in Wien, der Hofstaat befand sich bei ihnen.

Die Burg vermißte ihre sonstigen Bewohner.

Wien war Französisch!

Um den allzugroßen Zusammenfluß des Volkes zu vermeiden, um die Durchmärsche der Truppen nicht zu hindern, wurde gar keine Prozession abgehalten.

Statt dessen ererzirten Französische Truppen auf dem Hofe,*) auf der Bastei und auf dem Glacis; hier kampirten nächtlicher Weile auch noch Truppen der Italienischen Armee; das feindliche Lager dehnte sich von der St. Marrer Linie bis hinab nach Schwechat. Wien sammt Umgebung war ein riesiger Waffenplatz.

In der Vorstadt Margarethen, hart am Wienfluße, befand sich ein kleines, unansehnliches Haus.

---

*) Der größte Platz in der innern Stadt.

Das Gebäude stand in einem Hofe, der von drei Seiten mit einer Mauer umgeben war. Die Lage befand sich abgesondert; an einer Seite die Wien, an der zweiten eine Wiese, als Hänge=stätte für die in der Nähe wohnenden Färber, und an den andern beiden Seiten ein Zimmerplatz.

Die Hausthüre ist geschlossen.

Am Vormittage hielten zwei Italienische Solda=ten, mit einer Quartieranweisung versehen, vor dem Thore und gaben ihre Anwesenheit durch heftige Kol=benstöße zu erkennen.

Nach geraumer Weile öffnete sich der Eingang und ein altes Weib erschien an demselben.

Wenn ich, als ich noch Soldat und auf dem Marsche war, in ein Quartier kam und mir da zuerst ein altes Weib entgegentrat, so wurde ich augenblick=lich übellaunig. Es ist eine eigne Aversion, welche Soldaten vor alten Weibern haben.

Dies war auch hier der Fall; als die beiden Italiener die alte, dicke Frau mit dem blatternarbigen Vollmondsgesicht sahen, wurden sie böse und begannen zu murren.

Die Alte aber ahnte Unheil und stotterte: „Was schaffen Sie, meine Herrn?"

„O maledetta vechia!" rief der Eine —

„Da is Quartier!" polterte der Andere.

„Da nir Quartier!" erwiderte die Alte, in den Italienisch = Deutschen Dialect eingehend, um sich verständlicher zu machen.

„Was! Da nir Quartier?" rief nun auch der Andere, und hielt ihr die Anweisung entgegen.

Die Alte nahm das Papier und glotzte es an.

„Kann Sie les?"

„Nir les!"

„Ecco, Frau Barbara Langer dui Soldati!"

„Ja, ja, ich bin die Langin Babi."

„Et noi dui Soldati, also Quartier!" entschied nun der Italiener, schob die Dicke etwas unsanft bei Seite und trat ins Haus. Der Andere folgte ihm.

Frau Barbara Lange schlug ein Kreuz, schloß die Thüre hinter sich und eilte hinein, um ihren unwillkommenen Gästen ein Zimmer anzuweisen. Dies schien für militairische Einquartierung berechnet, denn seine ganze Einrichtung bestand aus zwei separirten Betten, mit Strohsäcken, deren Inhalt aber sehr zerknickt war, über denselben lagen gesteppte Decken, und jederseits ein Kopfpolster. Außerdem befand sich in diesem Zimmer ein weicher Tisch und zwei Stühle, auf dem Tische stand ein Leuchter mit eingesteckter Kerze, darneben ein Feuerzeug. Unter jedem Bette befand sich ein Waschbecken, rechts und links in jeder Ecke ein Wasserkrug, und rechts und links an einem

Nagel in der Wand hing ein Handtuch. Außerdem waren noch auf beiden Seiten Holzrechen zum Aufhängen von Garderobestücken befestiget. Wie gesagt, man hätte diese Stube als für militairische Einquartirung reservirt ansehen können, wenn dem bei genauerer Erwägung nicht zwei Dinge widersprochen hätten. Aus dem Zimmer ging eine Thüre unmittelbar auf die Straße. Vor dieser Thüre war nur in Mannshöhe, bis an die gegenüberstehende Zimmerwand eine Schnur gezogen, in dieser Schnur bewegte sich ein langer, dichter Vorhang, in messingenen Ringelchen, und dieser Vorhang, wenn er aufgezogen wurde, theilte die ganze Stube in zwei gleiche Hälften, so daß sich in jeder derselben ein Bett, ein Waschbecken, ein Krug, ein Handtuch befand; der Vorhang vertrat also gewissermaßen die Dienste einer Scheidewand und machte aus der großen Stube zwei kleine. Eine solche Vorrichtung war also für bloße militairische Einquartierung unnütz, denn bekanntlich geniren sich die Soldaten nicht vor einander, da sie immer in größerer oder kleinerer Anzahl beisammen liegen. Außerdem wurde noch Etwas bemerkbar. Auf dem Tische und auf den beiden Fensterbretchen, auch hie und da auf dem Fußboden lagen Steck- und Haarnadeln zerstreut; man mußte also mit Recht auf anderweitige Einquartirung schließen.

Die beiden Soldaten hätten keine Italiener sein müssen, um dies Alles nicht augenblicklich zu bemerken. Sie wechselten hierüber mehre Reden, die aber die edle Quartierträgerin zum Glücke nicht verstand.

Die Musketen wurden beim Eintritte in die Ecke geschleudert, die Tornister abgeschnallt, die Tschako's und Halsbinden abgenommen, die Röcke aufgeknöpft, mit einem Worte, sie machten sichs bequem.

„He, Vechia!" rief der Eine, und als die Langin erschien, fuhr er fort: „Porta l'Aqua!"

Da er ihr den Wasserkrug entgegen hielt, so wußte sie, daß er Wasser fordere.

Sie nahm das Geschirr und brachte das Begehrte.

Während der Abwesenheit der Alten visitirten die Soldaten die Betten, und als sie zurückkam, sagte der Eine: „Da muß friß —" dabei machte er eine Pantomine, indem er mit der ausgestreckten Hand über die Länge des Bettes streifte.

„Aha, Sie wollen ein frisches Bettuch? Gut!"

Sie ging, es zu holen und brummte auf dem Wege: „Könnten auch mit dem Bette zufrieden sein; es sind schon größere Herrn in demselben gelegen. Mein Himmel! Wer hat heute an eine Einquartierung gedacht? Das ist mir ein schöner Strich durch

die Rechnung, wie wird das enden? Wenn Einer
von ihnen in den Hof geht — diese Verlegenheit, —
wenn ich ihn nur davon benachrichtigen könnte — doch
er wird Nachmittags wahrscheinlich kommen, und da
mag er sehen, wie er davon·kommt."

Jetzt war sie wieder bei den Soldaten in der
Stube und richtete die Betten her.

Da näherte sich der Eine und sprach: „Um —" er
streckte zwei Finger aus — „mangare!"

„Um zwei Uhr wollen Sie essen?"

„Si!"

„Schon gut! Wenn ich Euch nur Rattengift geben könnte, ihr wälschen Kapauner!"

„Was sag' Sie?"

„O gar nir, gar nir!"

Sie verließ die Stube und ging in die Küche.

Die Soldaten, müde von dem Marsche, warfen
sich aufs Lager und schliefen bald ein.

Frau Langin brummte und wirthschaftete indessen
in der Küche herum, lief öfters vors Haus, spähte
nach allen Seiten und murmelte jedes Mal unruhig:
„Er kommt halt nicht! Ich mögt' nur wissen, wo er
heut' bleibt? —"

Bei einer solchen Gelegenheit gewahrte sie den
Sohn des Nachbars, einen Knaben von ungefähr
zwölf Jahren und rief ihn zu sich.

„Lieber Pepi, willst Du mir einen Gefallen er=
weisen?"

„Warum denn nicht, wenn's sein kann?"

„Gehe schnell hinauf nach Mariahilf; in der
Hauptstraße, unweit vom goldenen Kreuz ist das
Haus der Tandlerin Konrad, dort wohnt im ersten
Stock ein Herr, der Miller heißt, sag' ihm, er mögte
augenblicklich zu mir kommen."

„Frau Langin," entgegnete der Knabe, „der Weg
ist ein bisserl zu weit —"

„Warum nicht gar? Da hinüber über die Wien,
dann durch die Annagasse, durch die neue Gasse und
Du bist beim Kreuz."

„Es ist doch weit."

„Geh, geh, Pepi! Da hast Du!" Sie gab ihm
Geld.

„Also Mariahilf, Hauptstraße, Tandlerin Kon=
rad, junger Herr Miller —" rief der Knabe und lief
davon.

„So, jetzt ist mir ein Stein vom Herzen!" mur=
melte die Alte und eilte wieder in die Küche, um ihr
Geschäft fortzusetzen.

Als die Mittagsstunde vorüber war, nahm sie
einige Schüsseln, füllte sie mit Speisen, schlichtete
sie in einen Korb und begab sich in ihr Zimmer.

Nachdem sie die Thüre hinter sich zugeriegelt

hatte, ging sie von da in ein zweites, und dann in ein drittes, welches sie aufschloß.

Dies war ein kleines Kämmerchen, mit einem einzigen Gitterfenster, das in eine Ecke des Hofes ging.

„Guten Tag, mein Engelchen!"

Diese Worte waren an ein Mädchen gerichtet, welches ruhig, aber sehr niedergeschlagen in einem Winkel saß und in einem Buche las.

Das Mädchen gab keine Antwort.

„Ich bringe das Mittagsmahl."

Abermalige Stille.

Frau Langin deckte ein kleines Tischchen und hob die Speisen aus dem Korbe.

Das Mädchen setzte sich zum Tisch und begann zu essen.

„Nun, mein Fräulein, wie schmeckt es? Warum so wortkarg?"

Das Mädchen warf einen finstern Blick auf sie und sagte mit eisiger Kälte: „Ich habe Sie schon einige Male ersucht, mich unangeredet zu lassen."

„Sie verkennen meine Theilnahme, lieber Engel."

„O, ich verkenne Ihre Theilnahme nicht, denn Sie sind die Helferin jenes Elenden. —"

„Aber wie können Sie nur einen galanten, jun=
gen Herrn, der in Sie zum Rasendwerden verliebt ist,
einen Elenden schelten? Das ist grausam von Ihnen.
Ich habe Ihnen schon gesagt, daß er unermeßlich reich
ist und daß er nur Ihr Glück will! Sie verkennen
ihn und mich."

Das Mädchen gab wieder keine Antwort.

„Sie lassen den Wein schon wieder unberührt?"

„Ich trinke nie Wein!"

„Das ist nicht klug von Ihnen, liebes Engel=
chen! Der Wein stärkt, macht aufgeräumt und
munter."

„Das bin ich ohnedem."

„Wie Sie scherzen können, Sie liebenswürdiges
Schelmchen! Mich wundert es gar nicht, daß sich
Herr Ferdinand in Sie verliebt hat; Sie sind zu rei=
zend, zu hübsch — aber auch er ist ein schmucker
Mann; sehen Sie ihn nur an, das hübsche Gesicht,
die blühende Farbe, das schwarze Haar, die schlanke
und doch kräftige Figur, ich begreife nicht, wie Sie
so gleichgültig sein können."

Das Mädchen hatte das Mahl beendet, sie ge=
noß nur so viel, um den Hunger in Etwas zu stil=
len.

„Wenn Sie immer so wenig genießen, mein
Fräulein, so werden Sie bald abmagern; Sie sind

erst zwei Tage hier und Ihre Farbe ist schon merklich
blässer geworden."

„Daran liegt Nichts."

„Hören Sie auf! Welchem Mädchen wird nicht
daran liegen, hübsch zu bleiben — das machen Sie
mir nicht weiß! Wie gefallen Ihnen die Bücher, welche Ihnen Herr Ferdinand gebracht hat?"

„Dies hier, gut!"

„Lassen Sie sehen! „Turandot" von Schiller, Ah,
das glaub' ich, und die andern?"

„Die lese ich nicht."

Die Alte durchblätterte die Bücher und rief:
„Was, Sie lesen diese Bücher nicht? Bianka Ca-
pello, der Deutsche Alcibiades, das sind ja herrliche
Bücher."

„Mir gefallen sie nicht. Sagen Sie mir, wann
wird Herr Ferdinand kommen?"

„Ich glaube, heute noch."

„Wohnt er weit von hier?"

„Sehr weit. Sie befinden sich gar nicht in
Wien, sondern weit draußen auf dem Lande—"

„So?" sagte das Mädchen, „und wohnt sonst
Niemand hier im Hause?"

„Keine Seele, als ich und Sie, liebes Engelchen! Sie, der Schatz, und ich, die Wächte-
rin."

Das Mädchen nahm das Buch, in welchem es vorhin gelesen hatte und setzte sich ans Fenster.

Frau Langin wurde unruhig und sagte: „Liebes Fräulein, Sie sitzen immer am Fenster, und das ist höchst schädlich, Sie werden das Rheuma bekommen.“

Die Andere sah sie an und entgegnete: „Wirklich? Nun gut, ich will Ihren Rath befolgen.“

Sie entfernte sich und nahm seitwärts einen andern Platz.

Die Alte räumte jetzt auf, schlichtete das Geschirr wieder in den Korb und sagte: „So, mein Engelchen, lassen Sie Sich die Zeit nicht lang werden und behalten Sie mich in gutem Angedenken.“

Damit entfernte sie sich und schloß hinter sich die Thüre zu.

Die Gefangene hob die Hände flehend zum Himmel und lispelte: „Mein guter Gott! Verleih' mir Kraft und Stärke, daß ich in meiner gefährlichen Lage nicht verzweifle und nicht unterliege!“

Dann versank sie in Nachdenken und sprach: „Gute Julie, wie Recht hattest Du, mich von dem Gange abzuhalten; aber ich mußte ihn sprechen, und was ich erfuhr, reicht hin, mich über alles Unglück zu erheben. Wie könnte ich sonst die Qual dieser

Stunden ertragen! Ich überlebte die Angst nicht, wenn mich die Nachrichten von ihm nicht stärkten, und der Zukunft gefaßt entgegen sehen ließen. Der Elende! Er soll in mir kein kraftloses Schlachtopfer finden; ich will ihm, mit Muth gewappnet, entgegen treten und keine Gewalt soll mich von meinem Vorsatze ab bringen. Die Alte sagt, wir befänden uns weit von der Stadt — dies ist nicht wahr, denn ich habe heute viele Glocken läuten hören, darunter die große vom St. Stephan mit dem dumpfen, schweren Klang; diesem nach bin ich hier in einer entfernten Vorstadt. Sie sagte ferner, wir wären die einzigen Bewohner dieses Hauses, und doch vernahm ich vor Kurzem Männerstimmen. Ich habe ihre Unruhe bemerkt, als ich mich ans Fenster setzte, sie rieth mir davon ab, — warum that sie dies nicht gestern und vorge= stern? Auch hört' ich in den früheren Tagen keine Stimme, es müssen also Menschen anwesend sein, die sie fürchtet; ich werde lauschen."

Seitwärts vom Fenster befand sich ein Tisch, auf dem ein Toilettenspiegel stand; sie rückte diesen so lange, bis sie in demselben jenen Theil des Hofes übersehen konnte, in welchen die Gangthüre mündete. Dann setzte sie sich auf die entgegengesetzte Seite und behielt den Spiegel im Auge.

Frau Langin war ihrer Unruhe noch nicht ent=

hoben, denn der abgesandte Knabe kehrte noch immer nicht zurück.

Die beiden Soldaten waren indeſſen erwacht. Der Eine von ihnen trat in die Küche und fragte unwirſch und laut in Italieniſcher Sprache: „Nun, wie ſtehts, werden wir nicht bald zu Tiſche gehen?"

Dieſe Worte vernahm die Gefangene, denn das Küchenfenſter ging ebenfalls in den Hof; ſie lispelte freudig: „Es ſind Italiener, wahrſcheinlich Militairs!"

„Gleich, gleich!" antwortete Barbara dem Soldaten, und machte ſich daran, die Speiſen aufzutragen. In dieſem Augenblicke ſchrie der zurückgekommene Bote auf der Straße: „Frau Langin — Frau Langin!"

Die Alte verließ die Küche und rief hinaus: „Komm' herein, Pepi!"

„Ich fürchte mich, es ſind Soldaten drin; kommen Sie heraus."

Sie eilte auf die Straße.

Der Soldat verließ ebenfalls die Küche und trat in den Hof.

Roſa erblickte ihn und rief: „Signor — Signor —"

Der Italiener eilte herbei und die Gefangene fuhr raſch in Italieniſcher Sprache fort: „Mein Herr!

22*

Ich bin hier eingesperrt, befreien Sie mich, ich kann Ihnen in der Eile nicht mehr sagen. In der Nacht mehr. Verlassen Sie schnell den Hof, damit die Alte keinen Verdacht schöpft."

Der Soldat leistete Folge und befand sich bereits in der Küche, als die Langin hereinstürzte und ihn verdächtig musterte. Er blieb ruhig, brummte unverständliche Worte in den Bart und ging in das Zimmer, wohin das Essen gebracht wurde.

„Sollte er vielleicht," murmelte die Alte, „in dem Hofe gewesen sein? Ich will sehen, was sie macht." Sie schlich ins Zimmer, bis zur Thüre, die in Rosas Kämmerchen führte und guckte durchs Schlüsselloch.

Das Fenster war geschlossen, die Gefangene lag auf einem Kanapee und las.

„Sie ist ruhig und gelassen — s'ist Nichts — das arme Täubchen ahnt Nichts; es fällt ihr gar nicht ein, sich mit Jemandem ins Einverständniß zu setzen!"

Durch diese Worte sich selbst beruhigend, verließ sie die Stube, um die Soldaten ganz zufrieden zu stellen, dabei dachte sie immer an Herrn Ferdinand, denn des Nachbars Pepi, nachdem er ihr ein Langes und Breites vorerzählt hatte, war endlich mit der unbefriedigenden Botschaft herausgerückt, daß er Herrn Ferdinand nicht zu Hause gefunden habe."

Das Mahl war zu Ende, die Alte ging in die Küche und beschloß dieselbe nicht zu verlassen, um den Ausgang in den Hof im Auge zu behalten.

Als die Soldaten allein waren, begann der Eine: „Bruder Tonio! Ich habe eine Entdeckung gemacht."

„Nun, was denn?"

„Ein wunderhübsches Mädchen —"

„Alle Welt! Wo?"

„Rückwärts im Hof, hinter einem Gitterfenster, das Mädchen ist dort gefangen."

„Gefangen?"

„Ja, sie will befreit sein, und bestellte mich auf den Abend."

„Kann man sie sehen?"

„Sehr leicht, aber sie bat mich, nicht mehr in den Hof zu kommen, um den Verdacht der Alten nicht zu erregen."

„Was liegt uns an der Alten; wir Beide werden doch die Alte nicht fürchten! Hast Du mit dem Mädchen Deutsch gesprochen?"

„Nein, sie redete mich Italienisch an, auch weißt Du, daß ich von der Deutschen Sprache nicht gern Gebrauch mache, weil die Quartierträger,

wenn sie sich unverstanden wähnen, freier spre=
chen, bei welcher Gelegenheit man Manches er=
fährt."

„Das ist klug von Dir, aber was thun wir für
das Mädchen?"

„Vor der Hand Nichts. Was glaubst Du?"

„Ich glaube ganz einfach, ich gehe zur Alten,
Du an das Fenster, und wir erzwingen die Heraus=
gabe der Gefangenen."

„Der Gedanke ist nicht übel. Zur größeren
Vorsicht könnten wir auch das Thor schließen. Die
Alte wird freilich Lärm schlagen."

„Das macht aber Nichts, wir befreien ein hülf=
loses Geschöpf und entdecken vielleicht ein abscheuli=
ches Verbrechen."

„Ganz recht! Jetzt komm, laß' uns frisch ans
Werk."

Sie erhoben sich und gingen bis zur Thüre, da
blieb der Eine stehen und besann sich.

„Nun, was hast Du?" fragte der Andere.

„Bruder Tonio, mir kommt ein Gedanke."

„Laß hören!"

„Wir müssen doch warten."

„Warum denn?"

„Das will ich Dir gleich sagen. Wir könnten
da in eine üble Falle kommen."

„Wie so?"

„Wir wissen, daß das Mädchen gefangen ist, gut! Aber von wem? Das ist keine gleichgültige Frage. Sieh', Tonio, das Ganze ist vermuthlich ein Liebesabenteuer; wenn nun derjenige, der das Mädchen hier fest und verborgen halten läßt, ein Französischer Offizier wäre?"

Tonio kratzte sich den Kopf und sagte: „Du hast Recht, das wäre ein kitzlicher Fall! Der Franzose ginge zu unserem Chef und wir hätten alle Höheren gegen uns."

„Du hast Recht, man lösche das Feuer nicht aus, das Einem nicht brennt."

Die Soldaten gingen wieder zurück und legten sich auf ihre Betten.

An ihrer Unruhe merkte man, daß sie noch immer in Gedanken mit diesem Gegenstande beschäftiget waren.

Nach einer Weile begann Tonio wieder: „Bruder!"

„Was willst Du?"

„Du sagtest vorhin, das Mädchen habe Italienisch gesprochen."

„So ist es!"

„Sie ist vielleicht unsere Landsmännin?".

„Leicht möglich, sie spricht den Venetianischen

Dialekt, aber nicht ganz rein, so ungefähr, wie man bei Verona hinter den Bergen spricht."

„Wenn dies der Fall ist, so thut es mir wirklich leid um sie."

„Besonders wenn kein Offizier von uns im Spiele wäre."

„Das ist auch möglich."

„Weißt Du, wie wir am Besten thun?"

„Nun?"

„Wir warten den Abend ab. Ich schleiche mich dann wieder zum Fenster, um von ihr das Nähere zu erfahren. Ist kein Offizier von uns bei der Geschichte betheiligt, sondern Einer vom Civile, oder gar ein Deutscher, dann wird sie befreit; im entgegengesetzten Falle können wir ihr nicht helfen."

„Ja, das wollen wir thun, und dabei bleibt es!"

„Aber wie fangen wir es denn an?"

„Darüber wollen wir jetzt nachdenken und dann gemeinschaftlich einen Entschluß fassen."

Beide lagen auf ihren Betten, die Thüre, welche aus ihrer Stube auf die Straße führte, war gesperrt, jene auf den Gang ließen sie angelehnt offen.

Ungefähr gegen 5 Uhr Nachmittags kam ein junger Mann in Civilkleidern.

Es war Charles Delour, auch Ferdinand Miller genannt.

Als er an der Thüre der Soldatenstube vor-
überging, warf er einen Blick hinein, erschrak und
eilte auf die ihm entgegenkommende Alte zu.

„Was ist das?" fragte er leise, während er mit
ihr in die Stube ging.

„Wie Sie sehen, Einquartierung! Ich bin seit
heute Vormittags in Todesangst — ich habe schon nach
Ihnen geschickt. —"

„Als ich nach Hause kam, erfuhr ich es und eilte
hieher. Ist Etwas vorgefallen?"

„Bis jetzt noch nicht, ich habe den Ausgang in
den Hof sorgfältig gehütet —"

„Die Soldaten wissen also noch Nichts? —"

„I bewahre! Aber Sie haben ja versprochen,
zu verhindern, daß ich Einquartierung bekomme."

„Es muß darauf vergessen worden sein, oder er-
fordert es die höchste Noth. Was ist jetzt zu thun?
Wir dürfen den Soldaten und dem Mädchen nicht
trauen."

Er sann eine Weile nach, dann sagte er rasch:
„Gehen Sie hinein — und lassen Sie Rosa in das
mittlere Zimmer treten —"

„Sie vergessen, daß die Fenster auf den Zimmerplatz gehen."

„Das macht Nichts, heute ist Feiertag und es wird nicht gearbeitet. Wir haben hier weniger zu besorgen, als im Kämmerchen, denn außer diesen Arbeitsleuten kommt kein Mensch in die Nähe. Sie können auch zugleich die Laden schließen und Kerzen anzünden."

Während Barbara fortging, um den Befehl zu vollziehen, fuhr Delour in einem Selbstgespräche fort: „Ich will mit ihr sprechen, und sollte sich ihr Eigensinn noch nicht gebeugt haben, so will ich strengere Maßregeln ergreifen. Wenn nur diese Nacht schon vorüber, und die Soldaten aus dem Hause wären. Ich glaube nicht, daß sie länger hier bleiben, wenn dies aber der Fall wäre, dann müßte Rosa an einen andern Ort gebracht werden. Ich muß darüber Gewißheit haben."

Frau Langin trat heraus.

„Haben Sie die Thüre, welche in die Kammer führt, geschlossen?" fragte Charles.

„Das versteht sich!" erwiderte die Alte, „aber hören Sie, wie klug ich es angestellt habe, um sie aus dem Kämmerchen zu locken, denn sonst hätte sie vielleicht einigen Lärm machen können. Ich öffnete die Thüre und lispelte hinein: Mein liebes Engelchen, kommen Sie heraus, ich will Ihnen Beweise von meiner Freundschaft geben, ich lasse Sie frei. —

Wie ein Blitz war sie bei mir — und schnapps war
die Thüre zu. Sie sah mich erschrocken an. Ich
schloß die Läden, zündete die Kerzen an und sagte
ganz traulich: So, mein Engelchen, Herr Ferdinand
Miller wird gleich da sein, mit Ihnen sprechen und
Ihnen die Freiheit schenken. Damit verließ ich die
Stube."

„Gut, liebe Frau, behalten Sie jetzt die Solda=
ten im Auge, ich will zu Rosa."

Er ging ins zweite Zimmer und schloß die Thüre
hinter sich zu.

Die Jungfrau saß todtenbleich in einem Stuhl
und starrte in die Kerzenflammen.

Als Charles hineintrat, erbebte sie leise, zwang
sich jedoch zur Fassung.

„Guten Abend, liebe Rosa!" und als keine Ant=
wort erfolgte, setzte er hinzu: „Schon wieder böse
und trotzig?"

„In Ihrer Gegenwart werde ich nie anders
sein!"

„Dies ist aber unklug von Ihnen, denn Sie
handeln damit Ihren eigenen Absichten zuwider, weil
dieser Trotz sie unendlich gut kleidet, und Sie in mei=
nen Augen nur noch liebenswürdiger macht. Haben
Sie Sich keines Besseren besonnen? Wollen Sie noch
immer nicht die Meine werden?"

Die Jungfrau sah ihn mit einem verächtlichen Blicke an und entgegnete: „Sie wissen am Besten, wie Sie bisher an mir gehandelt haben. Sie haben mich mit Gewalt entführt, halten mich hier mit Gewalt fest. Glauben Sie nach einer solchen Handlungsweise noch meine Neigung gewinnen zu können, dann muß ich Sie bedauern, denn dann sind Sie eben so geistesbeschränkt als elend!"

„Sie wollen mich beleidigen — aber es wird Ihnen nicht gelingen; aus Ihrem Munde tönt jedes Wort angenehm, und ich glaube, es dürfte ein Todesurtheil sein, wenn Sie es verkünden, müßte es wie eine Heiligsprechung klingen. Hören Sie mich an, liebe Rosa! Sie waren frei und ich habe Ihnen meine Liebe gestanden; Sie haben mir keinen Glauben geschenkt und haben sich mir entzogen. Ein Zufall hat mich Sie finden lassen, und Sie sind jetzt in meiner Gewalt. Sie waren hartnäckig, ich bin es auch, Sie waren grausam, ich will es auch sein. Glauben Sie, ich habe während der Zeit, als Sie Sich vor mir verbargen, weniger gelitten, wie Sie jetzt leiden? Glauben Sie, daß die Pein verschmähter Liebe leichter zu ertragen sei, als die Beschränkung einer Freiheit, bei der man das Bewußtsein hat, sie augenblicklich aufgehoben zu sehen, sobald man nur weniger eigensinnig und weniger starrköpfig ist? Es gibt viele Mädchen, die zu ihrem Glücke gezwungen werden müssen; Sie gehören zu dieser Zahl, ich will Ihr Glück, vermag es zu gründen, und muß Sie dazu zwingen."

„Mein Herr! Wie oft soll ich Ihnen wiederholen, daß ich aus Ihren Händen kein Glück empfangen will, daß ich nie einem Manne angehören werde, den ich nicht lieben kann, und Sie, Sie sind mir durch Ihre Zudringlichkeit, vom ersten Augenblicke an, unausstehlich gewesen. Darum noch einmal, lassen Sie mich, und glauben Sie ja nicht, mich durch Worte zu überreden, oder durch Drohungen zu erschrecken. Ich bin auf Alles gefaßt."

„Haben Sie vielleicht, wie eine Theaterheldin, einen Dolch im Busen verborgen?"

„O nein, mein Herr! Denn ich war weit entfernt, an ein solches Bubenstück zu denken! Ich habe keinen Dolch, aber zwei Arme habe ich, die der Himmel stählen wird, um Sie zu vernichten, wenn Sie schlecht genug sein sollten, mir Gewalt anzuthun. Und jetzt, mein Herr! Ich bitte Sie, verlassen Sie mich!"

In dem Benehmen und dem ganzen Wesen der Jungfrau lag wirklich so viel Entschlossenheit, eine solche imponirende Hoheit, daß Charles, etwas betreten, nicht gleich eine Erwiderung fand, sondern sie stillschweigend und bewundernd anblickte. Eine ge=

wiſſe Scheu beſchlich ſeine Bruſt, eine Angſt, die er ſich nicht zu deuten wußte. So ſehr ſeine Sinne auf= geregt waren, ſo mußte er ſich doch bekennen, daß er jetzt nicht den Muth hatte, Gewalt zu brauchen.

Etwas verlegen, erwiderte er: „Sie befehlen mir, das freut mich, denn wem man befiehlt, den will man zum Diener haben, und ich habe mir es ja zur Lebensaufgabe gemacht, auf immer Ihr Sclave zu ſein. Ich wiederhole es Ihnen ebenfalls zum hun= dertſten Male, ich laſſe nicht ab von Ihnen; Sie ken= nen mich ſchlecht, wenn Sie meine gekränkte Eitelkeit ſo gering anſchlagen und glauben, daß ich eine ſolche Behandlung gleichgültig ertragen werde. Ich will Ihnen nur ein kleines Beiſpiel erzählen, woraus Sie auf meine Konſequenz ſchließen können. Hier in der Stadt war ein Mädchen. Das Mädchen war und iſt mir noch jetzt gleichgültig, aber ich wollte ſie zu politiſchen Zwecken benutzen und fand, daß ich mich in der tugendhaften Närrin getäuſcht habe. Das Mäd= chen war Tänzerin beim Kärnthnerthor=Theater. Bei einer Gelegenheit war ſie ſo unvorſichtig, mir ihr Haus zu verbieten. Das machte mich, der ich ihr frü= her freundſchaftliche Dienſte geleiſtet hatte, zu ihrem Feinde. Ich ließ meine Mine ſpringen, und die Tän= zerin machte es gerade ſo, wie Sie, ſie verbarg ſich. Vorgeſtern erblickte ich ſie auf der Straße, und ließ

sie nicht mehr aus den Augen. Sehen Sie, das Ge=
schöpf kann mir jetzt zu gar Nichts mehr nützen, aber
sie hat meinen Stolz gekränkt, und das fordert Genug=
thunng. Ich habe meine Maßregeln bereits genom=
men, sie wird ihr Benehmen gegen mich oft genug
bereuen. Ich werde sie bei ihrer empfindlichsten Seite
fassen."

Rosa's Theilnahme hatte sich bei dieser Erzäh=
lung von Augenblick zu Augenblick gesteigert; da sie
Juliens Geheimnisse kannte, so war es außer Zwei=
fel, daß von ihr die Rede sei. Welche Entdeckung!
Beide hatten einen und denselben Feind. Die Alte
hatte ihren Entführer immer Ferdinand genannt, dies
war also jener berüchtigte Ferdinand. Miller!

Die arme Julie, was mogte er mit ihr unter=
nommen haben? Um Gewißheit zu haben, wollte sie
schon nach den Namen der Tänzerin forschen, aber sie
besann sich eines Besseren und verbarg ihre Theil=
nahme. Das so eben Vernommene beschäftigte sie der=
maßen, daß sie einen Augenblick lang ihre eigene Lage
vergaß, allein sie wurde durch den ungestümen Drän=
ger nur zu bald daran erinnert, denn er fuhr nach
einer Weile fort: „Ich will hoffen, daß Sie zu klug
sein werden, mich auf keine solche Weise herauszufor=
dern, darum, liebes Kind —"

Er wollte sie umfassen. —

„Zurück, mein Herr! —"

„Nur nicht so eigensinnig —"

Rosa stieß ihn von sich.

„Wagen Sie es nicht!" rief sie und stand mit funkelnden Augen vor ihm, der schöne Leib zitterte, aber sie fühlte sich stark und empfand die Kraft, die sie belebte.

„Rosa, ich warne Sie zum letzten Male —"

„Fort, fort aus dieser Stube, oder ich rufe nach Hilfe! —"

Charles zagte, sah sie forschend an und sprach: „Rufen Sie, es wird Sie Niemand hören! Wir sind mit der Alten allein im Hause."

Er horchte gespannt auf die Antwort.

„Nun denn, wenn Niemand hört," rief sie — ohne ihr Einverständniß mit dem Soldaten zu verrathen — „so wird mich Gott hören!"

Charles blieb nachdenkend stehen. Da er für heute die Soldaten zu fürchten hatte, so mußte er jeden lärmenden Auftritt vermeiden; es blieb ihm also Nichts übrig, als abzulassen und der Scene eine friedliche Wendung zu geben.

„Rosa," ergriff Charles nach einer Weile das Wort, „ich kann Ihnen keinen größeren Beweis von meiner Liebe geben, als, indem ich Ihnen gestehe, daß es mir schwer fällt, Ihnen wehe zu thun; ich werde Sie jetzt verlassen und morgen wieder kommen. Ich gebe Ihnen also wieder eine neue Frist zur Bedenkzeit, überlegen Sie wohl, was ich Ihnen biete, ich bürge Ihnen für Ihr künftiges Lebensglück, schleudern Sie es nicht leichtsinnig von sich. Morgen müssen Sie mein werden, ich werde unerbittlich sein, merken Sie wohl, was ich sage, unerbittlich! —"

Er verließ das Gemach.

Außen angelangt, fragte er rasch und leise die Alte, nachdem sie hinter ihm die Thüre verschlossen hatte: „Was machen die Soldaten?"

„O, die schlafen wie die Murmelthiere."

„Sie wissen also Nichts?"

„Keine Ahnung!"

„Trachten Sie, daß es dabei bleibe; bis morgen früh werden Sie von der Einquartirung befreit sein."

Frau Langin nickte zufrieden.

Charles Delour entfernte sich.

Die Thüre der Soldatenstube war noch immer angelehnt offen, die Beiden lagen dem Anscheine nach schlafend auf den Betten.

Charles warf im Vorübergehen einen Blick auf sie und verließ beruhiget das Haus. — — — —

„Bruder Tonio!"

„Ich höre."

„Es ist ein Deutscher!"

„Ja, und noch dazu ein Civilist."

„Wir werden dem Schelm einen Strich durch die Rechnung machen!"

„Es bleibt also bei unserem Beschlusse —"

„Das Mädchen wird befreit!"

Das Gespräch wurde in Italienischer Sprache geführt. Die Alte, da sie jetzt von der Hofseite Nichts mehr zu befürchten hatte, setzte sich in der ersten Stube an's Fenster und sah auf die Straße gegen die Wien hinaus.

Es begann zu dunkeln.

Die Nacht rückte heran.

Rosa, von dem Auftritte angegriffen, ruhete erschöpft auf einem Kanapee.

Als sie wieder über ihre Lage nachzudenken vermogte, beschloß sie Alles daran zu setzen, um heute Nacht befreit zu werden.

Sie durchschaute den Plan ihres Entführers. Er fürchtete die Soldaten und wollte deren Entfernung abwarten; da er mit Gewißheit am andern Tage zu kommen versprach, so fürchtete sie, daß die Soldaten schon am nächsten Morgen das Haus verlassen würden. Noch Eins beunruhigte sie sehr, sie fürchtete, daß der Soldat, wenn er an das Kammerfenster kommen und sie nicht finden würde, die Sache auf sich beruhen lasse und nicht weiter forschen werde.

Was sollte sie thun, wie ihm ihre Gegenwart zu erkennen geben? So viel sie sich erinnerte, war das
Hoffenster offen geblieben — wenn er kam, so mußte
er jedenfalls durch ein leises Rufen seine Gegenwart
zu erkennen geben; sie beschloß daher, an dem Schlüs-
felloch der Thüre zu horchen, und sobald sie ihn vernahm, heftig an die Thüre zu pochen und laut um
Hilfe zu rufen.

Mit klopfendem Herzen und gespannter Erwartung lauschte sie jedem Augenblicke entgegen, ein from-
mes Gebet stieg aus ihrer Brust zum Himmel empor.

Die Nacht hatte schon völlige Finsterniß herab
beschworen.

Von der Wien herauf näherten sich zwei Gestalten, unweit vom Hause blieb die Eine stehen, und die
Andere, ein Mädchen, eilte gegen die Thüre zu, welche aus der Soldatenstube auf die Straße führte.

Bei dieser Thüre war von innen der Riegel vor-
geschoben.

Das Mädchen ging zum Hausthore.

Dieses war gesperrt.

Sie schüttelte den Kopf und näherte sich dem Fenster.

Die Alte bemerkte sie und fragte: „Wer ist es?"

„Ich bin es, Frau Langin, ich, die Sali. Oeffnen Sie mir gefälligst den Gassenladen."

„Mein liebes Kind, ich habe Einquartierung."

„Die verdammten Franzosen!" brummte das Mäd=
chen unwillig. „Laſſen Sie mich in die Kammer."

„Das geht auch nicht, liebe Sali, weil ich im
zweiten Zimmer Jemanden habe —"

„Sie haben Jemanden? Und wer iſt dieſer Je=
mand? —"

„Das darf ich nicht ſagen —"

„So? Iſt das Raiſon? Iſt das eine Manier im
Geſchäft? Ich komme ſchon Monate lang zu Ihnen
und Sie nehmen fremde Leute auf? Iſt mein Geld
nicht ſo gut wie das einer jeden Andern?"

„Aber ich bitte Sie, liebe Sali! Machen Sie
keinen Lärm, damit die Soldaten Nichts hören; denn
ſie dürfen's nicht wiſſen. —'

„Am Ende werden Sie mir auch noch das Reden
verbieten, Sie eigennützige Perſon! Schon gut, ich
werde mirs merken, ich betrete Ihr Haus nicht wieder,
es wird ſchon eine Zeit kommen, wo Sie es bereuen
werden, eine tägliche Kundſchaft vertrieben zu haben.'

Sie entfernte ſich.

Die Alte brummte eine Weile, wähnte die Sache
abgethan und begab ſich gemächlich zur Ruhe.

Die zehnte Stunde war vorüber.

Tonio's Gefährte erhob ſich und ſagte: „Bruder —
jetzt halte Dich bereit, ich gehe in den Hof, in keinem
Falle unternimm Etwas, bis ich nicht zurück bin."

Er verließ die Stube.

Tonio stellte sich auf die Lauer und beobachtete die Thüre des Gemaches, in welchem sich die Hausfrau befand.

Im Hofe war Alles ruhig — der Soldat schlich sachte ans Fenster und warf den spähenden Blick in die Kammer.

Der Mond beleuchtete den kleinen Raum, er war leer.

Er begab sich zurück zu seinen Kameraden.

„Nun, bist Du schon da?"

„Freilich, die Kammer ist leer!"

„Und das Mädchen?"

„Ist fort!"

„Nicht möglich —"

„Aber wo wäre sie sonst hingekommen?"

„Sie ist vielleicht im ersten Zimmer bei der Alten —"

„Wahrscheinlich, denn aus dem Hause kann sie nicht, und wenn sie befreit sein wollte, warum verließ sie das Kämmerchen?"

Beide sannen über den bedenklichen Fall nach.

Endlich sprach Tonio: „Die ganze Rettungsgeschichte scheint mir jetzt überflüssig zu sein."

„Wie meinst Du das?"

„Das Mädchen, welches Nachmittags noch gerettet sein wollte, ist wahrscheinlich seit dem Besuche des jungen Mannes anderer Meinung geworden, und fürchtet jetzt b a s, was sie früher gewünscht hatte, daher hat sie sich aus dem stillen Hochzeitskämmerlein in die große Stube zurückgezogen, — da hast Du die Lösung des Räthsels."

„Du kannst Recht haben; übrigens haben wir das Unsere gethan und wollen uns nicht weiter um die Sache kümmern. Es ist schon bald eilf Uhr, wir müssen zeitlich fort und wollen uns nicht die Nacht zerstören, darum komm, gehen wir zu Bette."

Das thaten sie auch und entschliefen bald darauf, ohne mehr an das arme Mädchen zu denken.

Rosa saß indessen hart an der Thüre und lauschte, aber Minute um Minute verging und sie hörte Nichts, sie blickte zuweilen durchs Schlüsselloch, legte das Ohr an dasselbe, Alles blieb ruhig, sie hörte Nichts. —

Ueberall tiefe Stille.

„Er hat mich vergessen!" jammerte sie in ihrem Innern; „was kümmert ihn das unbekannte Mädchen; ich bin verloren!"

Noch eine Hoffnung stieg in ihrem Innern auf. Der Soldat war vielleicht gar nicht zu Hause — sie mußte ihn kommen hören — und wollte dann ihre Anwesenheit zu erkennen geben.

Aber eine Stunde verging nach der andern.

Alles blieb ruhig.

Welche qualvolle Lage für die Jungfrau.

Es schlug die Mitternachtsstunde.

So wie bei einer unruhigen Wasserfläche die Wogen sich heben und dann wieder fallen, so stiegen und sanken auch von Minute zu Minute die Hoffnungen in der Brust der bedrängten Jungfrau; in ihrer Einbildungskraft glaubte sie oft ein Geräusch zu vernehmen, welches sich aber in der Folge als Täuschung bewies und das bittere Gefühl in ihrem Herzen nur steigerte.

Frau Langin träumte. Die Soldaten schliefen.

Nur Rosa — die arme Rosa wachte und verlebte peinliche Stunden.

Sie horchte — seufzte — betete —

Es war ein Uhr.

Von der Wien näherte sich wieder eine Gestalt dem Hause der Frau Langin.

Es war Sali.

Das Mädchen murmelte: „Sie hat mir den ganzen Abend verdorben, denn ich habe mich auf sie verlassen und sie hat mich getäuscht. Ich will ihr's vergelten. Warte nur, Du alte Here. Du batest mich, leiser zu sprechen, damit die Soldaten Nichts hören, Du hast also Furcht vor ihnen? Gut, ich will sie dir auf den Hals senden."

Sie klopfte wiederholt an den Gassenladen.

„Tonio!"

„Was willst Du?"

„Mir däucht, es klopft Jemand an unser Fenster."

„Mir schien es auch so."

„Ich will sehen, wer es ist."

Er öffnete, draußen stand Sali.

„Mein Herr! Sprechen Sie Deutsch?"

„Ein Wenig, was wollen Sie."

„Sie befinden sich in einem verrufenen Hause — Ihre Wirthin hat ein Mädchen verborgen."

Der Soldat stutzte und fragte: „Wer ist dieses Mädchen?"

„Dies ist mir nicht bekannt, aber ich weiß, daß die Alte Sie fürchtet und daß sie die Anwesenheit des Mädchens vor Ihnen geheim halten will."

„Wo befindet sich das Mädchen?"

„In der mittleren Stube!"

„Wie, im mittleren Zimmer? Sind denn drüben drei Stuben?"

„Eine Kammer und zwei Stuben."

Der Soldat dachte eine Weile nach, dann sagte er: „Ich muß Ihnen schon gestehen, daß wir wissen, daß ein Mädchen hier ist, denn sie befand sich früher im Kämmerchen, wo sie mich um Rettung bat, allein am Abend, als ich wieder hinging, war die Kammer leer."

„Ganz natürlich," versetzte die pfiffige Sali nach kurzem Erwägen, „weil die Alte durchs Hoffenster Verrath fürchtete. Also mit Gewalt hält sie ein Mädchen

hier zurück?" rief fie dann erzürnt, „wahrſcheinlich ein
Schlachtopfer für irgend einen reichen Herrn, o das
traue ich ihr ſchon zu, ſie iſt nicht erſt ein Mal auf
dem Hohenmarkt geſtanden, die Elende! Aber nun wiſ=
ſen Sie, was Sie zu thun haben; ſein Sie edel und
befreien Sie das arme Geſchöpf. Gute Nacht!"

Der Soldat ſchloß die Thüre.

Sali zog ſich zurück, um von dem Erfolge ihrer
Angabe Zeuge zu ſein.

„Bruder Tonio, wir müſſen doch das Mädchen be=
freien."

„Was hat Dir die Deutſche erzählt?"

Der Erſtere theilte ihm nun mit, was er erfahren.

„In dieſem Falle bleibt uns Nichts übrig, als
die Unſchuldige zu retten."

Sie zündeten Licht an und warfen ſich in die Kleider.

„Tonio, Du nimmſt die Kerze und trägſt Sorge,
daß ſie ja nicht ausgelöſcht werde!"

Hierauf hing er ſein Seitengewehr um, ſchlang
beide Handtücher um den Hals, ſo daß er ſie durch einen
Zug frei hatte und ſagte: „Jetzt folge mir!"

Sie gingen zur Thüre, die ins erſte Gemach
führte, und begannen heftig zu pochen.

Wie ein Blitz durchzuckte es die Jungfrau.

Sie vernahm das Geräuſch und ſprang zur Thüre,
welche in die erſte Stube führte.

Die Alte war aus dem Bett gesprungen und warf das Untergewand um.

Neues heftiges Pochen.

„Was gibt es?" fragte die Langin.

Rosa horchte in Todesangst.

„Madame, öffnen Sie sogleich die Thüre!" rief der Soldat in vollkommen gutem Deutsch.

„Was ist das?" dachte die Alte — „das sind ja Deutsche, wie kämen die herein? Heilige Maria! Am Ende ist es die Polizei."

In diesem Augenblicke begann auch Rosa an der andern Thüre zu poltern und laut um Hilfe zu schreien.

„Hörst Du, Tonio! Die Arme ruft um Hilfe. Auf — die Thüre auf, oder wir schlagen sie in Trümmer."

Die Alte stürzte zitternd von einer Seite zur andern, sie war verwirrt und wußte nicht, was sie thun sollte.

Endlich öffnete sie und die Soldaten traten ein.

Ein Stein fiel ihr vom Herzen, als sie ihre Einquartierung erblickte; es war nicht die Polizei, das richtete sie wieder auf.

„Meine Herrn! Ich finde es sehr sonderbar —"

„Halt Dein Maul, alte Here!" rief Tonio's Gefährte, „keinen Laut und nicht von der Stelle gerührt. Bleiben Sie nur ruhig, mein Fräulein!" wendete er sich zur andern Thüre, als Rosa wiederum

ihre Anwesenheit zu erkennen gab, „wir werden Sie
gleich erlösen." Dann herrschte er der Alten zu: „Gib
den Schlüssel her."

Aber diese wollte ihr Hausrecht nicht so leicht
preisgeben und sagte trotzig: „Meine Herren! Ich ver=
bitte mir jede Gewaltthat, Sie haben kein Recht, hier
nach Belieben zu schalten und zu walten. —"

Während dieser Rede hatte sie schon einen Ent=
schluß gefaßt, sie sprang auf Tonio zu, um das Licht
auszulöschen, allein der Andere kam ihr zuvor, faßte
sie, riß das eine Handtuch herab und band ihr nach
einiger Mühe die Hände.

Als die Langin den Ernst und die Entschlossenheit
sah, gab sie nach und gestand, daß sich der Schlüssel
zur zweiten Stube in der Tischlade befinde.

Der Soldat beeilte sich, die Thüre zu öffnen, und
Rosa stürzte heraus.

„Tausend Dank, mein Herr!" rief sie freudig,
die Hand des Soldaten fassend, „Sie haben mich also
doch nicht vergessen! —"

„Mein Fräulein! Es wäre bald, aber ohne mein
Verschulden, geschehen; doch jetzt — was wünschen
Sie? —"

„Was ich wünsche? Fort von hier — jeder Augen=
blick in diesem Hause ist mir Todesqual!"

„Wohin wollen Sie noch so spät in der Nacht?"

„Ich werde es Ihnen schon sagen, wenn wir allein sind, aber wo befinden wir uns eigentlich?"

„In Margarethen an der Wien —"

„O dann habe ich nicht weit zu meinem Ziele; mein Herr! Vollenden Sie, was Sie an mir begonnen, begleiten Sie mich, Sie sind in längstens einer halben Stunde zurück."

Der Soldat willigte ein und sagte: „Recht gern, aber früher will ich die Alte verhindern, dies Gemach zu verlassen."

Er faßte die Wüthende, die sich vergebens bemühte, ihm zu widerstehen und band ihr auch die Füße, so daß sie, auf dem Boden liegend, schäumte und wüthete. Um nicht die gefürchtete Polizei herbeizulocken, lag es in ihrem eigenen Interesse, keinen Lärm zu schlagen.

Der Soldat bat jetzt die Jungfrau, sie möge den Weg antreten und verließ seinen Kameraden; dieser begab sich in seine Stube.

Frau Langin befand sich in einer verzweiflungsvollen Lage; um das Peinliche derselben zu erhöhen, erschien noch die liebenswürdige Sali auf der Straße, legte den Kopf an's Gitter des offenen Fensters und rief in die Stube: „Gute Nacht, Frau Langin!'

„Verdammt!" keuchte die Alte.

„Gehen Sie morgen vielleicht auf den Hohenmarkt?"

„Fort, Du Elende!"

Sali schlug ein Hohngelächter auf und eilte von
bannen.

Der Soldat kehrte jetzt von der Begleitung zurück.

„Bruder Tonio, das Mädchen ist in Sicherheit;
es ist bald drei Uhr, um vier wird abmarschirt. Komm,
wir verlassen das Haus!"

Beide kleideten sich an, hingen Seitengewehre
und Taschen zurecht; schnallten ihre Tornister fest und
nahmen Tschako und Gewehr.

„So, jetzt sind wir fertig, nun komm, wir wollen
uns von der Alten verabschieden."

Sie gingen hinüber, Frau Langin lag noch auf
dem Boden.

Tonio's Gefährte löste ihre Bande und sagte:
„So, jetzt stehen Sie auf und merken Sie Sich diese
Lection. Wenn ich wieder nach Wien komme, und das
wird vielleicht bald geschehen, so werde ich Sie besuchen und ich hoffe, daß ich nicht mehr Gelegenheit
haben werde, zu bemerken, daß Sie der Niederträch-
tigkeit eines reichen Taugenichtses bei solchen Buben-
stücken hilfreiche Hand bieten. Uebrigens entgehen Sie
dieses Mal nur durch die Großmuth des befreiten Mädchens einer gerechten Züchtigung. Nehmen Sie jetzt
die Kerze und leuchten Sie uns hinaus."

Die Alte zitterte an Händen und Füßen, doch

froh, die wälschen Teufel los zu sein, raffte sie den
ganzen Rest ihrer Kraft zusammen, ergriff den Leuchter und schwankte hinaus.

Die beiden Soldaten folgten und verließen, ohne
mehr ein Wort zu verlieren, das Haus.

Frau Langin schloß hinter ihnen die Thüre, stieß
einen fürchterlichen Fluch aus, taumelte in ihre Stube,
schloß die Fenster und sank erschöpft aufs Bett.

Die Kerze erlosch.

*   *

Am andern Morgen, es war kaum sechs Uhr,
stand Charles Delour schon vor dem Hause. Er
pochte.

Keine Antwort.

Er pochte anhaltend und heftiger.

Endlich wurde geöffnet.

Die Alte, verstört und tobtenbleich, trat ihm entgegen.

„Mein Himmel! Frau Langin, wie sehen Sie aus?"

„Das sich Gott erbarm! Das war eine Nacht!"

„Was ist denn vorgefallen?"

„Die verdammten Soldaten! —"

„Sie müssen ja schon fort sein —"

„Freilich — aber sie haben mich gemißhandelt —"

„Reden Sie — was ist geschehen?"

„Fort — Alles fort!"

„Verstehe ich Sie recht? Wo ist Rosa?"

Ohne ihre Antwort abzuwarten, stürzte er in die Stube, in die Kammer; — Alles war leer. Er wüthete wie ein Raubthier, dem seine Beute entschlüpfte.

„Aber wie kam dies Alles?"

Die Alte erzählte den Verlauf der Sache.

Während dessen ging er haftig, mit den Zähnen knirschend, auf und nieder.

„Und wohin hat der Soldat das Mädchen geführt?" fragte er, als seine Vertraute geendet hatte.

„Ach, mein Himmel! Das weiß ich nicht; sie war vorsichtig und nannte in meiner Gegenwart den Ort nicht."

„So nahe dem Ziele," wüthete er, „und wieder entflohen! Aber ich werde sie zu finden wissen, und dann soll sie mir nicht wieder entkommen."

„Da sehen Sie her," rief die Langin, „sie hat sich nicht einmal Zeit genommen, sich ordentlich anzukleiden. Ihr Hut, Umhängtuch und Schnupftuch sind zurückgeblieben."

Wie mechanisch griff der junge Mann darnach und betrachtete die Gegenstände.

Jetzt fiel sein Auge auf ein kleines weißes Tuch.

„Heiliger Gott!" schrie er auf und begann mächtig zu zittern.

„Was haben Sie denn auf einmal?" fragte die Alte.

„Dieses Tuch?"

„Gehört dem Fräulein!"

„Wissen Sie dies bestimmt?"

„Ganz bestimmt."

„Wehe mir!" — rief er, „dieser Name —"

Die Alte nahm das Tuch und las den vollständig eingenähten Namen: Rosa Landner.

„Rosa Landner!" wiederholte er mit erschütternder Stimme, „es ist — meine Schwester!"

Er sank vernichtet zu Boden!

Ende des zweiten Bandes.

Druck von C. Schumann in Schneeberg.

Lightning Source UK Ltd.
Milton Keynes UK
UKHW010405120119
335297UK00011B/1130/P